月の兎と行く

九州100温泉

ひらお♨しげる 平尾 茂

海鳥社

ストレスと温泉とグルメ、そして茂《しげ》さん

SAGAなんでも相談クリニック院長　**福本純雄**

晩秋の空に、ゆっつらーっと熱気球が舞う佐賀平野。ここで生まれ育った筆者の茂さん。この本で描いているようなゆったりした人生をおくられてきたわけではなく、宮仕えのストレスの嵐の中を走り抜けておられる人なのです。この茂さんが実践している温泉とグルメによるストレスコントロール法を別の側面から見ていきたいと思います。

人は、二つのモード、「闘いのモード」と「癒しのモード」のバランスをとりながら、生まれながらに持っている「ストレス風船」を上手に操りながら成長し、人生を過ごしていきます。

「闘いのモード」は医学的にみると、アドレナリンがあふれ出ている状態。血圧は上昇し、脈は増え、瞳は見開き、毛は逆立ち、肉は踊る状態となり、気力は充実して、恐怖心は抑えられる状態です。しかし、溢れ出るアドレナリンは無限といえるほど豊かではなく、いつかは補給が必要な時がやってきます。一方、「癒しのモード」では、蓄えに回されるアドレナリンが血液中から去っていく状態で、血圧も下がり、脈も減って落ち着き、瞳は縮み、毛は萎え、肉は弛緩する状態となります。

「闘いのモード」のあとには「癒しのモード」というバランスのとれた生活が「人間らしい生活」とすれば、二十一世紀の日本人の多くは、このバランスがとれない「アンバランスライフ」を過ごしているといえます。

二十四時間のうちで、あなたの時間における「闘いのモード」と「癒しのモード」の比率、「アンバランスライフ度」＝「闘いのモード」／「癒しのモード」はどんなものでしょうか？

〝「三丁目の夕日」の時代〟、子供達は、朝ごはんをもりもり食べ、道草をしながら学校に行き、四十分の辛い修行の授業を四回受ければ、運動場を大手を振って走りまわり、道草しながら、駄菓子屋のおばちゃんにイタズラし、「こらー！　しげる！」と追いかけられ、家に

帰ったら、ランドセルを放り投げ、ケンケンパーや缶蹴り、縄跳び、メンコ、で日が暮れるまで遊んで、風呂に入り、晩御飯を食べ、そのまま鼻風船を作って寝てしまった、んですよね。「アンバランスライフ度」は三時間／二十一時間＝〇・一四。

〝「三丁目の夕日」の時代〟の大人たち、おじさんは、八時から仕事、朝おやつ、昼ごはん、おやつ、夕方五時には仕事が終わり、角打ち屋や屋台のおでんで一杯、街頭テレビで力道山のプロレス中継、十時には高いびき。「アンバランスライフ度」は七時間／十七時間＝〇・四一。

こんな時代には、「温泉でグルメ」というような「癒しのモード」は全く必要ではなく、温泉には、皮膚病、腰痛などの効能書きがあればよかったでしょう。

二十一世紀になった今日、朝七時に起きて、朝食をかき込み、電車に乗って職場に向かい、九時から夕方まで働き、夜自分の時間が持てるのはやっと十時ごろ。「アンバランスライフ度」は一五時間／九時間＝一・七。

十時ごろから、インターネットやゲームを二時間して寝ると、「アンバランスライフ度」は十七時間／七時間＝二・四と悲惨なものになるわけです。

いつの時からか、「アンバランスライフ度」が一を超え、身も心も疲れた日々を過ごすようになり、うつ病、神経症、自殺が話題になる。こんな時代には、「温泉でグルメ」でまとめて「癒しのモード」をとって一気に「アンバランスライフ度」を下げ、バランスのよい生活をするのが賢者の生き方ではないでしょうか。茂さんがその賢者の代表です。

さあ、「アンバランスライフ度」が一を超えている皆さん、「温泉でグルメ」で一気に「アンバランスライフ度」を健全なものに!!

注　聞きなれない「アンバランスライフ度」という言葉、これはわたしの頭の中の妄想が作り上げた「ストレス発掘グッズ」で、学問的根拠があるものではありません。お湯に笑い流してください。

先をゆく九州の温泉　発刊によせて

立教大学観光学部長　村上和夫

このたび、月の兎こと平尾茂さんが『月の兎と行く九州100温泉』を海鳥社より刊行されることと聞きました。その推薦文を書くこととなり、ほんとうに幸せです。

私は、観光学部というところで働いていますが、温泉は日本の旅を知る、日本の観光事業を語る、日本の自然と生活文化を学ぶときなど、〝日本〟を知る上でとても重要な要素の一つです。温泉は、日本人が楽しみのために旅行をしようとした時に、古くからその目的地の一つでした。そして温泉は、時の権力者や宗教家などにより発見されたと記されてきたように、それはありがたい自然の恵みであったと言えます。生活文化の奥底にあって我々を楽しませてきた日本の温泉は、観光が大衆化した昭和中期以降に観光地の中核的な資源となり、大きな経済効果を地域にもたらしてきました。

温泉旅館と呼ばれる宿は、様々なスタイルの浴場や入浴方法ばかりか、客室や食事を編みだし、日本人の生活文化における〝贅沢さ〟の象徴として社会に大きな影響を与えてきました。今日、インバウンド政策（外国からの観光客を積極的に受け入れようとする政策や施策）が国によって強調される中でも、日本人が旅に求める贅沢の極致を体験する機会として、高級温泉旅館は外国人観光客に人気の旅行先となっています。

他方で、このような高級な温泉旅館の滞在が、一泊二日の旅行でのみ高い価値を発揮する、〝はかない愉しさ〟あるいは〝旅のさびしさ〟を伴ってきたことも事実で、温泉利用の日本的特徴の一つであると言えます。それは、憂さを晴らすことや旅の恥をかき捨てることを可能とする仕組みで、職場や人のしがらみが作る日常の緊張、すなわち心の垢《あか》を温泉は流すことができる仕組を日本人は作り上げてきました。この傾向は、とくに近代を中心に昂《たかぶ》ったと言えます。温泉地に射倖性《しゃこうせい》の高いものや、猥雑なビジネスが成長したのも、その結果と言うことができるでしょう。

しかし、徐々に経済が安定し、少子高齢化が進んできた今日、観光旅行の形態も時代に即して徐々に変化してきました。かつてのような〝稀〟な経験を非日常の経験として旅行に求めなくなってきています。〝贅沢〟についても金に糸目をつけない経験だけがそれと考えられなくなりつつあります。

贅沢さをそぎ落とした〝自然さ〟や、華美さを抑えた〝シンプルさ〟に人々が美的価値を求めるようになってきました。新しい建築や家具そして服装にそのような傾向がみられるようになってきたばかりでなく、料理やサービスにもその趣がみられるようになってきています。自然でシンプルな商品が価値をもつようになると、市場では勢い消費者の知的能力が重要視されるようになります。なぜなら、高級さを〝モノ〟で表すことが難しくなり、作り手と使い手の高くて広い知識を基礎とする相互理解が商品の価値の高さを創り出すからです。

平尾さんの本には、コンビニ併設の日帰り温泉やかつての湯治宿あるいは、田園の日帰り温泉などが紹介されていて、そこに集っている人々は、それぞれ自分の温泉の楽しみ方に満足している様子が窺えるのも、現在のこの傾向を良くあらわしていると言えます。そして、平尾さんがこのような人々の温泉風俗に興味を示されているのは、筆者の卓越した知識ばかりか、温泉巡りのなかで培われた直感のなせる技だと言わざるを得ません。

九州は、最近日本の観光事業の先を行く試みが数多く行われている観光先進地です。ツーリズム大学のような地域の知的創造が行われているばかりか、県を越えた観光振興の取り組みが行われ、韓国と連携した観光誘致の取り組みが行われていたりもします。温泉をみても〝個室入浴〟が広く普及しており、温泉地では都市から週末などに飲食店を営みに来るＩターンを多く見ることができます。

このような試みの結果、九州内をめぐる九州の人々は多く、平尾さんが紹介される温泉の入浴客にもそんな人が沢山いて、井戸端会議と似た風呂談義に花が咲いている様子を思い描くことができます。生活の話や温泉情報の交換など、生活を楽しむ情報が創られては広がる場となっているのでしょう。九州の温泉は、かつての憂さを晴らし旅の恥をかき捨てる場所から数段上の、新しいコミュニティの場となっていることでしょう。

足で集めた温泉情報の本、それは私達にこれからの新しい温泉旅の方向性を教えてくれる指南書なのではないでしょうか。インターネットコミュニティで始まった温泉談義の輪が、このような本として刊行されることで、コンピュータを持たない人たちも温泉の新しい楽しみ方に触れることができ、とてもありがたい本だと思います。

平尾さん、ありがとうございました。

二〇一〇年四月

はじめに

温泉は、永遠に日本人の心と体の癒しの場です。

現代はストレス社会と言われています。仕事、人間関係など、現代人を取り巻くストレスはいやおうなく私たちの心や体に襲いかかり痛めつけます。温泉は疎外された私たちの心や身体を少しでも癒し、明日への活力につなげてくれると思います。

温泉は実際に行って入ってみないとその良さがわかりません。ガイド本やネットの温泉情報では表面的な情報しかわからず、実際に行ってみると「なーんだ」という思いをすることが少なくありません。また、温泉巡りをしているといろんな方に出会います。脳卒中で倒れた方が温泉に通うことで歩けるようになったり（佐賀）、腰痛や打ち身に特効があるというお話（福岡）など枚挙に暇がありません。

私自身もそれまで年に二、三度は風邪を引いて寝込んでいたのが、温泉に行き始めてからは一度も風邪を引かないようになりました。馬鹿はなんとかとも言いますが、私のは温泉馬鹿です。

九州には有名な別府温泉や、最近人気のある湯布院や黒川温泉のほかにも、雰囲気の良い小さな温泉がたくさんあります。最近、湧蓋山《わいたさん》温泉郷や古湯・熊の川温泉郷の人気が高いのは、豊かな自然や鄙《ひな》びた温泉の雰囲気こそが、皆が求めるほんとうの癒しだからなのかもしれません。

この本は、「月の兎」が、これまで訪ねた九州の多くの温泉の中から選んだ、温泉の魅力と感動をレポートしたものです。温泉紀行の読み物として、また温泉ファンに役立つ入湯ガイドとして気軽に楽しんでいただければ幸いです。

それでは、湯っくり楽しんでください

二〇一〇年四月二十日

月の兎　平尾　茂

■お読みいただくみなさまに

この『月の兎と行く九州100温泉』は、月の兎がこれまでに行った九州の温泉四〇〇湯以上の中から選んだ一〇〇湯です。選んだ基準は、主につぎの二つです。

一、天然温泉であること。

しかしこの本で掲載した温泉の全てが源泉かけ流しの温泉というわけではありません。湯量、温度の関係で、加水、加温、循環、塩素消毒していても、温泉の魅力があれば選んでいます。温泉の質はもとより大事ですが、きちんと管理されていて楽しく利用できることも重要です。

二、地元の人とのふれあい、コミュニケーションがあること。

観光的に有名な温泉施設や名旅館・ホテルだけが魅力的な温泉ではありません。公衆浴場での地域の人たちや温泉ファンとの楽しい語らいも温泉の愉しみの一つだと思います。すてきな公共温泉の大浴場や、鄙びた雰囲気の共同湯もたくさん登場します。

また、主に著者の住む北部九州から日帰りで行ける温泉・立ち寄り湯を選んでいます。遠い人吉や鹿児島などでは宿泊した旅館・ホテルの温泉もあります。

本書の構成は、九州の歴史街道ごとに六つの章に分かれています。長崎街道、豊前街道、豊後街道、日田往還、人吉街道（肥薩の道）、薩摩街道の六つです。

これは、県別や流域別の温泉紹介よりも、九州の歴史街道を温泉紀行しながら訪ねるのも、より味わい深いものがあるのではないかと考えたからです。その昔、シーボルトや坂本龍馬が入ったかもしれない長崎街道の温泉や、お殿様が参勤交代の途中に楽しまれた温泉など、より一層楽しい温泉めぐりができるのではないかと思います。

原則として一つの温泉（中には二つ以上の温泉もありますが）を見開きのページで紹介しています。実際に行った（入った）温泉の入湯レポをメインに楽しんでいただきたいと思います。各温泉にはイラスト、写真、温泉データ、近くの美味しいものなどの情報を付しています。また、レポートは入湯した時点のものですので、最新の情報と異なる場合があります。データについてはできるだけ最新の情報を掲載したつもりですが、その後変更になっている場合もありますので、行かれる場合には確認されてからにしてください。

温泉の効能については、各温泉ごとの表示は省略しており、一般的な泉質の効能を巻末に表示していますので参考にしてください。

評価については、月の兎の個人的な項目設定、基準で評価していますのであしからず。「湯っくりほっくり度」など、まったく主観的な評価項目です。満足度についても同様です。温泉めぐりを楽しむための参考にしていただければ幸いです。

■温泉用語

足元湧出 足元からプクプクと源泉が湧き出ること。大分の川底温泉など。

泡付き 炭酸を含む湯。大分の長湯や七里田温泉下ん湯が有名。

飲泉 源泉を飲んで、その香りや味を確かめる。効能もある。

塩素 消毒するための薬剤。主に循環風呂で用いられることが多い。

かけ流し 源泉を循環させず、湯口から流しっぱなしにすること。

循環 源泉を浴槽内で循環させること。

析出物 温泉に含まれる、液体中の成分が固体化したもの。

ぬる湯 ぬるくていつまでも長湯できるお湯。佐賀の古湯温泉など。

pH（ペーハー） 溶液の水素イオン濃度を表す指数。7が中性。数値が大きいほどアルカリ性で柔らかい滑らかな肌触りに（熊本の山鹿、平山温泉など）。

モール泉 植物性腐食質などの有機物が含まれている温泉のこと。紅茶色で独特の香り（モール臭と呼ばれる）があり、肌がしっとり滑らかに（大分の耶馬溪など）。

「月の兎」という奇跡

〝月の兔を持っていると、最愛の人に必ず巡り逢える〟信州中野の土人形に伝わるロマンです。大切な人との再会。運命の人との出会いなど、月の兔に込める思いは人さまざまかもしれません。

長野市の真田氏の城下町松代での仕事を終え、松代駅で長野電鉄に乗り、その日の宿泊先である湯田中温泉に向かいました。松代駅はなんともレトロな雰囲気の建物で、駅舎のそばには「汽車ぽっぽ」の歌詞の書かれた石版が設置されています。ここが「汽車ぽっぽ」発祥の地ということです。

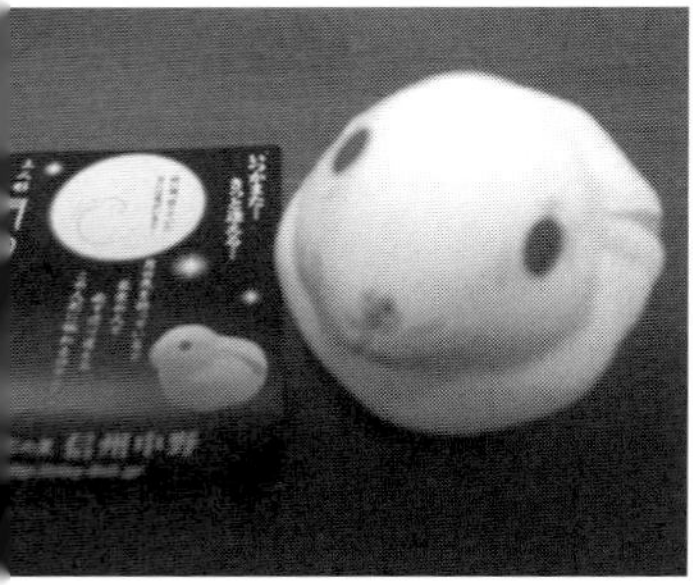
信州中野の月の兎

のどかなりんご畑のなかをゆっくり走る各駅停車の電車。のんびりした車内には女子高校生が数人、アイスを食べながら天真爛漫にお話に夢中です。湯田中へ行く電車は中野という駅で乗り継ぎのためしばらく待ちます。

その中野駅の待合室には兎の土人形が置いてあります。近くにある日本土人形資料館のPRのようです。「月の兎」と名づけたその土人形には「月の兔を持っていると、最愛の人と必ず巡り逢える」という冒頭の説明があり、さっそく買い求めました。

夕暮れ時に電車の終点湯田中温泉に着きました。駅に着くと「高原列車は行くよ」というメロディが流れています。土人形といい、音楽といい、温泉めぐりもなかなか情緒とロマンに満ちています。湯田中温泉にかかる月も心なしかほほえんでいるような気がしました。

湯めぐり旅で偶然見つけた素朴な土人形に、人のご縁を託してみましょうか。ペンネーム「月の兎」の由来です。

いい温泉、いい人、うまい食い物に巡りあいますように。

月の兎のある中野は湯田中温泉への入り口。土人形資料館や中山晋平記念館もあります。

月の兎と行く九州100温泉◉目次

長崎街道の温泉

豊前街道の温泉

豊後街道の温泉

日田往還の温泉

人吉街道（肥薩の道）の温泉

薩摩街道の温泉

長崎街道の温泉

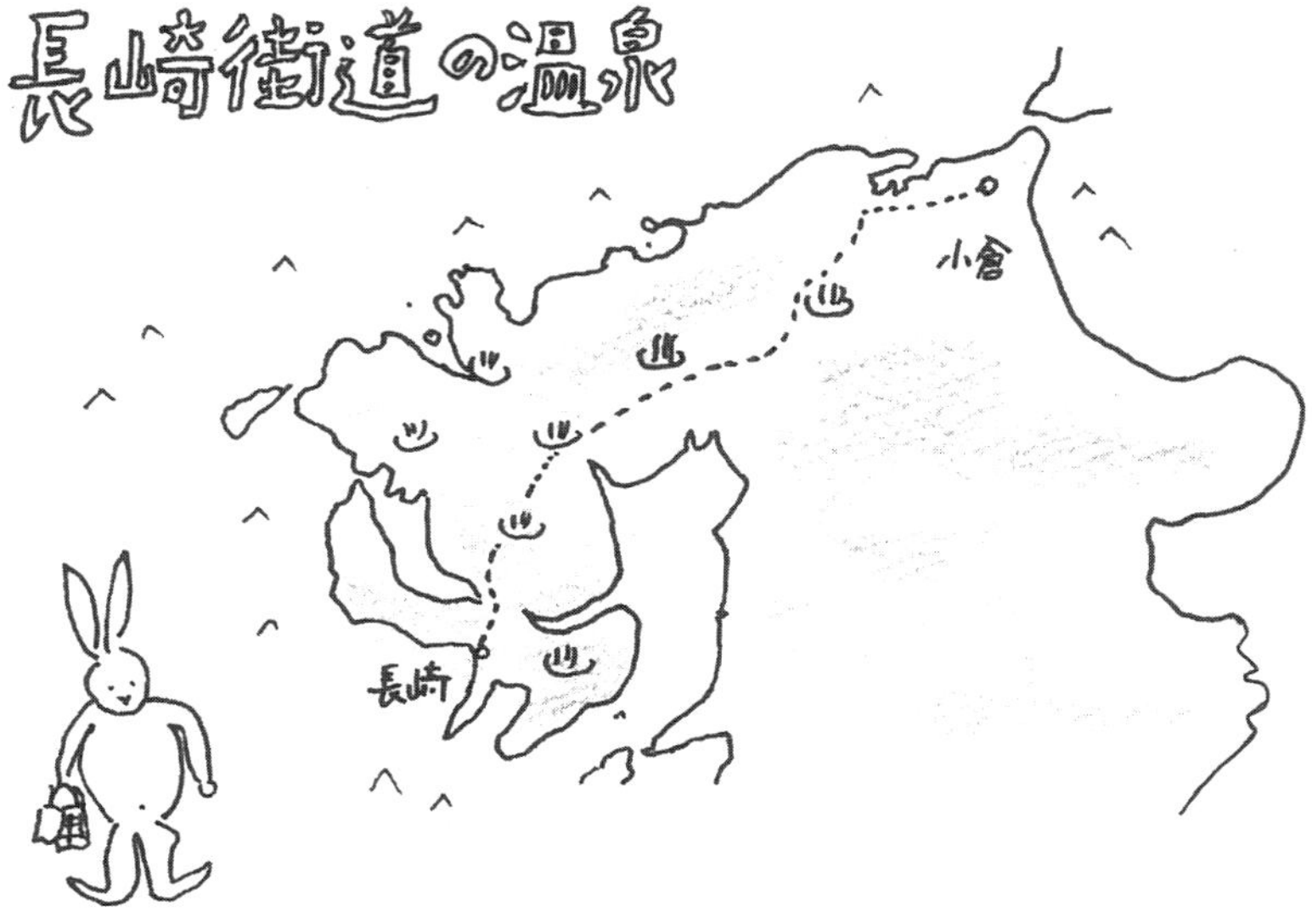

江戸時代、長崎から佐賀を通り小倉へ通じる「長崎街道」は、当時の人、モノ、文化が流通する江戸と結ぶ大動脈でした。シーボルトや坂本龍馬、高杉晋作など幕末・明治の志士、英雄たちもこの道を歩いて旅したことでしょう。

この章で紹介する長崎街道沿いの温泉としては、海外に開かれた港町長崎の外国人の避暑地として開けた雲仙温泉、街道沿いの旅人の疲れを癒したであろう嬉野・武雄温泉、佐賀の奥座敷の古湯・熊の川温泉郷などがあります。また、玄界灘沿いの唐津、博多を辿る唐津街道沿いの温泉も紹介します。

1 雲仙温泉小地獄温泉館

硫黄臭と白濁の湯
濃い成分がギュッと凝縮したような温泉です

長崎県で温泉といえばやはり雲仙です。国立公園に指定されるまで「温泉」と書いて「うんぜん」と読んでいたそうです。温泉街からちょっと入った場所には、いい雰囲気の共同浴場も点在しています。

旅館街から南に少し下ったところにある「雲仙小地獄温泉館」の歴史は古く、幕末には吉田松陰も入ったとか。この温泉館は以前は古い共同湯だったそうですが、改築されてお洒落な建物となっています。今はすぐ近くにある国民宿舎の外湯でもあります。駐車場に着いて車のドアを開けるともう硫黄臭が漂っています。中に入ると、真っ白く濁ったお湯が湯船から溢れています。オー！

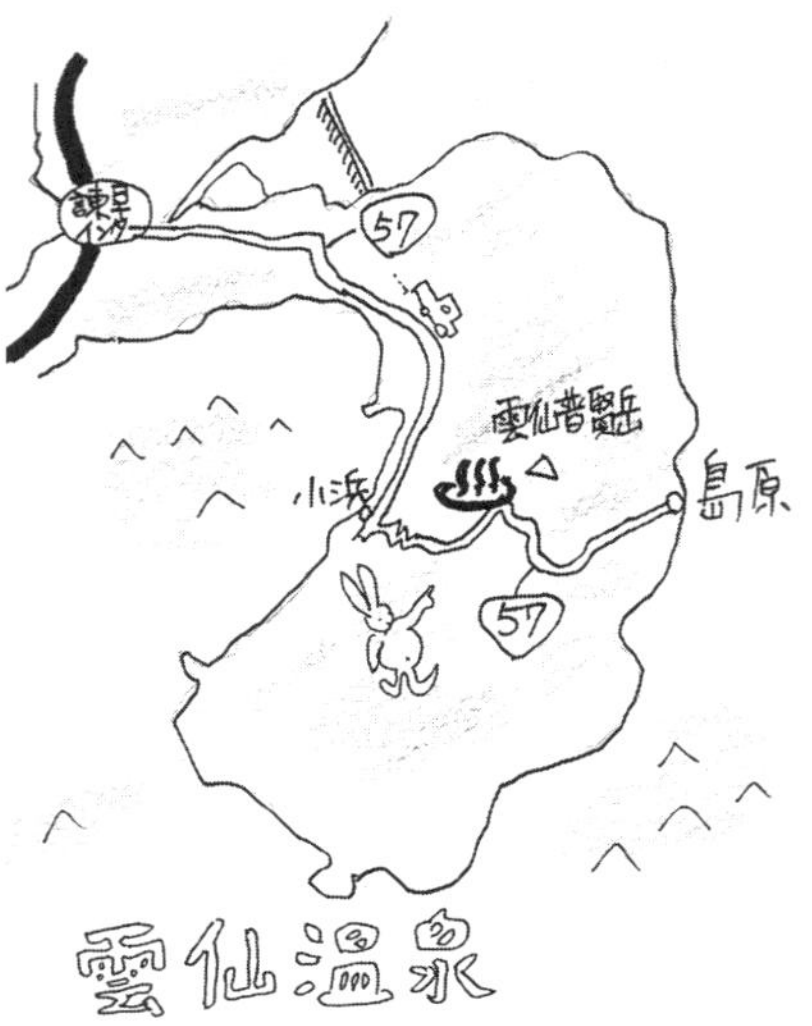

雲仙小地獄温泉館入口（上）と内湯

と感動して叫びたくなります。こんなスゴイ白濁のお湯を見たのは久住の赤川温泉以来でしょうか。

大小二つの湯船のうち、大きい方に入ります。アチッ、正直熱いです。たぶん四四、四五度くらいはありそうです。先客のおじさんが「こっちは熱かよ、あっちの（小さい）方から先に入ったらよか」と教えてくれました。すいません、といって少し場所を譲ってもらいました。なるほど、こちらは四〇度ないぐらいでゆっくりはいるには適温です。ついたての向こうには打たせ湯もあり、これも肩にあたる感じが気持ちよいです。

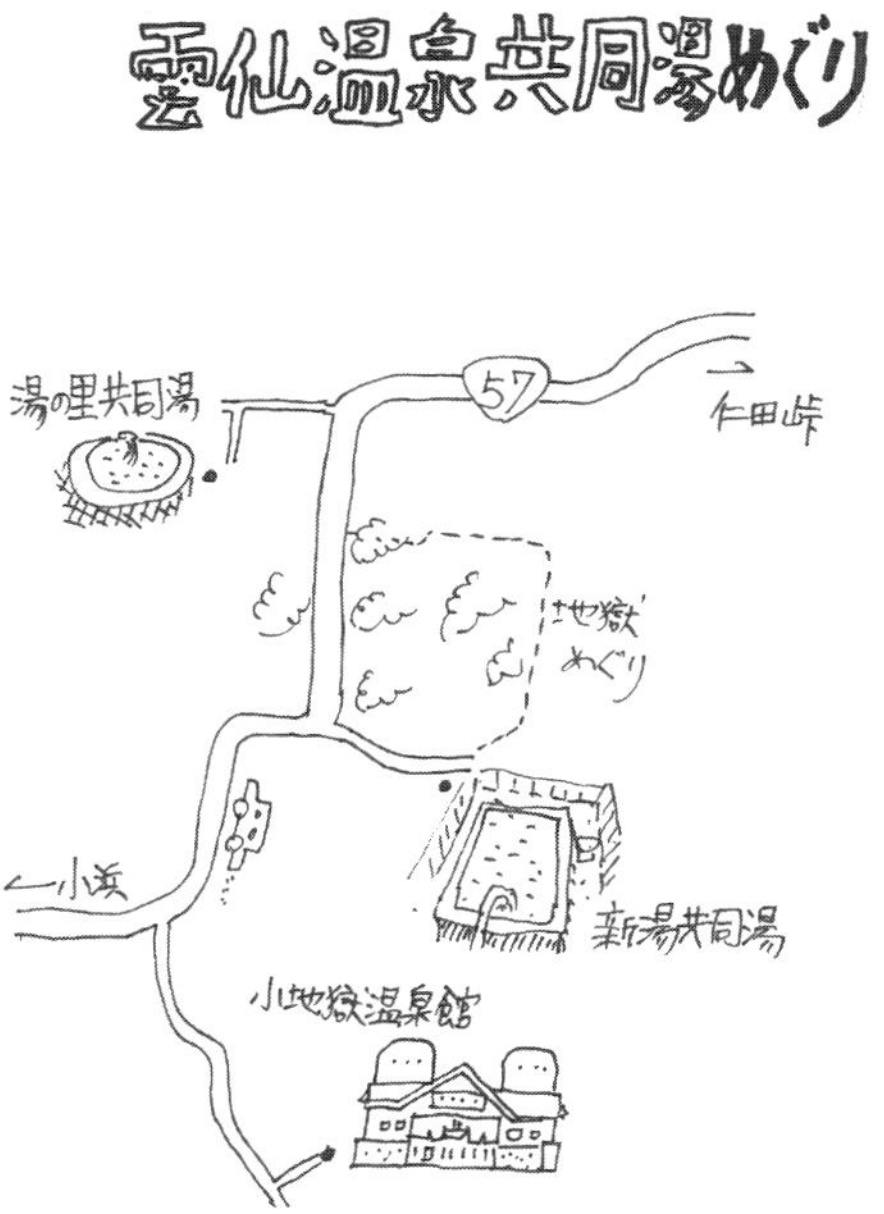

温泉館の中二階が休憩室になっています。温かいお茶と名物の雲仙湯せんぺいをいただきます。小地獄アッアツおでん（一個百円）もありました。それにしても、雲仙温泉は濃い温泉成分がぎゅっと凝縮されたという感じの温泉ですね。雲仙にはこのほかに共同湯が二つ（新湯、湯の里）あり、ともに鄙《ひな》びたいい雰囲気のお湯です。一晩たった朝も身体から硫黄臭が抜けませんでした。

《温泉データ・評価》
【温泉名】雲仙温泉雲仙小地獄温泉館
【住　所】長崎県雲仙市小浜町雲仙500－1
【ＴＥＬ】0957－73－2351
【泉　質】単純硫黄泉　41度
【営　業】９：00－21：00
【定休日】無休
【風　呂】内湯２
【入浴料】400円
【駐車場】10台以上
【評　価】
アクセス度：４
源泉かけ流し度：５　清潔度：４
サービス・気配り度：４
風情・雰囲気度：４
肌にやさしい度：４
湯っくりホックリ度：４
見どころ食べどころ：雲仙温泉湯せんぺい
【満足度】★★★★☆　（4.5）

2 雲仙温泉いわき旅館

雲仙唯一の自然湧出の温泉旅館です
長崎初の「満点温泉」、ここは通好みですね

雲仙温泉地獄の湯煙の先、温泉神社の隣に古くて小さい「雲仙いわき旅館」があります。あらかじめ電話で入浴できる時間を聞いて行きましたが、それでも「まだ九割しかたまってないので……」と断られました。せっかく来たので、「それでもいいですから」とお願いしたらOKでした。

お風呂はもちろん今日の一番風呂です。きちんと桶やイスなどが整理された湯船というのはいつも気持ちがいいものです。四角い石の湯船も歴史を感じさせます。石臼の形をした湯口から滔々とお湯が注がれています。乳白色の湯は硫黄臭がします。冷えた身体にジンワリとお湯がしみて少し熱く感じます。ゆっくり独り占めのお湯を堪能しました。日本温泉協会の「満点温泉」長崎県初認定だそうです。雲仙温泉では唯一の自然湧出の温泉だとか。

旅館の入り口には足湯ならぬ「指湯」があり、「日本一小さい公衆浴場です」と看板に書いてあります。もちろん内湯と同じ長崎で最高の満点温泉です。こちらは無料で入れます（笑）。

帰りにすぐ近くの中華食堂「喜久」で遅い昼食をいた

だきました。バリバリ細麺の皿うどん（六五〇円）は麺の上のあんかけにイカ、海老など長崎らしく魚介類がたくさんはいっていましたが、出汁《だし》の生臭さがけっこう強烈でした。これって好き嫌いが分かれると思います。

お店の人にいわき旅館の湯に入ってきましたと言ったら、「よう入れたね。お湯がたまってないけん断られることが多かもんね。あそこは日本一の温泉やけんね」と言っていました。

雲仙にはホテルや旅館がたくさんありますが、立ち寄り湯の利用は、休憩や食事とセットになっていたり、予約が必要な場合もありますので、事前の確認をおすすめします。

雲仙いわき旅館の玄関には立派な看板が掲げられている（上）。日本一の温泉の湯船

《温泉データ・評価》
【温泉名】雲仙いわき旅館　峰の湯
【住　所】長崎県雲仙市小浜町雲仙318
【ＴＥＬ】0957－73－3338
【泉　質】酸性含硫黄　アルミニウム　硫酸塩硫黄泉　自然湧出
【営　業】13：00－15：00ぐらい（要事前確認）
【定休日】無休
【風　呂】内湯　指湯
【入浴料】500円（指湯は無料）
【駐車場】なし
【評　価】
施設設備度：4　アクセス度：4
源泉かけ流し度：5　清潔度：4
サービス・気配り度：4　風情・雰囲気度：4
身体の不自由な人やお年寄りにやさしい度：4
肌にやさしい度：4
湯っくりホックリ度：5
【満足度】★★★★☆（4.5）

3 小浜温泉おたっしゃんの湯

地元ではおたっしゃんの湯と呼ばれ
木造の建物は鄙び度一二〇%の塩湯です

小浜の「脇浜共同浴場」です。地元では「おたっしゃんの湯」と呼ばれています。昔、おたつという人が始められ、そう呼ばれるようになったそうです。

木造の外観も内部も古いです。まるで田舎の農業倉庫です。鄙び度一二〇%の雰囲気を醸し出しています。脱衣箱の鍵ははるか昔に壊れたまま。浴室は塗装のはげた天井から裸電球が一つぶら下がっていて、開いた窓からは桜が見えます。のどかな普段着の温泉場の雰囲気たっぷりです。昭和十二年の右書きの温泉効能書きや入浴注意書きが、あたりまえのように壁に貼りだしてあります。

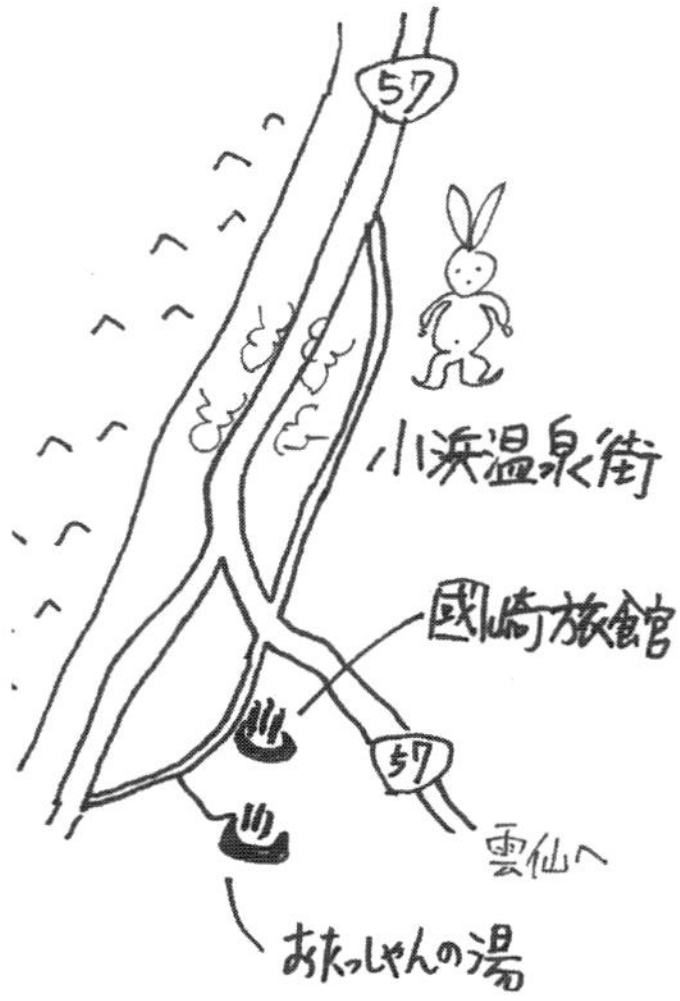

まるで時間が停止しているようです。これをレトロと言わずに何というのでしょうか。全然、今風でも、オシャレでもありません。

湯船は二槽、奥の方が熱いです。緑色はタイルの色です。食塩泉で九七度。お湯は塩辛い味がしますが、ほんとうにポカポカ温まります。地下湧出とありますから、海水の影響ではなさそうです。

ここは庶民的な温泉です。同じ雲仙市にある避暑地の雲仙温泉とはまったく違います。月の兎は、こういうの大好きです。ここは、何というか素朴さを超越しています。鄙びの極みです。生きた環境遺産です。お湯に入ってるじいちゃんたちも時代を超越したような風貌というか、くたびれ感がなかなかいい具合に漂っていますね。そのまま極楽につながっているようです（笑）。

食べてみたい小浜チャンポン

脱衣場に置いてある錆が浮いた体重計に乗ったら、私は「三七キロ」しかありません。えっ、いくら塩湯に入ったからといってもそこまでの減量はないですよ（笑）。もう一回乗ったら今度は「二八キロ」でした（大笑い）。壊れているのに、なんで置いてあるのでしょうか？

このような、そこにあるだけで嬉しくなるような温泉に出合うのは温泉紀行冥利というものです。小浜の皆さん、残してくださいね。ヘンに変えないで。じっと、そのまま。

《温泉データ・評価》
【温泉名】小浜温泉脇浜共同浴場
【住　所】長崎県雲仙市小浜町南本町７
【ＴＥＬ】0957－74－3402
【泉　質】食塩泉　97度　分析表なし
【営　業】６：00－21：30
【定休日】なし
【風　呂】内湯２
【入浴料】150円
【駐車場】５～７台程度
【評　価】
施設設備度：３　アクセス度：３
源泉かけ流し：４　清潔度：３
サービス・気配り度：３
風情・雰囲気度：５
肌にやさしい度：４
湯っくりホックリ度：４
見どころ食べどころ：小浜ちゃんぽん
【満足度】★★★★（4.0）

4 小浜温泉旅館國崎

夕日がきれいな小浜温泉の小さな大人の隠れ湯です

小浜温泉の二湯目は「旅館國崎」です。たまたま湯祭りの日で、この名旅館も入湯は無料でした。しかし、さすが國崎旅館です。湯船の広さに応じた入浴客を絶えず見計らって入れるように配慮してくれます。私みたいなロハの客へもこの辺の細やかな心配りを忘れないところが名旅館たる由縁でしょうか。

大人の隠れ宿。「じゃらん九州」２００７口コミランキング一位、楽天トラベル口コミランキング２００７九州一位、講談社一度は泊まりたい宿「環境遺産」に選定されるなど、数々の評価を受ける小浜の源泉旅館です。もちろん「日本秘湯を守る会」の提灯も玄関にかかっています。

木造の趣のある佇まいはいかにもそれらしい雰囲気が感じられます。玄関には種田山頭火の句碑「さびしくなれば湯がわいている」。酒を愛したこの漂泊の自由律詩

人の酒の友は湯豆腐でした。旅館の玄関前の石碑はなんと四角い湯豆腐です。温泉に湯豆腐が浮いています。これはもちろん食べられません。飲泉すると、ショッパイ濃い味がします。これでは湯豆腐というより、ラーメンを入れたら塩ラーメンになりそうです。

内湯は小さい岩風呂です。脱衣かごが六個。湯質は食塩泉。九五度〜一〇五度の源泉が地下一〇〇メートルから湧出。湯上りにはちゃんと冷水も用意されていて、フロントのお姉さんがとても親切でした。売店で小浜土産に長崎銘菓「黒船」を買いました。佐賀や熊本でよく見るお菓子の「黒棒」に似ています。黒船というところが長崎らしいですね。

帰路、以前から気になっていた「小濱軽便鉄道」（雲仙鉄道）跡の県道を富津・木津・千々岩と海岸沿いに走りました。「緑のトンネル」と名付けられた海岸の絶壁上を走る旧道です。ここを長崎ぶらぶら節の愛八姐さんも軽便鉄道に揺られてきたのでしょうか。この鉄道はたった十二年で廃止になっています。

《温泉データ・評価》
【温泉名】小浜温泉旅館國崎
【住　所】長崎県雲仙市小浜町南本町10－8
【ＴＥＬ】0957－74－3500
【泉　質】ナトリウム塩化物泉　96度
【営　業】11：00－20：00
【定休日】なし
【風　呂】内湯１　貸切湯
【入浴料】内湯500円　貸切風呂1000円
【駐車場】10台以上
【評　価】
施設設備度：４　アクセス度：３
源泉かけ流し度：４　清潔度：４
サービス・気配り度：５
風情・雰囲気度：４肌にやさしい度：４
湯っくりホックリ度：４
見どころ食べどころ：海の落日が見える波の湯「茜」
【満足度】★★★★（4.0）

5 島原温泉小涌園ホテル ソーダ温泉

海辺に自噴する炭酸泉は少し冷たいですが
全身につく気泡は気持ちいいです

「ソーダ水の中を貨物船がとおる」というのは松任谷由美の「海を見ていた午後」の歌詞ですが、このホテルの海辺のソーダ温泉に浸かっていると、沖を通る貨物船もフェリーも漁船もみんなこちらを見ているような気がします。中にはじっと泊まっている船もあります。理由は、この露天風呂は海の方から丸見えなのです（笑）。

島原というと湧き水が豊富できれいなところですが、温泉としての評価はイマイチだなどと思っていましたが、失礼しました。このホテルには二種類の源泉があり、露天の方にはなんとシュワシュワの泡付きの温泉が湧き出しているのです。丸い露天風呂（ソーダ温泉）は足下湧出の泡付きの炭酸泉です。ちょっとぬるめのお湯ですが、大きさはやっと一人が入るぐらいで、交替で入ります。

ここは島原の港に近い小湧園ホテルのお風呂です。内湯の外に露天風呂があり、その庭先の海のそばに「ソーダ温泉」があります。内湯も露天も炭酸泉ではありません。この小さい甕のようなソーダ泉に入るために島原まで足を伸ばしました。

「おどみゃー島原のー」の歌詞で始まる「島原の子守唄」は、多くの方がご存じのことと思います。貧しいがゆえに南方へ送られていった娘たちを哀れむ一方で、少数ながら成功して帰ってきた「からゆきさん」をうらやむ貧しい農家の娘の心を描写したこの唄は、宮崎康平作詞・作曲による戦後の創作子守唄です。

天草の乱や「島原大変肥後迷惑」といわれた雲仙岳の大噴火、それに平成の火砕流など厳しい自然や半島の暮らし、悲しい歴史の多い島原ですが、空はあくまでも明るく、海は青く輝いています。ソーダ温泉に浸かって沖を行く船を見ていますと、そんな歴史があるなんてとても思えません。

向こうを天草に行くフェリーでしょうか、ゆっくりゆっくり動いていくのが見えます。風呂上りにはよく冷えた島原名物寒ざらしが美味しいです。

《温泉データ・評価》
【温泉名】島原温泉島原観光ホテル小涌園
【住　所】長崎県島原市新湊１－38－１
【ＴＥＬ】0957－62－5211
【泉　質】サイダー泉：28度　含二酸化炭素（マグネシウム・カルシウム・ナトリウム）炭酸水素塩泉　41度　pH6.9
【営　業】５：00－９：00/12：00－24：00
【定休日】無休
【風　呂】内湯２　露天風呂　サイダー泉　【入浴料】840円
【駐車場】広い
【評　価】
施設設備度：４　アクセス度：４　源泉かけ流し度：４
清潔度：４　サービス・気配り度：４
風情・雰囲気度：４　肌にやさしい度：４
湯っくりホックリ度：４
見どころ食べどころ：寒ざらし、具雑煮、湧水めぐり、雲仙災害記念館
【満足度】★★★★（4.0）

6 世知原温泉くにみの湯 山暖簾

黒川紀章設計建物は、まるで美術館のよう 露天風呂からの山野の眺めは抜群です

佐世保市にある「世知原《せちばる》温泉くにみの湯山暖簾《やまのれん》」に立ち寄りました。佐世保市といっても合併するまでは北松浦郡世知原町といって、伊万里から国見峠を越えたところの高原にあります（山奥といったほうが正確です）。

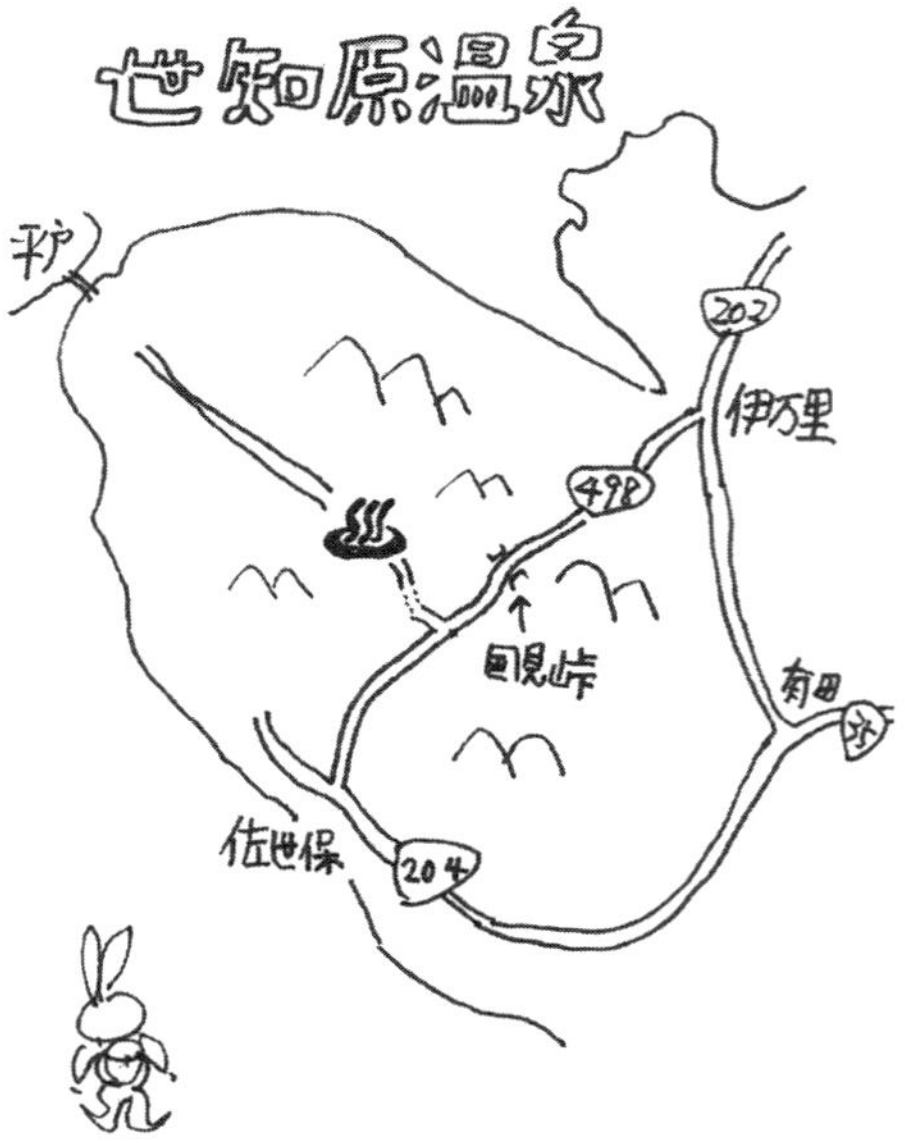

ここの最大の特徴は黒川紀章さん設計の建物にあります。うっそうとした森の中の高台に、実に瀟洒《しょうしゃ》で大きな現代建築が出現したときには、エッこれが温泉施設かと驚きました。横長の品が良い落ち着いた建物です。まるで美術館か高級リゾートホテルみたいな建物です。前庭も駐車場もお洒落です。建物の中は、中央に眺めの良い広いホール、その両側にレストランと温泉施設を配し、上は宿泊施設となっている公共の宿です。

お湯はナトリウム炭酸水素塩泉、加水加温塩素混入循環、公共の温泉施設によくあるごくフツーの温泉です。浴室にはかすかに塩素臭が漂っています。浴室は機能的ですし綺麗で清潔、露天風呂からの緑野の展望はすばらしいものがあります。雨に濡れたアジサイがとてもきれいでした。

小雨が降っているにもかかわらず、なぜか内湯より露

天のほうが多いです。やはり眺めのよさでしょうか。見渡す限りの緑の高原と、上品で落ち着いたアート建築空間のなかでゆっくり過ごすのは癒しにいいかもしれません。山に抱かれた懐かしさとぬくもりの感じられるお宿です。

このお宿はけっこう人気があって、休日前はなかなか予約がとれないとのことです。福岡からのお客も多いとか。当日も旅のエッセイストでJR九州の「please」などでおなじみの、筒井ガンコ堂さんがお見えでした

二〇一〇年一月に再訪したところ、以前より湯質のシットリ感が増したように感じました。新たな泉源を掘り直されたそうです。

露天風呂からの眺め（上）と山暖簾の外観

《温泉データ・評価》
【温泉名】世知原温泉くにみの湯山暖簾
【住　所】長崎県佐世保市世知原町上野原316
【ＴＥＬ】0956－76－2900
【泉　質】ナトリウム－炭酸水素塩泉　温度37.4度
【営　業】10：30－21：30　公共の宿
【定休日】無休
【風　呂】内湯３　露天風呂１　手すり有
【入浴料】500円　家族湯2000円
【駐車場】広い
【評　価】
施設設備度：４　アクセス度：３
源泉かけ流し度：３　清潔度：４
サービス・気配り度：３
風情・雰囲気度：４
肌にやさしい度：３
湯っくりホックリ度：３
見どころ食べどころ：五島うどん、カンコロ餅
【満足度】★★★☆（3.5）

7 嬉野温泉 元湯

湯上がりはぽかぽか、汗たらたらです

嬉野温泉は、長崎街道の国境《くにさかい》の俵山峠の関所を越えた最初の温泉地です。シーボルトや長崎に遊学した幕末の志士たちもここで温泉に浸かり、旅の疲れを癒したのでしょうか。

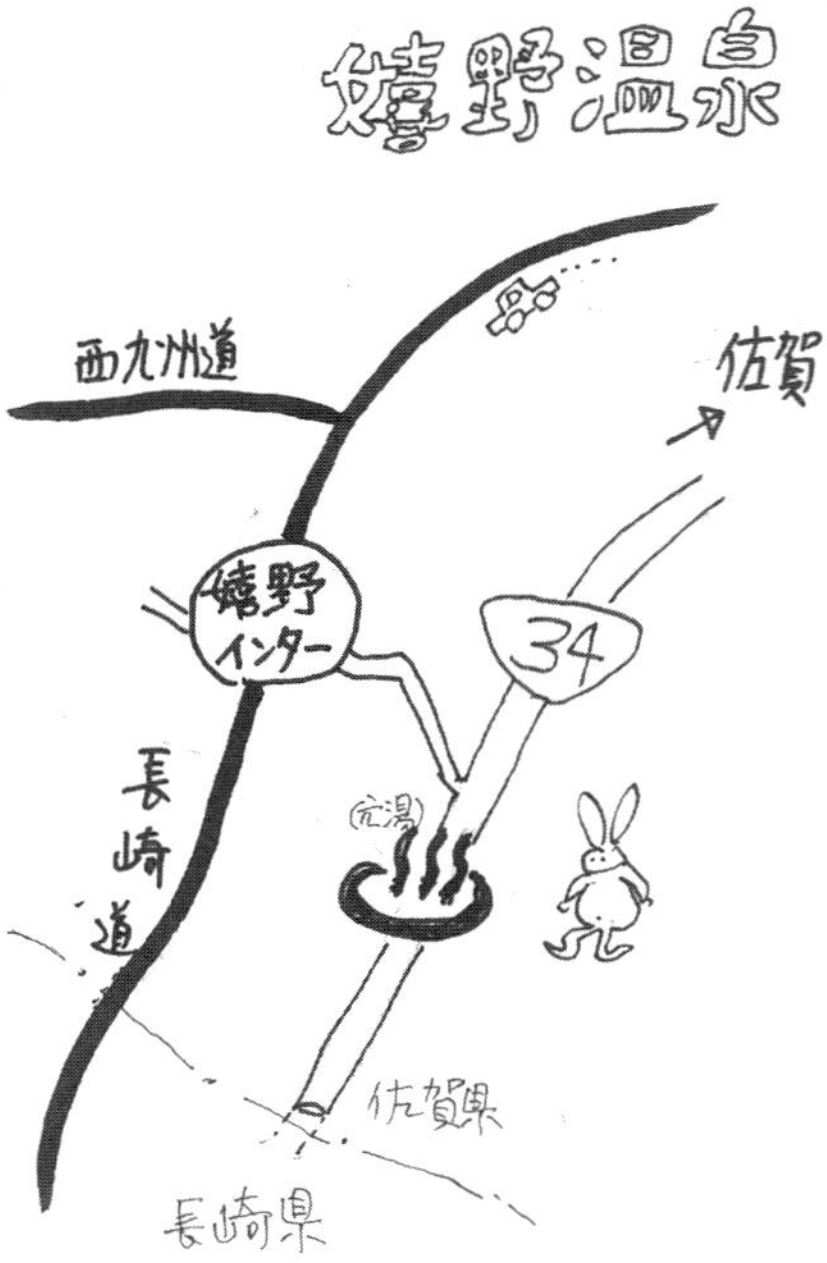

数多い嬉野の温泉で由緒正しい「元湯第一源泉」、自然湧出です。広い浴室は熱め、ぬるめなど三つに分かれています。ホテルや旅館の内湯が多い嬉野には珍しい庶民的な銭湯温泉です。入湯料五〇〇円（平日は三五〇円）です。「ホテル元湯」には、別に宿泊用のいい温泉がありますが、こちらも広くて気持ちよいお湯ですよ。

浴室の壁には、嬉野の茶摘風景と郷土芸能「浮立《ふりゅう》」の面二つの大きなタイル絵が飾ってあります。なぜか浴槽の中に一メートルほどの自然石が立っています。これっていったい、なんなのでしょうか。受付の人に聞いても「さあー、男風呂に立っているから男性のシンボルの石ではないですか（笑）」とかよくわからない答えです。女風呂にはないのでしょうか。

お湯は定評あるヌルツルの美肌の湯です。お湯からあがってからも、体ぽかぽか、汗たらたらです。これでは

タオルがもう一枚いりますね。

「嬉野」の地名の由来は、太閤秀吉が朝鮮の戦いに勝利した帰りに湯に浸かり「うれしいの」と言ったからだと思っていたのですが、それが間違いだとわかりました。実は太閤より遡ること千二百年、神功皇后がこられたときに、やはり「いと、うれしいのお」と言われたことから、嬉野温泉と名づけたそうです。温泉めぐりをしていると物知りになります。

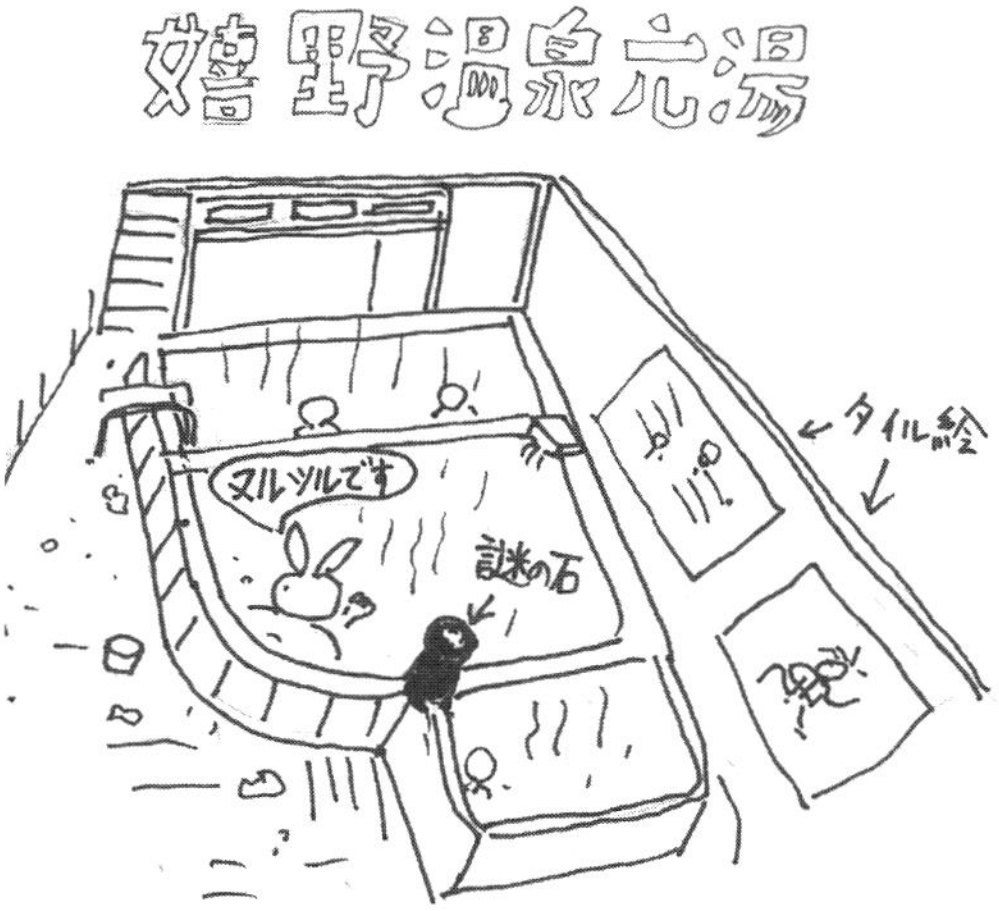

ここの食堂でごぼう天うどんを注文して驚きました。うどんの鉢とは別にごぼうの天麩羅が乗った別の皿が出てきました。ごぼうの天麩羅（かき揚げ）を別の皿に盛ってくるというのは初めてです。九州独特の「ごぼう天うどん」ですが、いろんなバージョンがあるものです。

《温泉データ・評価》
【温泉名】嬉野温泉元湯温泉
【住　所】佐賀県嬉野市下宿乙2208－８
【ＴＥＬ】0954－42－3926
【泉　質】ナトリウム炭酸水素塩化物泉　分析表有　ヌルツル　無色無臭　93度　循環　塩素注入　pH7.4
【営　業】９：30－22：00　食堂　休憩室　売店
【定休日】なし
【風　呂】露天風呂１　家族風呂５
【入浴料】500円（平日350円）
【駐車場】40台
【評　価】
施設設備度：３　アクセス度：４
源泉かけ流し度：４　清潔度：３
サービス・気配り度：３　風情・雰囲気度：３
肌にやさしい度：５
湯っくりホックリ度：５
見どころ食べどころ：温泉湯豆腐
【満足度】★★★★（4.0）

8 嬉野温泉大正屋 四季の湯・しいばの湯

湯船に入る回転ドアを抜けると、そこはまるで温泉劇場の舞台

この日は「嬉野温泉旅館大正屋」さんにしました。嬉野で内湯が広くてきれいで設備も用品も揃っていて、もちろん源泉のお湯がいいとなると大正屋さんか「元湯白珪」さんということになるでしょうね。

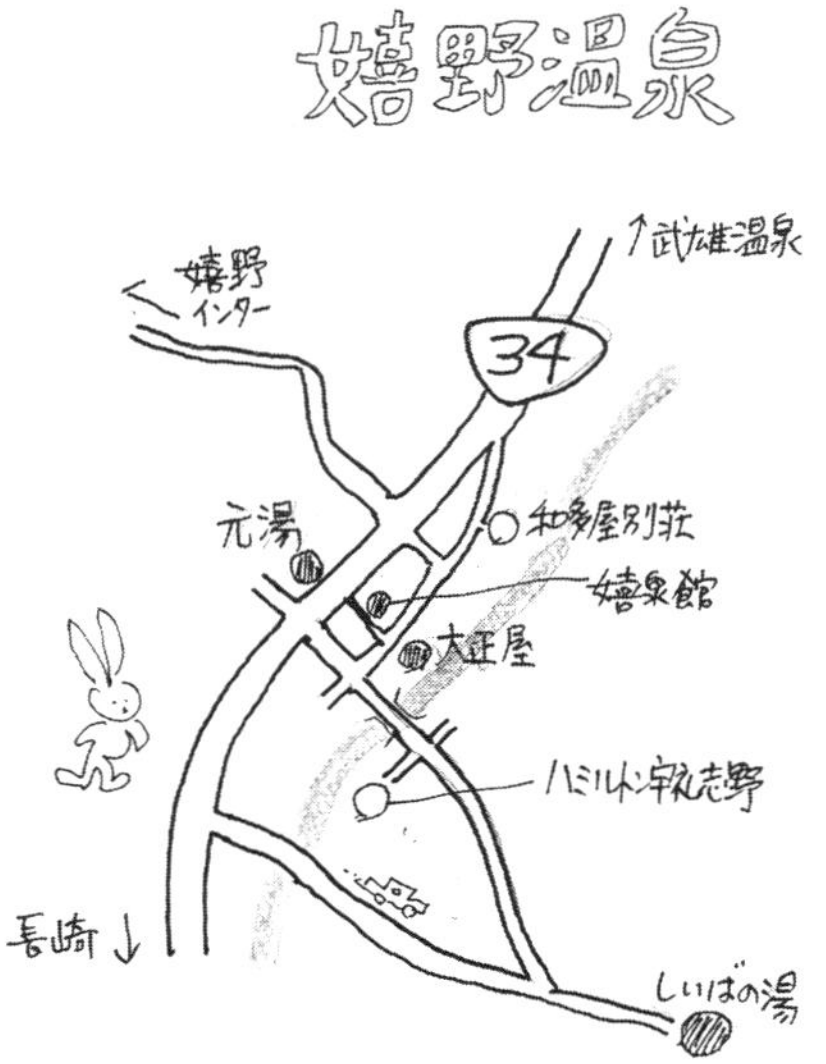

ここの内湯は、源泉なのにすごく広い湯船で気持ちがよく、それに脱衣場から湯船に行くドアが丸い回転自動ドアになっていて、強いスポットライトに照らされて、まるで晴れ舞台にでも出て行くような不思議な感覚にさせてくれます。しかもスッポンポンの裸でいく感じがなんとも嬉しいような恥ずかしいような、ちょっとイイ気分にさせてくれるところが大好きです。お湯はしっとりとした美肌の湯です。しっかり首まで浸かって、ゆっくり温まってきました。

嬉野の温泉街から茶畑を少し山に入った渓谷沿いにある「しいばの湯」に立ち寄りました。下の山荘の駐車場に車を停めて上のお湯まで歩きました。渓谷沿いを歩いていると、ホーホケキョ、ホーホッケキョと、みごとな声の鶯の連呼が谷にこだまします。いやー、これほどまでの〝上級者〟にはついぞ出会ったことがありません。聞きほれてしまいます。★5つ、いや鐘三つ間違いなし

です。椎葉の谷の鶯は名人ですね。

「しいばの湯」はさすがに名旅館大正屋さんがやっているだけに施設、設備、サービスもきちんとして気持ちがいいです。露天では先客が数人、ゆっくりと春というより初夏のまぶしい陽射しのなか、岩風呂の淵で甲羅干しをやっています。陽射しが湯面に反射しそれが木々にも光って揺らめいています。なんともノンビリとした午後の露天の風景です。

渓谷にはもうシャクナゲの赤い花が咲き始めていました。谷を渡る風がなんとも心地よいです。入湯料一〇〇〇円は高いようにも思いますが、ホテル並みのサービスと露天風呂の広く開放的な雰囲気、しかも鶯名人の美声付きを考えますと納得！　というところでしょうか。

風が心地よいしいばの湯

《温泉データ・評価》
【温泉名】嬉野温泉旅館大正屋　四季の湯
【住　所】佐賀県嬉野市温泉１区
【ＴＥＬ】0954－42－1170
【泉　質】ナトリウム炭酸水素塩泉　95度　pH7.5－8.5　分析表有　無色　極微けん味臭　飲用可
【営　業】立ち寄りは12：00－23：00　レストラン　売店　休憩室　エステ
【定休日】なし
【風　呂】内湯　【入浴料】1000円　【駐車場】広い
【評　価】
施設設備度：４　アクセス度：４
源泉かけ流し度：４　清潔度：４　サービス・気配り度：４　風情・雰囲気度：４　肌にやさしい度：５
湯っくりホックリ度：５
見どころ食べどころ：温泉湯豆腐、清酒虎の児蔵元、嬉野茶
【満足度】★★★★（4.0）

【温泉名】嬉野温泉旅館大正屋　しいばの湯
【住　所】佐賀県嬉野市岩屋川内椎葉乙1586
【ＴＥＬ】0954－42－3600
【泉　質】単純泉　48度　pH8.01
【営　業】９：00－21：00　【定休日】なし
【風　呂】内湯、露天風呂　【入浴料】1000円
【駐車場】50台以上
【満足度】★★★★（4.0）

9 平谷温泉山吹の湯

水よし、山よし、眺めよし
多良岳の深山幽谷に佇む一軒温泉です

「山吹の湯」は、佐賀県鹿島市の山奥、多良岳の山中、長崎県境近くにある秘湯の一軒温泉です。平谷温泉の歴史は古く、お湯が発見されて三〇〇年、温泉として一七〇年。今の「平谷温泉」は六代目の当主です。

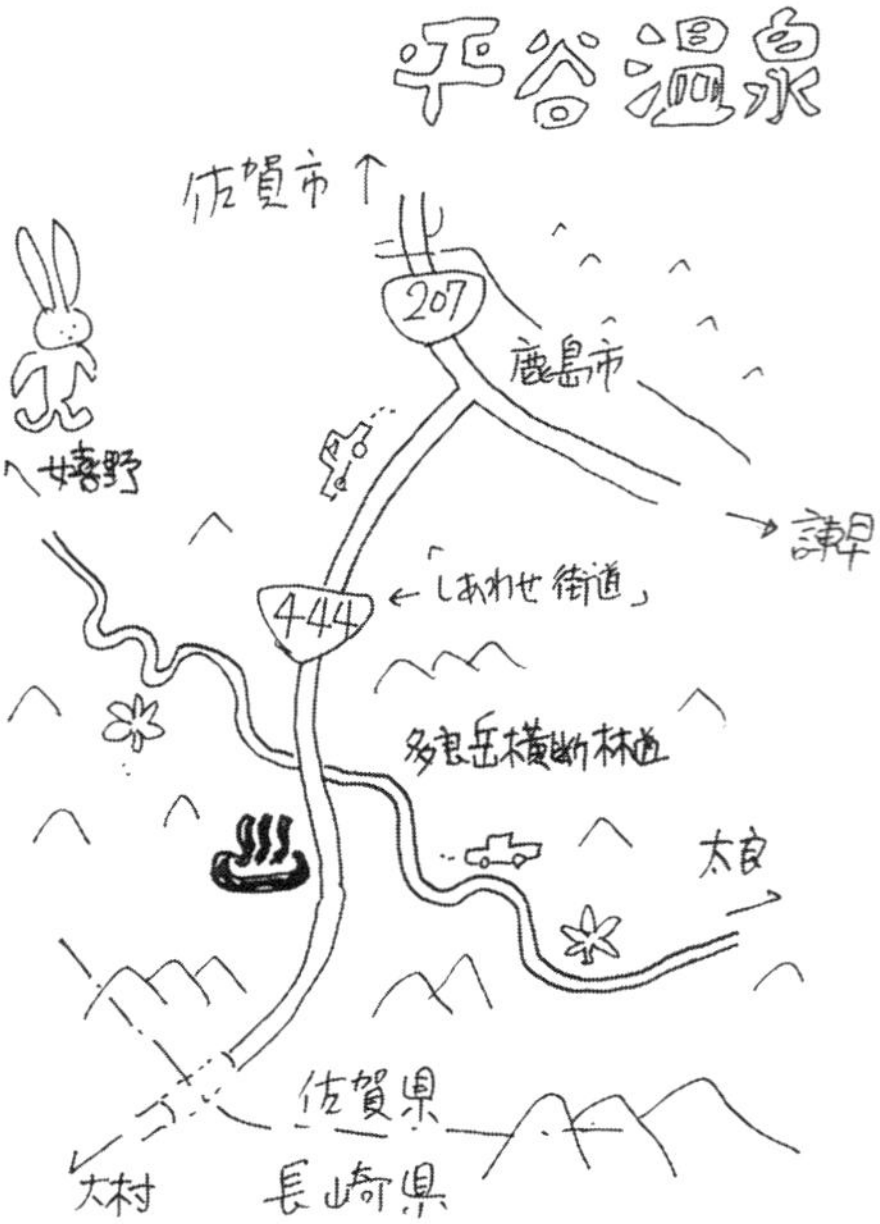

最近、鹿島～大村間の国道４４４号が開通するまでは、能古見峡の上流は深山幽谷の地、キャンプか登山の客くらいにしか知られずに、平谷温泉も隠れた湯治場でした。今では、県境のトンネルを抜ければ、大村市からすぐこれますので、長崎方面からの利用が便利になりました。

現在では、昔の湯治場の雰囲気はなく日帰り温泉「山吹の湯」と、近くに日本料理の「落柿《らくし》」、それに萱葺きの古民家を移築した旅館「平谷温泉」の三つがあります。

さて、お湯は自家湧出のラドン泉で、無味無臭。大変純粋な泉質です。やわらかい良いお湯で、加温されています。浴室は木の香りが漂う雰囲気がある建物に、黒御影石と木製の浴槽が二つ、熱めとぬるめがあります。少しすべりやすいです。露天風呂は水風呂です。これが全国きき水大会で九位になったという天然水のお風呂です。月の兎はもちろん入りましたよ。キーンと感じる、なんだか混じりけのないピュアな感じがたまりませんでした。秋口まではそんなに冷たさは感じませんが、冬場は冷たいと思います。

お湯も水も近くの武雄や嬉野とはまったく違う、天然の真水に近い純粋なお湯です。ここの水は決して腐らないそうです。一度お試しあれ。料理店落柿と旅館では京風料理を出すようで、要予約とのこと。特に旅館は一日一組しかお客をとりません。

近くには、有明海の蟹料理で有名な太良町と嬉野温泉を結ぶ豪快な横断林道が通っていて、林道ドライブが好きな人には、紅葉の季節は特に魅力的なコースです。鹿島～大村の国道４４４号は語呂合わせで「しあわせ」街道と呼ばれています。

《温泉データ・評価》
【温泉名】平谷温泉山吹の湯
【住　所】佐賀県鹿島市山浦丙3864
【ＴＥＬ】0954－64－2321
【泉　質】単純温泉　28.2度　pH7.8
【営　業】８：00－21：00
【定休日】無休
【風　呂】内湯　露天風呂
【入浴料】600円
【駐車場】30台
【評　価】
施設設備度：４　アクセス度：３
源泉かけ流し度：３　清潔度：４
サービス・気配り度：４
風情・雰囲気度：４
肌にやさしい度：４
湯っくりホックリ度：４
見どころ食べどころ：竹崎カニ、能古見峡
【満足度】★★★☆（3.5）

10 武雄温泉鷺の湯

竜宮城を思わせる朱塗りの門、シーボルトも入った武雄の湯

武雄温泉といえば、温泉街の突き当たりにある竜宮城のような赤い楼門を思い出します。

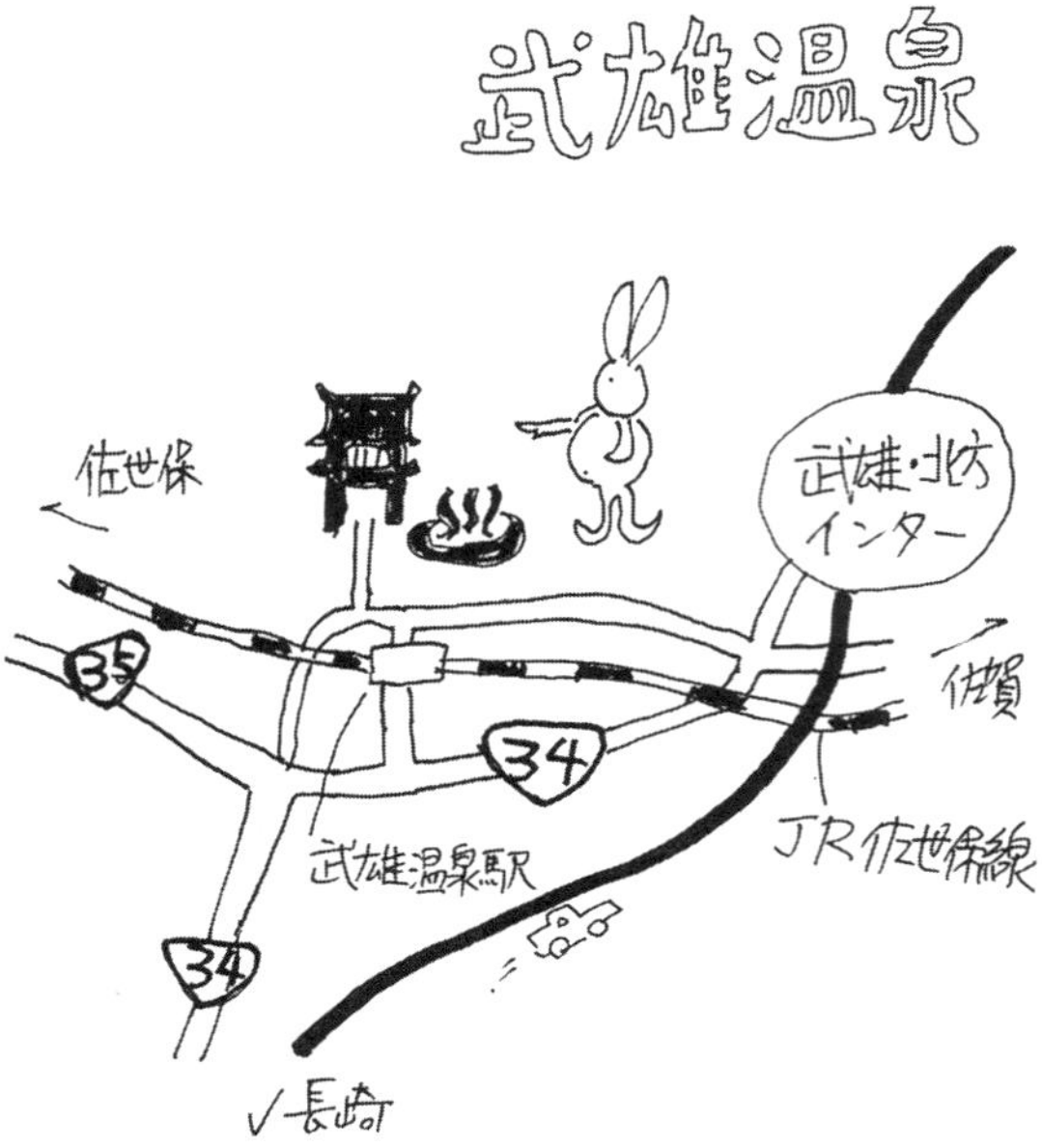

この辰野金吾設計による文化財の建物は、武雄温泉株式会社が経営する「武雄温泉」です。その楼門の中には御殿湯、家老湯、鷺の湯、蓬莱の湯、元湯などいくつもの温泉があり、それぞれ棟が違い、作りも料金も違います。まるで温泉の武家風アミューズメント施設ですね。

殿様湯にも料金（三八〇〇円）さえ払えば入ることは可能ですが、下々の月の兎は身分相応に鷺の湯に入ることにしました。六〇〇円です。

鷺の湯には内湯、露天風呂があり、お湯は無色無臭で透明感のある肌触りのいいお湯です。露天からの眺めもよく国指定重要文化財の新館の朱塗りの建物を見ながらの入浴もいいものです。しかし、月の兎にはちょっと熱いようです。

武雄温泉は千三百年前に書かれた『肥前国風土記』にも記されており、神功皇后も入浴されたと伝えられてい

ます。江戸時代には、長崎街道の宿場町として栄え、剣豪宮本武蔵やシーボルト、伊達政宗や伊能忠敬などが入浴したという記録も残されています。まさに九州温泉街道というテーマにふさわしい、長崎街道を代表する武雄温泉です。

武雄は焼き物や川古《かわこ》の大楠といったものに加えて、最近では「がばいばあちゃん」という映画のロケ地として売り出しています。

私が好きな武雄の食い物屋さんは、駅の温泉口に昔からある即席天麩羅屋さん「おっちゃんの店」です。おっちゃんとはそのまま「おじさん」という意味で、建物はくすんで小汚いですが、歴史を感じさせるよい店です。

アツアツホクホクの美味しい天麩羅を食べさせてくれる、このレトロでアットホームなお店も、駅の立体交差事業や区画整理事業に伴って、移転を余儀なくされているようです。

武雄温泉の朱い楼門

《温泉データ・評価》
【温泉名】武雄温泉鷺の湯
【住　所】佐賀県武雄市武雄町武雄
【ＴＥＬ】0954－23－2001
【泉　質】アルカリ性単純泉　48.5度　pH8.5
【営　業】６：30－24：00
【定休日】無休
【風　呂】内湯　露天風呂　サウナ　手すり有
【入浴料】600円
【駐車場】50台以上
【評　価】
　施設設備度：４　アクセス度：４
　源泉かけ流し度：３　清潔度：４
　サービス・気配り度：４
　風情・雰囲気度：４
　肌にやさしい度：４
　湯っくりホックリ度：４
　見どころ食べどころ：北方ちゃんぽん、御船山楽園
【満足度】★★★★（4.0）

11 熊の川温泉 元湯熊ノ川浴場

超ぬるめ、ぬるめ、あつめの三つの湯船に
交互に入れば肌はツルツル身体はポカポカです

「元湯熊ノ川浴場」です。三つの湯船があります。一つ目の湯はぬるいです。三三度。これが源泉です。二つ目に入ります。ちょっとぬるめです。足元からポカリポ

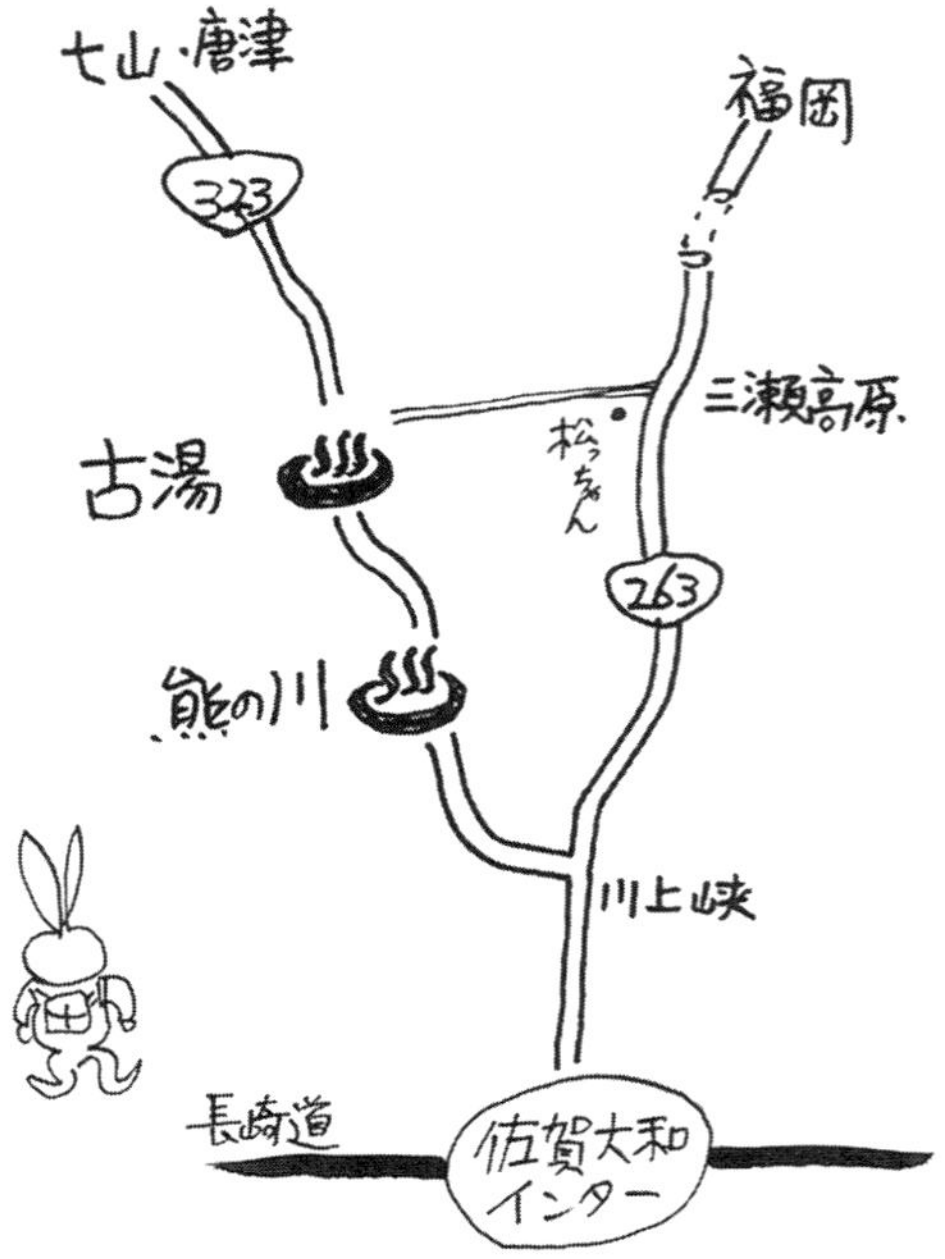

カリお湯が湧き出してきます。三つ目です。こちらの小さい湯船はアツゥ！　正直に熱いです。

最初に来た人はこのぬるさにびっくりして、さっさと帰る人もいるそうです。これら三つの湯をゆっくり交互に入ります。

地元の農家の人は、疲れたらこのかけ流しのぬる湯にきて長湯をします。マムシにかまれたときも効くそうです。プロスポーツ選手の療養や都会ＯＬの癒し、アトピー治療の子どもさんなど、けっこうこの浴場のファンは多いと聞きます。

お風呂からも休憩室からも、嘉瀬川の清流と窓一面の緑が目に入ります。日がな一日湯ったりと滑らかな湯に浸かり、手足を伸ばし、時間をすごす。湯上りはツルツルポカポカです。

ここには、サウナもマッサージも洒落たお部屋もあり

ません。あるのは、いいお湯とシンプルな湯船と休憩室、それにゆったりした時間。お湯と風景と時間を味方につけて帰ります。

単純弱放射能泉。pH九・五。地元の人は、一番ぬるい湯に長くゆっくり入って、疲れを癒します。月の兎のホームグランドみたいな温泉です。そう、名付けて「骨休めの湯」。

オヤッ？　夏の昼下がりの湯船に頭の薄いおじいちゃんが浮いています。頭を縁に乗せるでもなく頭だけをお湯から出して仰向けに足をのばし、体全体がプカリプカリ浮いて少しずつ漂流しているようです。とても自然体で気持ち良さそうです。

おじいちゃんに聞いたら、普通の呼吸法で自然に浮くことができるそうです。半分眠っていても大丈夫で、こうしているとたいそう気持ちがいいそうです。

月の兎も温泉でこういう光景は初めて見ました。まさにお湯と一体となった達人の境地なのでしょうね。すぐに真似してみるのが月の兎のいいところです。でも、何度かやってみましたがダメです。ブクブク……。足は浮くのですが頭は沈みます。月の兎は温泉の達人の足元にも及ばないようです。まだまだ、修行がたりません。

《温泉データ・評価》
【温泉名】熊の川温泉元湯熊ノ川浴場
【住　所】佐賀県佐賀市富士町大字上熊の川
【ＴＥＬ】0952－63－0021
【泉　質】単純弱放射能泉　32.9度　pH9.5
【営　業】９：00－20：30
【定休日】第１・３火曜日
【風　呂】内湯３
【入浴料】400円
【入浴料】800円から500円(時間帯による)
【駐車場】10台以上
【評　価】
施設設備度：４　アクセス度：４
源泉かけ流し度：４　清潔度：４
サービス・気配り度：４　風情・雰囲気度：４
肌にやさしい度：５　湯っくりホックリ度：５
見どころ食べどころ：白玉饅頭、川上峡、柿アイス（道の駅大和）、十可苑
【満足度】　★★★★☆（4.5）

12 古湯温泉鶴霊泉 夕鶴の湯

古湯の源泉元湯は文人墨客、有名人の逗留も多く、夕鶴の湯は仲代達也さんの命名だとか

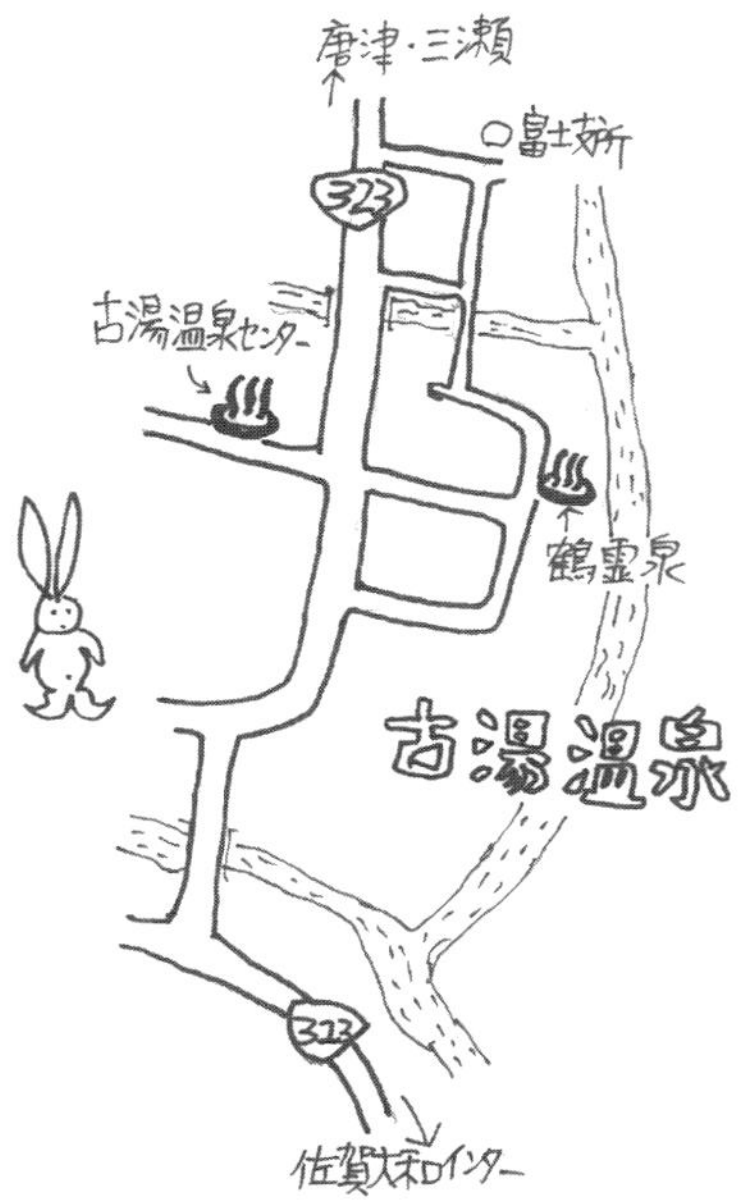

源泉砂湯で知られる古湯温泉の名旅館「元湯温泉鶴霊泉」にできた話題の庭園風呂「夕鶴の湯」に入りました。庭園風呂へは宿の建物を一旦外に出て、階段を下りて泉水で鯉が泳ぐ庭園の横を通り行きます。

ドアを開けて入ると「オー」と感嘆の声を上げます。和風に造られた三畳ほどの岩風呂と、洗い場から欄間・障子を隔てて先ほどの和風庭園が眺められるという、凝った絵画的趣向が目に飛び込んできて驚きます。庭園の池と同じ高さの目線で見る風呂からのお庭の眺めもなかなかのものですし、障子を開けると外の風が入ってヒンヤリと心地よいです。

お湯はぬるめのヌルツルシットリの鶴霊泉の源泉です。いいお湯につかって寝そべりながら、小さくても本格的な日本庭園を見ながらのお湯三昧は贅沢の極みです。も

鶴霊泉の玄関

ちろん障子は閉めることもできます。閉めれば影絵が美しいお座敷の雰囲気です。

「庭園風呂」というより「お座敷露天風呂」とでもいいましょうか、ここで月の美しい夜に少しだけ障子を開けてお酒などいただくなんて最高でしょうね。しかも親しい人と二人で。

一人で湯っくり疲れを取るのもよし、もちろん親しい方と一緒に過ごすのもなおよしです。貸切一時間で三千円を高いと思うかどうかです。あっという間の一時間の入浴です。

夕鶴の湯

この鶴霊泉は古湯温泉を代表する旅館の一つですが、多くの文人墨客が投宿したり、映画の撮影関係者の定宿になったりしています。「夕鶴の湯」の命名はこの旅館を定宿とする俳優の仲代達也さんによるものです。

また、足元湧出の砂湯が有名な鶴霊泉は、最近ではぬる湯で売り出しており、この夕鶴の湯はそれに新しい魅力を加えています。

《温泉データ・評価》
【温泉名】古湯温泉元湯温泉鶴霊泉　夕鶴の湯
【住　所】佐賀県佐賀市富士町古湯875
【ＴＥＬ】0952－58－2021
【泉　質】アルカリ性単純温泉　36度　pH9.28　分析表有
【営　業】11：00－15：00
【定休日】無休
【風　呂】内湯２　庭園風呂１
【入浴料】内湯700円　夕鶴の湯（庭園風呂）3000円
【駐車場】10台
【評　価】
施設設備度：４　アクセス度：４
源泉かけ流し度：５　清潔度：４
サービス・気配り度：４
風情・雰囲気度：５
肌にやさしい度：５
湯っくりホックリ度：５
見どころ食べどころ：菖蒲御膳、与楽庵そば料理
【満足度】★★★★（4.0）

13 古湯温泉
古湯温泉センター

ぬる湯になが～くゆっくりつかります
ここは古湯で一番人気の普段着の温泉です

改修後の古湯温泉センターに初めて入湯しました。無粋な茶色の建物も狭い浴室のつくりもあまり変わっていません。湯船はぬるい広い湯船と熱めの狭い湯船の二つです。ともに源泉で徐福泉、英龍泉の二つです。

湯船はあいかわらず〝ぬる湯〟をゆっくり楽しむ常連さんたちで賑わっています。十人もはいればいっぱいの湯船に、みんな首から上を出してじっと身動きせず、目を閉じてぬるい湯にながくつかっている。そんな光景がこのセンターでは普通です。あっさりした入浴感、つるつるした肌触り、浴後はポカポカです。

以前は「うたたねの湯」という大きな看板が入り口に掲げてあって、月の兎はこのコピーが大好きでしたが、改修で今は取り外されてありません。のれんには「母親の胎内のような泉温」と大きく書かれています。

このセンターは一泊二食四五〇〇円の宿泊や食堂の利

用もできます。入湯料三〇〇円。二階の休憩室を使えば二〇〇円増しです。

ここの売店の野菜は安いです。外ではポリタンクにお湯を買う人の列ができています。

二つの源泉は飲泉もできます。施設は古く、広さも清潔感もイマイチですが、土日はいつも駐車場は満杯です。古湯で一番人気の庶民的な普段着の温泉です。

古湯の温泉旅館街のほ

うは、最近黒川温泉風に垢抜けしてちょっと気取ってきていますが、こちらは相変わらずのダサイ庶民志向です。これはこれで古湯の昔ながらの湯治湯の雰囲気そのままで、気取らない古湯温泉の顔です。

「すいません、少しあけてください」と湯舟の下から会釈して入る、そんな公衆浴場の愉しみ方もあながち捨てたもんじゃありませんよね。

古湯温泉センターの外観

《温泉データ・評価》
【温泉名】古湯温泉センター
【住　所】佐賀県佐賀市富士町古湯835
【ＴＥＬ】0952－58－2135
【泉　質】徐福泉・英龍泉　アルカリ性単純泉　pH9.5
【営　業】９：00－21：00
【定休日】第３火曜日
【風　呂】内湯２　手すり有
【入浴料】300円（17：00からは200円）
【駐車場】20台 以上
【評　価】
施設設備度：３　アクセス度：３
源泉かけ流し度：４　清潔度：３
サービス・気配り度：３　風情・雰囲気度：４
肌にやさしい度：４
湯っくりホックリ度：４
見どころ食べどころ：雄渕雌渕公園、三瀬高原、三瀬そば街道
【満足度】★★★★（4.0）

14 ひがしせふり温泉 山茶花の湯

佐賀平野を一望できる大露天風呂は壮観です
お茶をテーマにした日帰り温泉です

　元旦にお湯に入ると千両の価値があると言われています。浅田次郎の小説『初湯千両』では、正月の留置場の風呂場で、盗人稼業の天きり松が昔話を始めると、やくざも詐欺犯も看守も署長も、皆わくわくして人情話に耳を傾けます。ちょっとあざとい感じはするけど、江戸弁の名調子にこれぞまさしく粋な名人芸！　と舌を巻く浅田次郎一流のエンタテインメントの世界です。ウマイ！　ウマスギです！

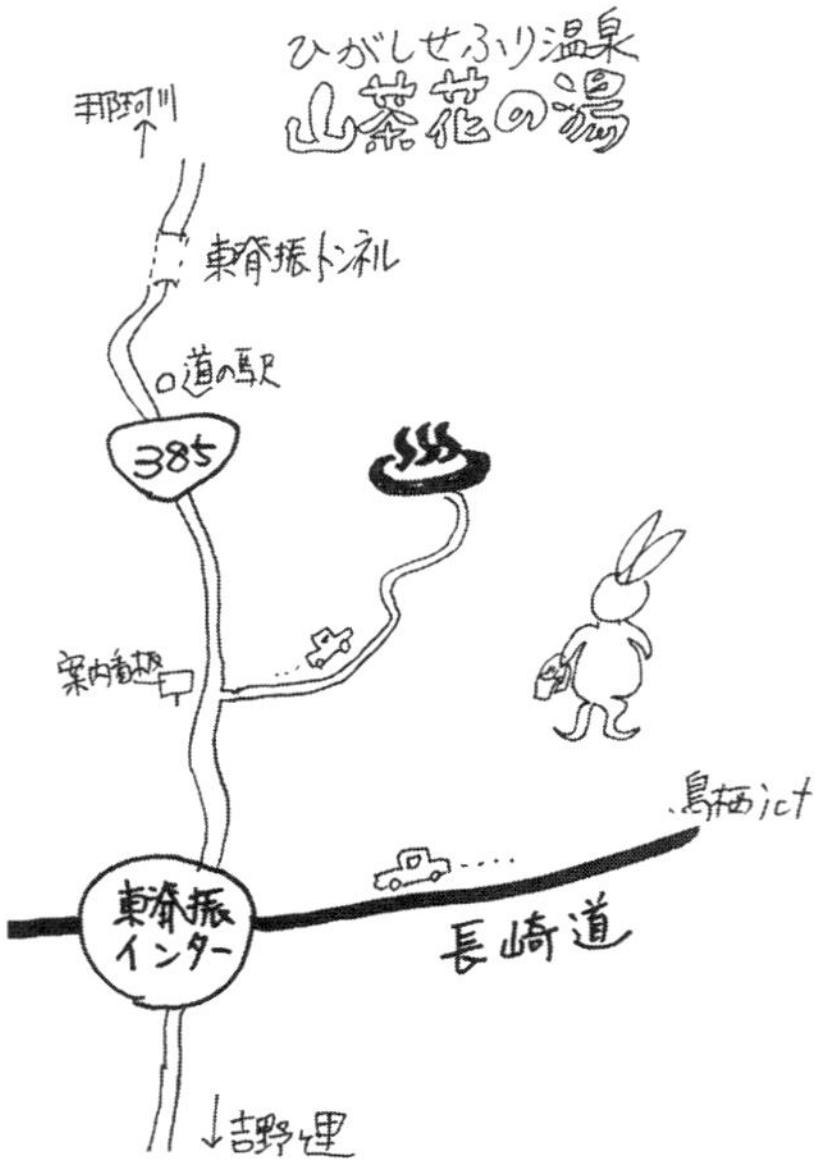

　元旦の初湯は、雪の中、『初湯千両』の文庫本を携え、留置場ではなく吉野ケ里町の「ひがしせふり温泉山茶花の湯」へ行きました。近場で初湯するならココ！　という感じです。

　ここのお湯は、寝湯、座湯、鍋湯などの内湯も充実していますが、露天風呂が広く眺めが抜群です。ほかに茶祖栄西《えいさい》ゆかりの茶風呂なども楽しめます。内湯の「湧出の湯」だけが源泉ですが、それ以外の内湯、露天風呂は塩素を入れたお風呂です。露天風呂は塩素臭がかすかにしますが、ヌルツル感のあるいいお湯です。

　外は寒いですが、月の兎が露天に浸かってゆっくり初湯を楽しんでいますと、ドサドサと六十歳代のオヤジさ

佐賀平野を眺めながらの露天風呂

ん二人が入ってきました。そのうちの一人（はげた赤ら顔とぽっこりお腹が特徴）のオジさんが兎の隣にきて、いきなり「あんたどこからきたね？」です。なんともぶしつけなオジさんです。

「はあ、佐賀です」

「おいも佐賀よ。あんたも温泉好きバイね」

おじさんは近くだと久留米の「あおき温泉」、「湯の坂」それに「大川昇開橋温泉」、さらに別府の「明礬《みょうばん》温泉」阿蘇の「地獄温泉」「垂玉温泉」などなど、まるで溢れるかけながしの温泉のごとく、〝滔々と〟温泉自慢を流します。おじさんは話したいだけ話すと、そそくさと露天風呂から出て行ってしまいました。

世の中に温泉好きな中高年がけっこういることがよくわかりました。それにしても、あのはげぽっこりおじさんは兎と温泉の嗜好が良く似ていました。兎はそれを思うと、じっと自分のお腹を見つめて「私ははげてはいないけど……、ぽっこりなってきたなー」と思わずさすってみました。そして、あのおじさんは温泉のことは詳しいけど、私が出す温泉の本はたぶん買わないだろうな、とも。

《温泉データ・評価》
【温泉名】ひがしせふり温泉山茶花の湯
【住　所】佐賀県神埼郡吉野ケ里町大字石動76－２
【ＴＥＬ】0952－53－2619
【泉　質】アルカリ性単純泉　43.2度　pH8.5
【営　業】10：00－23：00　サウナ　エステ　岩盤浴　レストラン　産直店　古民家
【定休日】なし
【風　呂】内湯　露天風呂　家族湯３つ
【入浴料】700円　家族湯2000円
【駐車場】広い（100台以上）
【評　価】
　施設設備度：４　アクセス度：４
　源泉かけ流し度：３　清潔度：４
　サービス・気配り度：3.5
　風情・雰囲気度：４　肌にやさしい度：3.5
　湯っくりホックリ度：３
　見どころ食べどころ：吉野ヶ里歴史公園、九年庵
【満足度】★★★☆（3.5）

15 高串温泉

ツルツルトロリ、通好みの温泉は、リアス海岸の奥深く、漁港のほとりにあります

最近合併して唐津市になった肥前町田野にある「肥前町福祉センター高串温泉」です。市社会福祉協議会が運営する公共の温泉です。ここは佐賀県内で佐賀市から最も遠い温泉ですが、佐賀県で最もツルツル感のあるトロリとした温泉です。温泉研究家の郡司勇氏の評価は「日本三大ツルツル温泉の一つ」とか。

月の兎の佐賀の温泉認識を改めさせる超ド級の温泉です。湯質はナトリウム、炭酸水素塩・塩化物泉。源泉温度は二九度、pH八・六三。残念ながら、加温、循環、塩素混入ですが、塩素臭は気になるほどではありません。

場所は唐津と伊万里の中間、玄界灘に突き出た東松浦半島のリアス式海岸とひょっこりひょうたん島のような形で知られるいろは島の近く、風光明媚なところです。204号沿いで、近くには寺浦温泉やモンゴル村（鷹島町）もあります。古い映画ファンには懐かしい長門裕行、松尾嘉代主演の映画「にあんちゃん」の町といったほうがおなじみでしょうか。

温泉の受付はまるで公民館のようですが、親切です。入湯料四一〇円。施設は平成五年に改築したといっても新しさは感じません。湯船は広くひょうたんを縦に半分

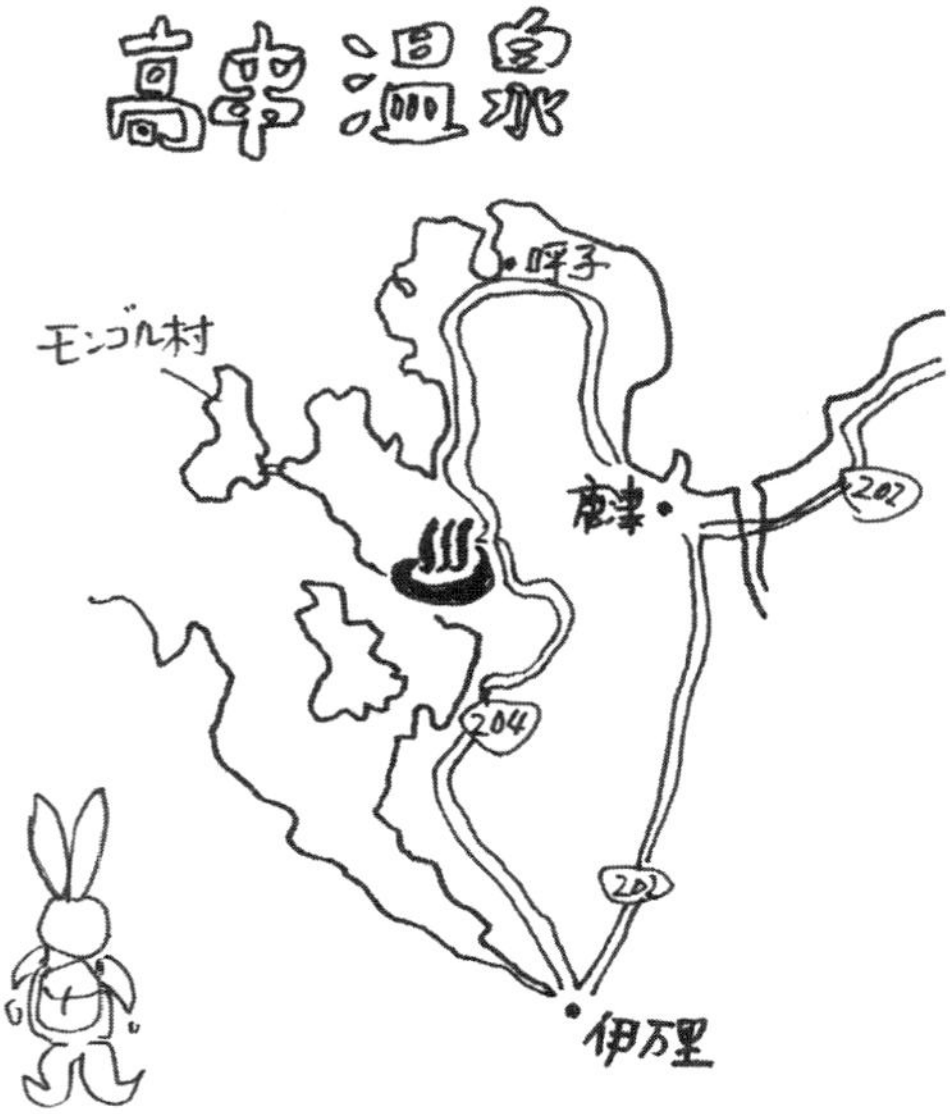

切ったような形です。天井や窓からふんだんに明りを取り入れて〝明るい漁村〟の温泉センターという印象です。

センターのすぐそばには高串漁港があり、集魚灯をつけたイカ釣り船が何十と舫《もや》っていました。近くのいろは島の国民宿舎の温泉にもここの源泉から給湯しているそうです。浴室にはレモン石鹸が備わっています。浴室の注意書きには「たらいは一人占めしないでください」とかいてあります（笑）。

後から入ってきた近くの七十代のおじいちゃんは、十年前に脳卒中で倒れ、一時は歩行もできなかったのが、この温泉に一日おきに通って、今ではなんとか歩けるようになったと言っておられました。いつまでもお元気で！

風呂から出ても身体はホカホカ、肌はサラサラです。帰りには、売店でご当地の「肥前飴」を買って帰りました。佐賀の「徳永飴」に似た素朴な「お乳飴」です。

新鮮な魚もいただける高串温泉

《温泉データ・評価》
【温泉名】肥前町福祉センター 高串温泉
【住　所】佐賀県唐津市肥前町大字田野甲1287－10
【ＴＥＬ】0955－54－0282
【泉　質】ナトリウム－炭酸水素塩・塩化物泉　29.0度　pH8.63
【営　業】10：00－20：00
【定休日】毎月１日・15日
【風　呂】内湯　手すり有
【入浴料】410円
【駐車場】広い
【評　価】
施設設備度：３　アクセス度：２
源泉かけ流し度：３　循環　清潔度：３
サービス・気配り度：４　風情・雰囲気度：４
肌にやさしい度：４　湯っくりホックリ度４
見どころ食べどころ：呼子のイカ、さざえ、モンゴル村、いろは島
【満足度】★★★★（4.0）

16 二日市温泉博多湯

創業万延元年の福岡最古の湯は
しっとりなめらか芯まで温まります

一夜の博多で見初めたあなた
淡い恋とは知りながら
別れのつらさに筑前絞り
締めた帯さえすすり泣く

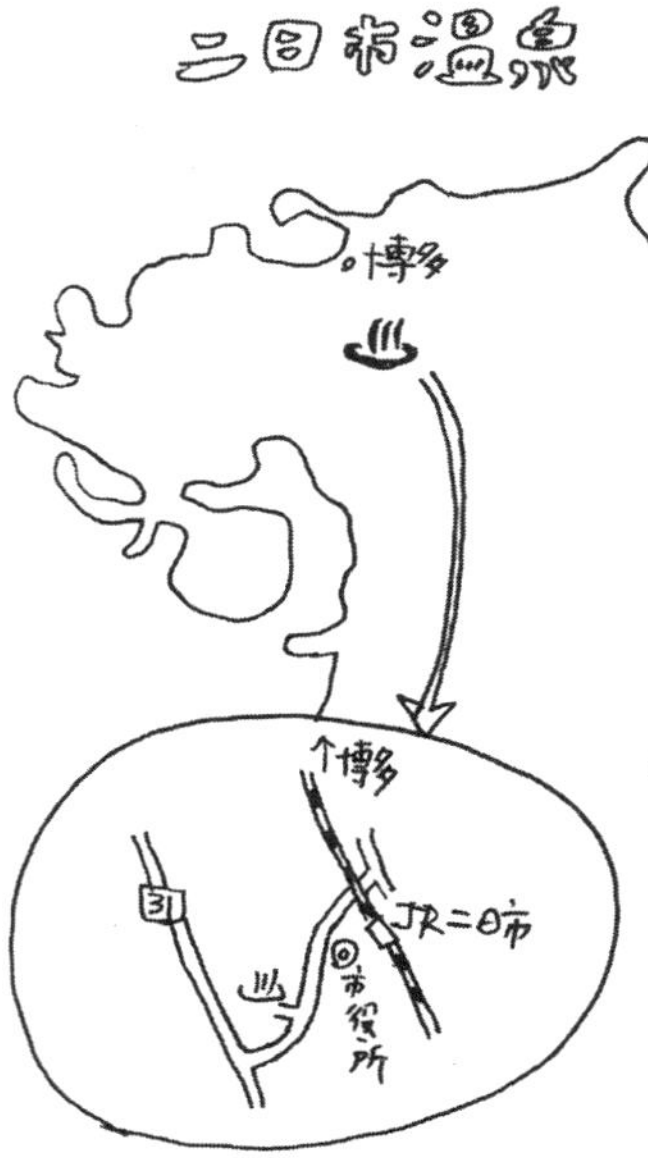

博多情緒を歌った名曲「博多ワルツ」の一節が二日酔いの頭のどこかに残っています。博多中洲で遊んだ翌日には、博多の奥座敷といわれる福岡で最も古い二日市温泉につかって酔い覚ましです。

二日市へは博多からＪＲ鹿児島本線で十五分。ＪＲ二日市駅から歩いて十分で湯町と呼ばれる二日市温泉街があり、柳並木の両側には公衆浴場や旅館が軒を並べています。周囲にはマンションのビルが目立ちます。

湯町の中心部、湯町公民館の前にある「天

然温泉博多湯」に入りました。対面には市営の「御前湯」という大きい公衆浴場もあり、どちらにしようか迷いましたが、博多湯は源泉かけ流しの天然温泉ということなのでこちらを選択しました。

博多湯の浴室は玄関を上がってすぐを降りた半地下にあります。脱衣場も浴室も新しく清潔ですが、大きくはありません。岩風呂は七、八人も入れば満杯になるぐらいのこじんまりしたものです。お湯は透明ですが少し茶色です。肌触りは滑らかでしっとり感もあります。お湯につかっているとじんわり身体の芯から温まってくるのを実感します。湯口付近には硫黄臭すら漂っています。

3階建ての博多湯

いやー、ここまでの極上温泉とは嬉しい誤算でした。実はこれほどのものとは思っていませんでした。こんな都会の近くにこんないい温泉があったなんて。

福岡のすぐ近くで天然温泉かけ流しで入浴料三〇〇円はお安いです。六年ほど前に全面改築して以来、若い人や外国人にも人気が出てきたそうです。ここは、飲んだ翌日だけでなくとも行く甲斐があります。

《温泉データ・評価》
【温泉名】天然温泉博多湯
【住　所】福岡県筑紫野市湯町１－14－５
【ＴＥＬ】092－922－2119
【泉　質】単純温泉　43.8度　pH8.2　ラドン5.3M.E
【営　業】９：00－21：00
【定休日】無休
【風　呂】内湯
【入浴料】300円　持ち帰り湯販売あり
【駐車場】なし（近くに有料駐車場あり）
【評　価】
施設設備度：４　アクセス度：４
源泉かけ流し度：５　清潔度：４
サービス・気配り度：４
風情・雰囲気度：４　肌にやさしい度：４
湯っくりホックリ度：５
見どころ食べどころ：小林カレー（ＪＲ二日市駅前）
【満足度】★★★★☆（4.5）

17 脇田温泉喜楽荘

犬鳴山の東麓、山の静かな温泉です
ホタルの季節にはライトアップも

北九州市周辺の天然温泉ということで、宮若市の山奥にある脇田温泉に初めて入りました。すぐ近くに福岡一の心霊ミステリースポットとして知られる犬鳴峠もあるので夏向きかなという好奇心も少しありました。実際に行ってみると、ちょっと山に入った渓流沿いの納涼には良さそうな小さい温泉場で、旅館が数軒あります。初夏にはホタルも舞うそうです。共同湯はなさそうなので、さてどの旅館にしようかと探していたら、いかにも温泉に来たという雰囲気のタオル持参のおじさんがいたので、後をついて「喜楽荘」という旅館に入りました。気楽なもんです。

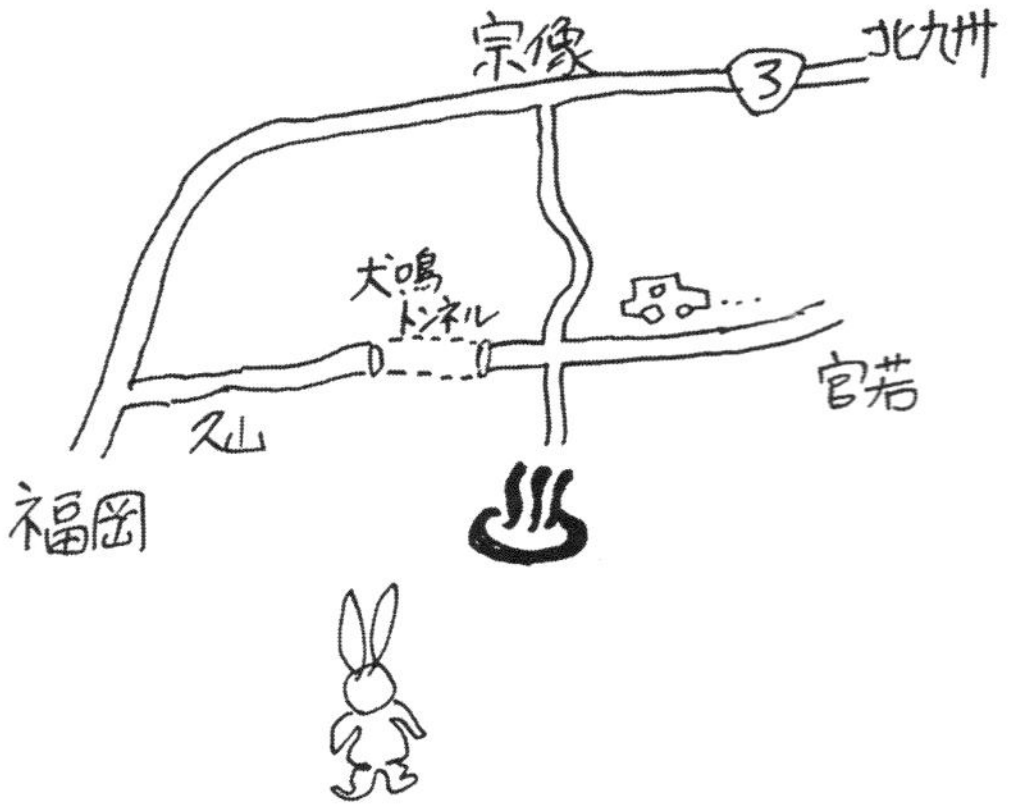

内湯と露天風呂があるとのことですが、暑いときですから露天風呂を選択しました。露天風呂は少しくたびれた施設ですが、竹の屋根の下によさげな岩風呂があります。博多祇園山笠の中洲流れの手ぬぐいを縫い合わせた暖簾をくぐって入ります。

ややぬるめのヌルツルのいいお湯です。アルカリ性単純泉です。pH九・八。浴後に男湯の入り口のボインの河童ちゃんの前のベンチで休んでいたら、見ざる言わざる聞かざるの三猿君の石像が建っています。その向こうにはなんと、教育勅語の石版が建っています。今どき、教育勅語は探してもなかなかないのでは。これって旅館のご主人の趣味なのでしょうか。

趣味といえば、温泉旅館にはいろんな種類の絵や書や写真、石像などがよく置いてありますが、この旅館の廊下には来訪したテレビ関係者や芸能人、有名人と並んで麻生首相のにっこり笑った写真もありました。たしか宮若市は麻生首相の地元選挙区でしたよね。田舎の温泉旅館って、けっこうなんでもありの雑多で庶民的ところが俗っぽくておもしろいですよね。

帰りはポカポカで汗がしばらく止まりませんでしたが、いつのまにか車は犬鳴峠のトンネルを過ぎて久山に来てしまいました。福岡市と直方を結ぶ県道21号は道路も広く整備されていて、トヨタの工場がある宮田関連の大型トラックも多いようです。犬鳴峠の怖い心霊ミステリーや犬鳴村の都市伝説もどこかに吹っ飛んでしまっていました。

喜楽荘の外観とカッパたち

《温泉データ・評価》
【温泉名】脇田温泉喜楽荘
【住　所】福岡県宮若市湯原1398
【ＴＥＬ】0949－54－0611
【泉　質】アルカリ性単純泉
【営　業】11：00－21：00
【定休日】休日なし
【風　呂】内湯　露天風呂
【入浴料】500円
【駐車場】20台以上
【評　価】
　施設設備度：3　アクセス度：3
　源泉かけ流し度：3
　清潔度：3　サービス・気配り度：3
　風情・雰囲気度：4
　肌にやさしい度：4
　湯っくりホックリ度：4
　見どころ食べどころ：葡萄の樹
【満足度】★★★☆（3.5）

今なぜ、ぬる湯か

佐賀の古湯・熊の川温泉郷では「ぬる湯サミット」が二〇〇八年から開催されています。その一回目は温泉博士として有名な松田教授の「なぜ今ぬる湯か、その理由」と題した講演は「目からウロコ」で、なかなかおもしろかったし、その後のパネルディスカッションも楽しいものでした。

講演の趣旨は、江戸時代から続いてきた〝湯治〟という日本文化が戦後の温泉法の下で歪められ、その中で「ぬる湯」（「冷泉」「鉱泉」など含む）は不当に肩身の狭い思いをしてきた。しかし今後は、「ぬる湯」こそが疲れた現代人の身体の新陳代謝を促し、予防医療という観点、癒し（心の健康促進）という観点からも見直され重要視されるべきというものでした。それ以外にも、先生のお話でいくつか興味津々と感じた点がありましたので紹介します。

・シャワーですますな（家でも湯船でゆっくりする）。
・お風呂で汗をかくな（ストレッチ体操などしない）。
・風呂上りに冷たいもので身体を冷やすな（ビール、アイス、冷水）。
・風邪は温泉で治せ（薬や医者に頼るな）。
・スローライフというよりスローメディック。
・温泉、歩行、和食、笑顔で見知らぬ人との共存を。どれも温泉効果を利用することで、「免疫力を少しでも高めること」にポイントがあるようです。

サミットの後、古湯の「元湯温泉鶴霊泉」で松田先生やパネラーの方たち、佐賀市長さんなどと昼食しながら楽しい温泉談義をしました。

ぬる湯サミットのポスターは古湯・熊の川温泉の旅館主たちがユーモラスなイラストで入浴しているところが描かれています。でもどうせなら、ポスターのモデルはオヤジさんたちよりも、女将さんたちにして欲しかったな（笑）。

二〇一〇年三月には全国各地のぬる湯温泉からも数多くの人が参加して、盛大に「第二回ぬる湯サミット」が開催されました。

豊前街道の温泉

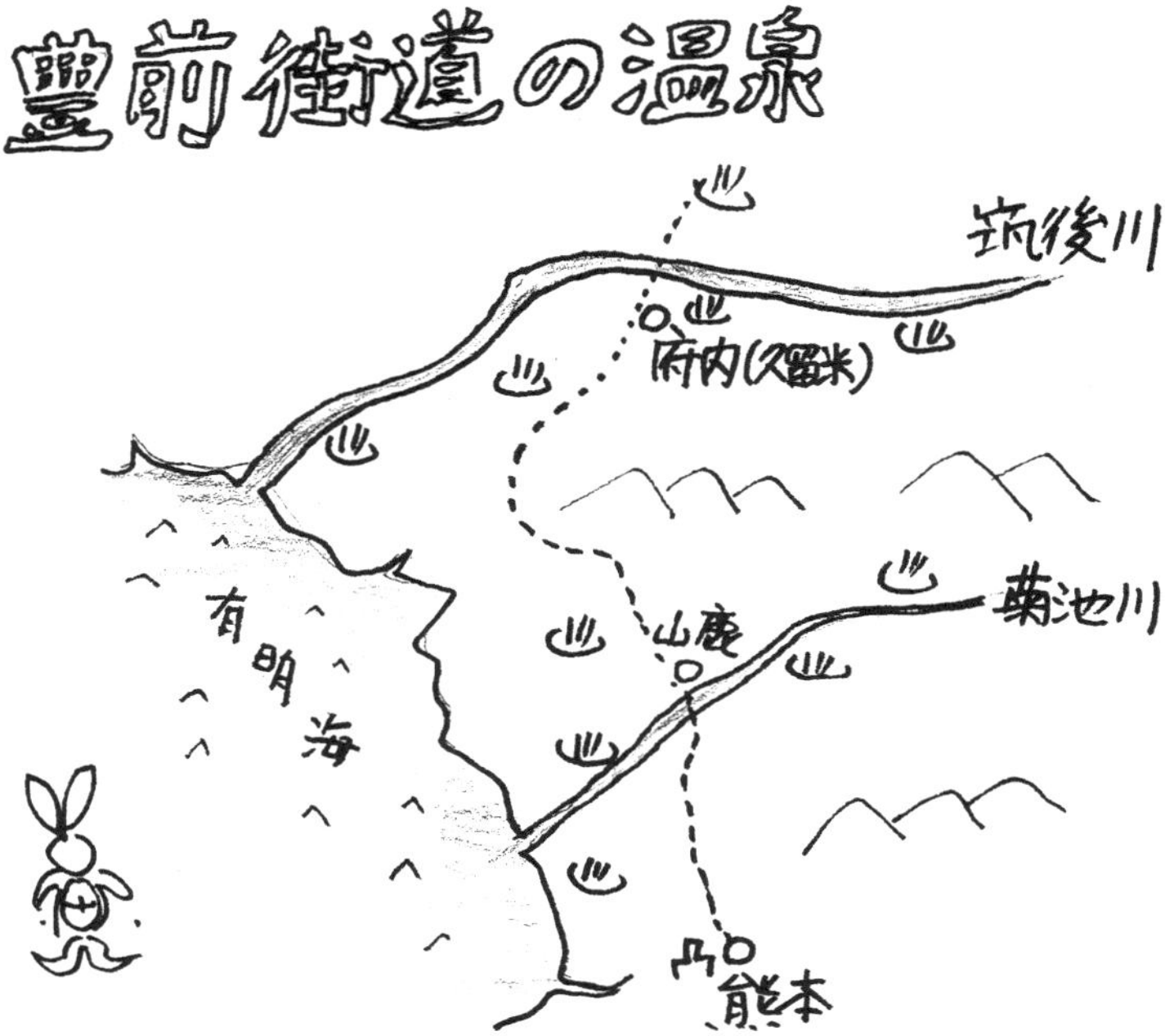

豊前街道は熊本から山鹿、久留米を経て小倉に至る街道です。場所によって久留米などでは薩摩街道（坊津街道）と呼ばれていますが、ここでは熊本北部の菊池川流域や福岡県南部の筑後川流域の温泉エリアを含めて、豊前街道の温泉として紹介します。

菊池川流域には、山鹿、菊池、玉名などの古くから知られる温泉地があります。最近では、平山温泉がそのヌルットロッとした湯質で人気ですが、植木、泗水《しすい》、七城《しちじょう》などもなかなか良質なお湯です。

福岡や熊本市などから気軽に立ち寄れる便利さに加えて、感じのよい家族湯とリーズナブルな価格も人気の理由でしょうか。

筑後川流域の豊かな田園風景の中に点在する、pH値の高い美肌の湯で癒されるのもまた、温泉めぐりの醍醐味かもしれません。

18 宝の湯

農家の縁側の陽だまりのような暖かさがあります ここで湯っくりのんびり癒されます

この日は冬を忘れさせるような小春日和でした。その陽だまりの風情にぴったり合うような温泉が「宝の湯」です。熊本県は植木町の農村の真ん中にぽつんとありま す。看板がなければ通り過ぎてしまいそうです。「宝田」という地元の集落が運営していて、浴場の隣には小さな食堂兼売店があり、野菜や日用品も売っています。見渡す限りこの近くに食堂やコンビニなどはありません。

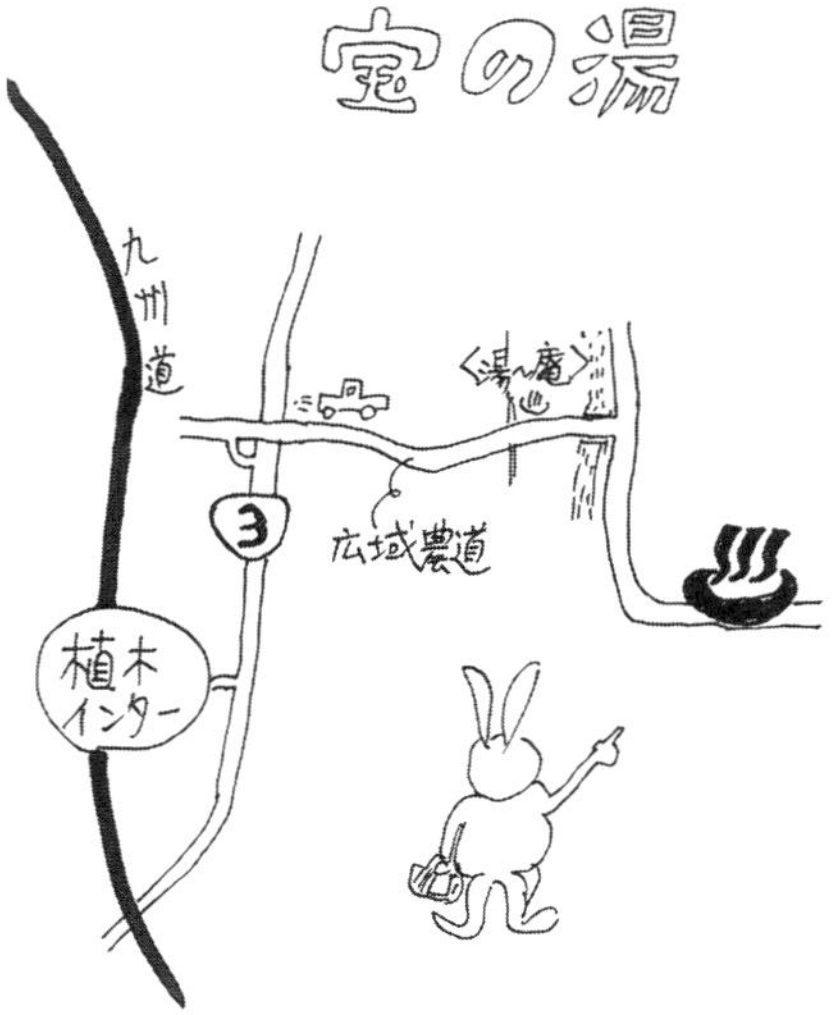

昼時でお腹が空いたので、まずはこの「宝の湯食堂」で腹ごしらえです。メニューはカレーとうどん各種、それに煮込みだけです。いずれも地域のおばちゃんたちの手づくりです。豚のホルモン煮込みと、わかめうどんをいただきました。お漬物や野菜の煮付けなどが大鉢に何種類も盛ってあり、自由に食べられます。

泉質は、ナトリウム炭酸水素塩泉で、飲むと少し塩辛いです。湯温四二・六度、pH七・三五のきめ細かい軟らかい気持ちのいい温泉です。地下四〇〇メートルの塩岩盤から湧き出ているそうです。もちろん天然温泉かけ流しです。浴室の貼り紙には「流しっぱなしだから清潔で、循環してませんので安心を」と書かれています。その横には「お湯で入れ歯を洗わないように」という貼り紙も（笑）。

内湯と露天風呂があり、露天は広くてのんびり、冬の青空を見ながらゆっくり寝湯を楽しめました。気づいたら、体毛が細かい炭酸の微粒子のような泡で真っ白になっていました。超一級の炭酸泉です。これで入湯代は二〇〇円とは超お安いです。

風呂上りに番台のおじいちゃんに「佐賀から来ました。いいお湯ですね」とお礼を言うと、「遠くからきたね」とタオルを二枚もいただきました。

宝の湯での語らい

温泉の玄関先では暖かい陽だまりのなか、じいちゃん二人がカップの白岳焼酎を食堂の漬物をアテにちびりちびりやっていました。帰りに、売店を覗いたらおばちゃんが「みかんばもって行かんね、うまかよ」とこれまた二個くれました。月の兎は、湯上りでポッカポッカ汗が止まりません。タオルとみかんを二個ずつ貰ってニコニコです。笑みも止まりません。

こんな農家の縁側の陽だまりのような暖かい雰囲気にいつまでも浸っていれたらいいなと思いました。月の兎にとってもまさに「宝の湯」でした。

《温泉データ・評価》
【温泉名】宝の湯
【住　所】熊本県熊本市植木町平井1641
【ＴＥＬ】096－273－5558
【泉　質】ナトリウム－炭酸水素塩泉　42.6度　pH7.35
【営　業】7：00－22：30　食堂　売店　休憩所
【定休日】無休
【風　呂】内湯１　露天風呂１　手すり有
【入浴料】200円
【駐車場】30台以上
【評　価】
施設設備度：4　アクセス度：4
源泉かけ流し度：5　清潔度：4
サービス・気配り度：4
風情・雰囲気度：4
肌にやさしい度：5
湯っくりホックリ度：5
【満足度】★★★★☆（4.5）

19 三加和温泉美感遊創

国道そばの何気ないコンビニの奥に温泉が、湯質はトロトロの美肌の湯です

熊本北部はいい湯質の、しかも比較的安くて気軽に入れる温泉が点在する、九州でも指折りの立ち寄り温泉の宝庫です。そんななか、おもしろいことに気がつきました。「兼業温泉」とでもジャンルしましょうか、ほかの業種に併せて温泉もやっているというケースです。いろいろなパターンがあるようですのでいくつか紹介します。

和水町《なごみ》にある「美感遊創《びかんゆうそう》」はコンビニのレジで入湯料を払って、お店の奥にあるアパート式の家族湯に入ることができます。すぐ前の国道の向かいには「三加和《みかわ》温泉ふるさと交流センター」という大きな公共の温泉施設がありますが、外見からはこのコンビニが温泉であるということはまずわかりません。よく見ると小さい看板に午後二時からと書いてあります。この「コンビニ温泉」の各部屋には、カレーパン、サンドイッチなどの名前がついています。浴室に情緒や格式はありませんが、湯質はトロトロの美肌の湯で、平山や山鹿のお湯にも負けていません。

温泉に食事処が付随しているのは珍しくありませんが、食堂に温泉が付いているというケースは珍しいのではないでしょうか。泗水町《しすい》の「馬丼・屋台村」はまさに食堂

が経営する温泉です。もちろんお風呂だけでも入れますが、主は食事です。内湯と家族風呂が一つずつあります。馬丼食ってお風呂に入るというのも熊本らしくていいかもしれませんね。黒川温泉には「うしず食堂・温泉」という焼肉屋さんがやっている温泉があります。こちらも湯質は抜群です。そういえば、別府にも焼肉屋さんの「青湯」がありますね。

ちょっと変わったところでは、泗水町でコンクリート会社が工場敷地内でやっている「不二の湯」です。頑丈そうなコンクリート造りの建物は無人です。入湯料を入れると駅の改札のようにパイプが回って中に入れる仕組みになっています。

「兼業」とは少し違うかもしれませんが、毛色が変わったところで、泗水には「南国旅情温泉・月のホタル」があります。温泉の受付がそのままバーになっていて飲み物が飲めます。BGMにはレゲエが流れています。

コンビニ温泉の外観とお風呂

《温泉データ・評価》
【温泉名】美感遊創
【住　所】熊本県玉名郡和水町大田黒637－1
【ＴＥＬ】0968－34－2334
【泉　質】アルカリ性単純温泉　成分表なし
【定休日】なし
【風　呂】家族風呂６
【入浴料】１室（サンドイッチ）1000円　ほか５室800円（50分）
【駐車場】10台以上
【評　価】
施設設備度：３　アクセス度：４
源泉かけ流し度：５　清潔度：３
サービス・気配り度：３
風情・雰囲気度：３
肌にやさしい度：５
湯っくりホックリ度：５
見どころ食べどころ：南関そうめん、南関あげ
【満足度】★★★★（4.0）

20 平山温泉一木一草

建物へのこだわりは温泉にも
洞窟風呂もいいけど
離れの浴室も一見の価値あり

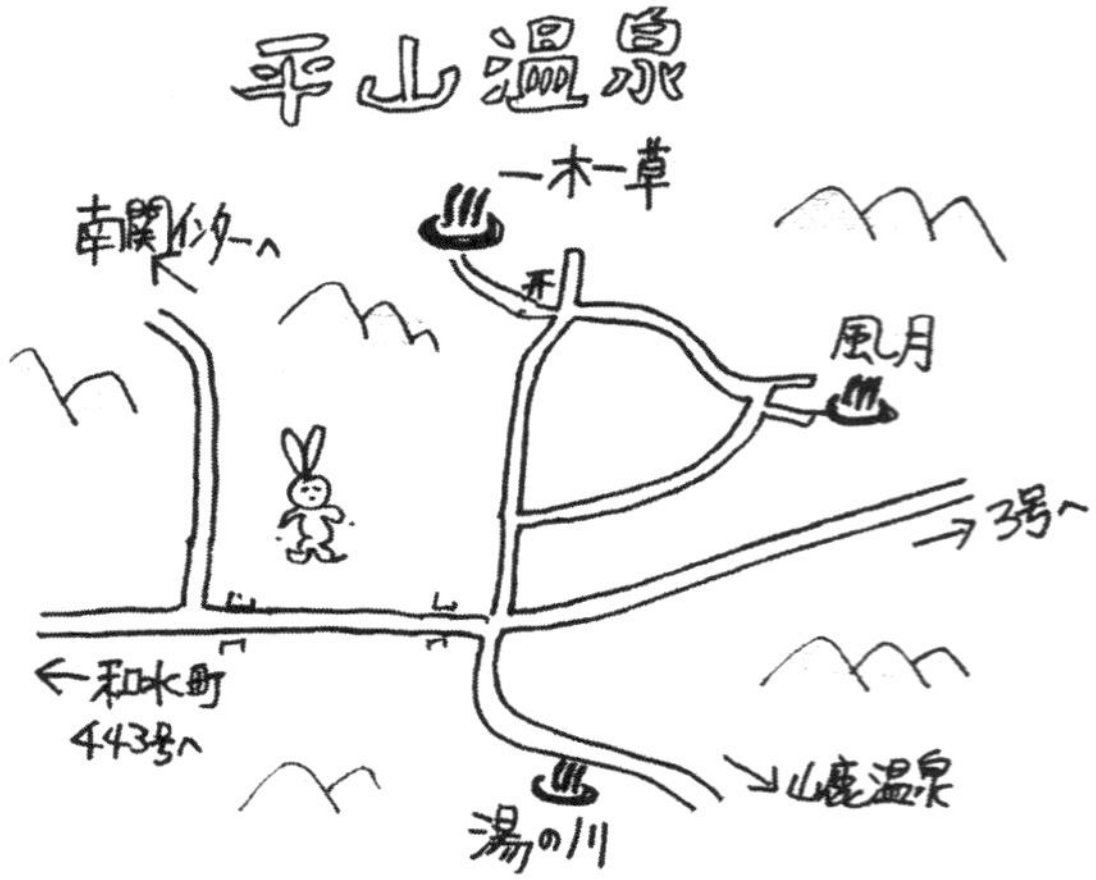

月の兎は狭いところが苦手で、言わば「閉所恐怖症」に近いものがあります。温泉も広くて開放的な露天風呂が好きです。内湯でも天井が高くて広い湯船で湯ったりしている温泉がいいですね。大きく足を伸ばしたいです。

平山温泉の宿「一木一草」は「洞窟風呂」が売りだそうですが、閉所恐怖症の月の兎にしたら、せっかくの平山温泉のいい湯なのに、なんでわざわざこんな「よけいなもの作ったっちゃろか？」です。

脱衣場から洞窟風呂のなかへは、それこそ段々と暗がりの中を手探りで進むという感じです。このプロセスはちょっとした恐怖です。岩もですけど、どちらさまかの足でも踏んづけてしまうのではと気がかりです。暗がりに目が慣れてくると、ざっと二、三人はあちこちにいらっしゃるでしょうか。足場も凸凹していて、こんなところで足を踏み外したり、転んだりしたら目も当てられません。おやおや、洗い場も狭くて暗くて使いにくそうです。

お湯はどちらかというと熱めです。洞窟なのでなかなか熱が逃げないので籠ってしまっています。というわけで、段々気持ちが悪くなってきた月の兎は早々と暗くて狭い穴から逃げ出してしまいました。ふー。

その後再訪してみました。改築されたとかで、屋根付の半露天風呂が、男性用にも開放されて利用ができるようになっていました。これはいいです。ここだと足を伸ばしてゆっくりできます。いいお湯です。やはり、地中の男どものうめき声が届いたのでしょうか。これで、一木一草にきても、あの暗くて狭く息苦しい洞窟なんぞ入らなくてもすみます。

この旅館にはほかに露天風呂付きの離れが四室ありま す。見学させてもらいましたが、国指定重要文化財「八千代座」を手がけた棟梁が作ったというだけに、お部屋にはそれぞれのテーマに沿ったデザインがほどこされ、和室と囲炉裏間、引き石を組んだ内風呂や桶風呂など、和風モダンを極めた贅沢な空間に仕上がっています。また、お部屋の一つ「草庵」は、旧細川藩の明治時代の古建物を移築したもの。なんと兎ちゃんの部屋もありました。建物にこだわりがある旅館のようです。でも洞窟にはもうこだわらなくてもいいですよ。

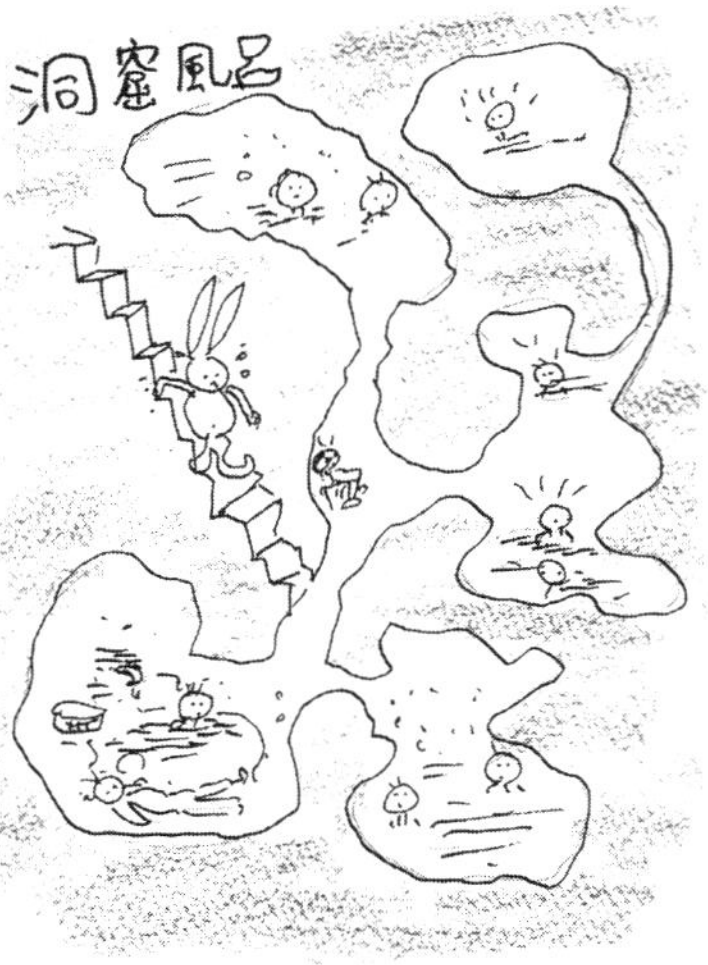

《温泉データ・評価》
【温泉名】平山温泉山懐の宿一木一草
【住　所】熊本県山鹿市平山陣ノ内4995－1
【ＴＥＬ】0968－43－1013
【泉　質】アルカリ性単純硫黄泉
【営　業】10：00－20：00
【定休日】不定休
【風　呂】洞窟風呂　宿泊用家族風呂８
【入浴料】洞窟風呂450円　別棟華の番台350円
【駐車場】50台
【評　価】
施設設備度：４
アクセス度：３
源泉かけ流し度：４　清潔度：４
サービス・気配り度：３
風情・雰囲気度：４
肌にやさしい度：４
湯っくりホックリ度：４
【満足度】★★★★（4.0）

21 平山温泉風月・湯の川

トロトロヌルツルのお湯と
鄙びた山里の空気で、
湯っくり癒されましょう

いい陽気でした。先日から水虫で温泉に行くべきかどうか迷っていたのですが、いろんな人が利用する共同湯は避けて、ちょっと高いですが家族湯に行くことにしました。もちろん、薬用石鹸やミューズの除菌ティッシュも買い揃えて水虫対策に怠りありません。

行く先は久しぶりの熊本県の平山温泉。オープンして以来気になっていた家族湯専門の「湯処風月」です。お湯はヌルツルでしっとり、硫黄臭のするいいお湯でした。もちろん源泉かけ流し、お湯は一回毎に入れ替えです。

脱衣場のマットは毎回換えているのでしょうか？ 月の兎の水虫は温泉でうつされただけに、気になります（笑）。兎のせいで誰かが水虫になっても嫌ですしね。

それで、やはりマットは踏まないことにしました。風呂上りは除菌ティッシュできちんと両足を拭きました。

ここのポスターやＨＰのキャラで使用されているのは、風月にちなんで「月」と「兎」です。月の兎としては親近感を覚えますが、よく見ているとこの兎ちゃんの耳は異常に発達していて、鹿の角のように見えます（笑）。まるで鹿が月に向かって鳴いているかのようです。かの「山中鹿之助」を連想させました（山中鹿之助を知っているのは五十代以上の方かな。あの時「吾に艱難辛苦を与えタマエ」と祈った月は三日月だったような）。

家族湯のみの湯の川。車がずらり

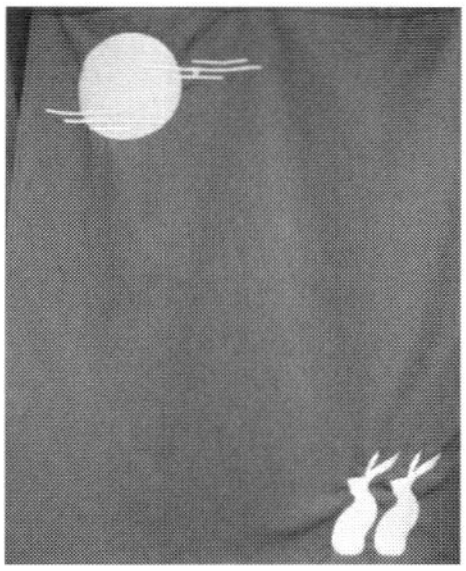

月と兎がデザインされた風月ののれん

つぎは平山温泉「家族温泉湯の川」。新しくオープンした家族湯だけの温泉です。今、流行の内風呂、露天風呂の二つの浴槽を持つ家族湯。新しくてとてもきれいで、木の香りがします。

ここでは各部屋に地名がついています。最上、信濃、霧島……。なんの名前でしょうか。全国各地の温泉地の名前ではなさそうだし、もしかすると船の名前、しかも旧海軍の軍艦の名前かもしれませんね。湯船も一応、船には違いないしね。

湯質は平山らしいトロトロ、ヌルツル感が溢れてなかなかのものです。硫黄臭もありますし。

これで一五〇〇円なら家族や友達で入ればトクですね。平山温泉の人気は続いているようで、風月、華の番台、それに湯の川と続々オープンしています。この日も行列ができてました。

《温泉データ・評価》
【温泉名】平山温泉湯処風月
【住　所】熊本県山鹿市平山5955
【ＴＥＬ】0968－43－0268
【泉　質】アルカリ性単純硫黄温泉　55.6度　ヌルツル　無色　硫黄臭　pH9.83
【営　業】9：00－25：00　食堂　待合室
【定休日】なし
【風　呂】家族風呂12室　各種アメニティ　１回ごとに入れ替え
【入浴料】1500円－2500円（60分）
【駐車場】20台
【評　価】
施設設備度：４　アクセス度：３
源泉かけ流し度：５　清潔度：４
サービス・気配り度：３　風情・雰囲気度：４
肌にやさしい度：５
湯っくりホックリ度：４
【満足度】★★★★（4.0）

22 山鹿温泉桜町温泉・さくら湯

山鹿千軒たらいなしと呼ばれるぐらい湯量豊富な山鹿温泉の共同浴場です

「桜町温泉」、ここはいいですよ。「さくら湯」「かみの湯」と山鹿でも三つ残る共同湯のひとつで、すべて一五〇円です。浴室は三つの湯船があり、手前の広いのがややぬるめで夏はちょうど良いくらい。あと二つはやや熱め。二つの源泉からお湯を引いているとのこと。はがれかかった浴室のタイル、腐れて落ちそうな窓枠、レトロな室内看板、丸い体重計、どれもが五十年の歴史を感じさせてくれます。

男風呂の入り口ドア、窓は外に開けっ放し。かなり開放的です。でもお湯はツルツルの極上のお湯です。月の兎はぬるいお湯がベスト！ 何時間でもヘロ～ンとしてつかっていたい気分です。浴後のしっとり感が

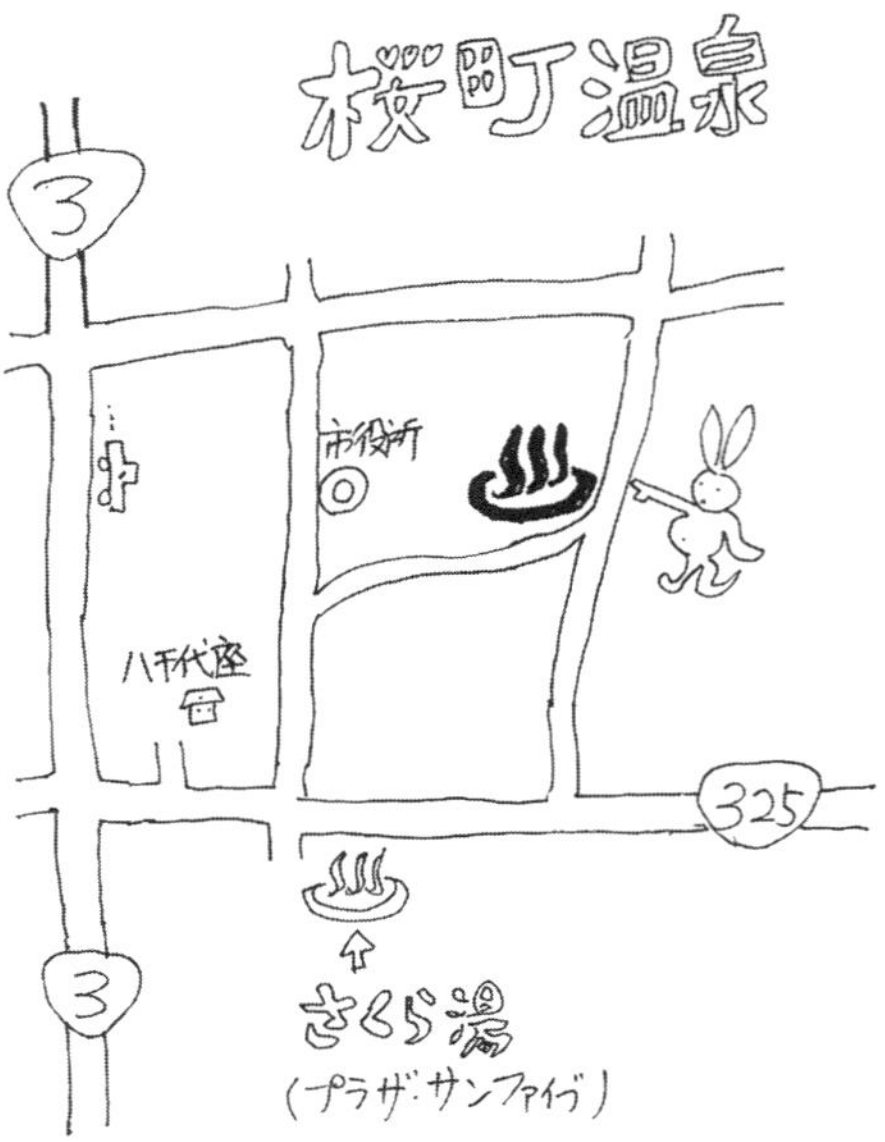

桜町温泉の外観。看板の文字が欠けている

数時間続くというのもなんとも感動ものでした。これで一五〇円。脱衣場にエアコンがないなんて言ったらバチが当たります。いつまでも続いてほしい町の共同湯です。

　街中のさくら湯は並みの共同湯ではありません。山鹿市内の中心部、旧豊前街道沿いの「八千代座」近くにあり、古い商業ビルの一階に入った町の共同公衆浴場です。こんなに広い共同湯は壮観です。おそらく百人以上は一度に入れます。壁にはレトロな看板がかかっています。湯量湯質とも抜群です。「山鹿千軒たらいなし」といわれるぐらい湯量は豊富で、湯質はすべすべヌルツルです。湯上りはポカポカ。こんな町の共同湯は見たことありません。ビルの中には食堂や居酒屋も入っていて帰りに一杯も楽しめます。

桜町温泉の内湯

　山鹿の町の人は毎日こんないいお湯に入れてほんとうに幸せです。現在このビルは改築中だとか。改築してもレトロないい雰囲気は残してほしいですよね（平成二十四年春再開予定だそうです）。

【温泉名】桜町温泉
【住　所】熊本県山鹿市大字山鹿957－３
【ＴＥＬ】0968－43－6659
【泉　質】アルカリ性単純泉　自然湧出　40.7度
【営　業】17：00－21：30
【定休日】月曜日
【風　呂】内湯（浴槽３）　家族湯３
【入浴料】150円　家族湯400円・500円
【駐車場】５台程度
【評　価】
　施設設備度：３　アクセス度：４
　源泉かけ流し度：５
　清潔度：３
　サービス・気配り度：４
　風情・雰囲気度：４
　肌にやさしい度：５
　湯っくりホックリ度：５
　見どころ食べどころ：千代の園酒造、イタリー亭
【満足度】★★★★（4.0）

23 ならのさこ温泉

高温泉では日本有数のラドン泉です
広くてゆっくりできるので利用しやすいです

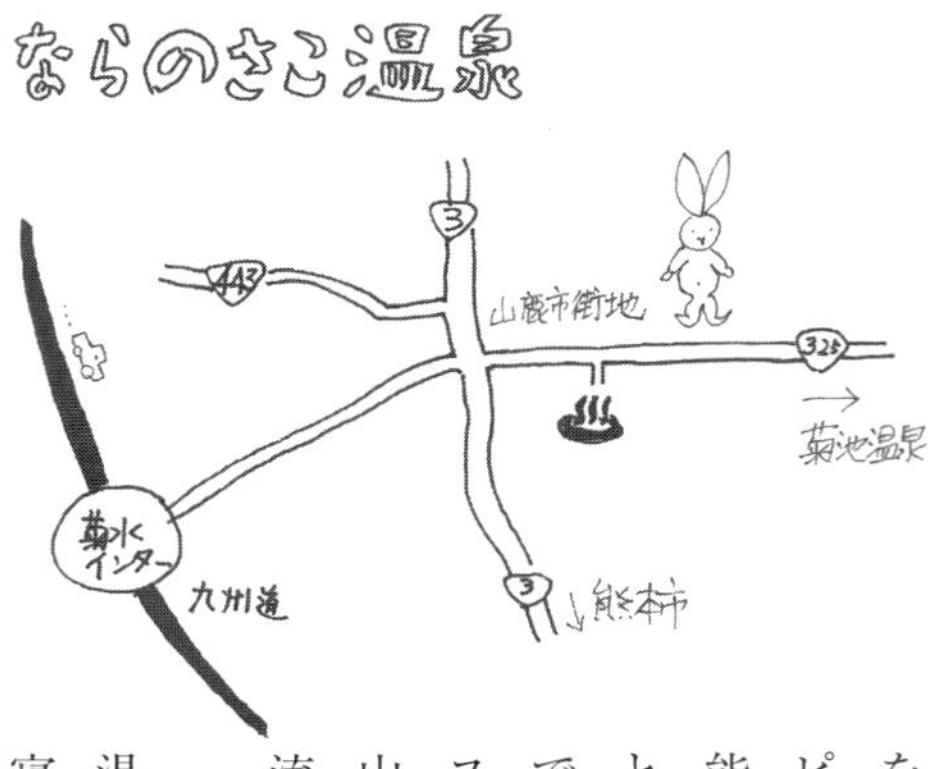

山鹿の中心街から菊池方向に行く国道沿いに温泉入り口の看板があり、入り口から奥に進むと、思いのほか駐車場も広く、ここが大きい施設であることがわかります。「ならのさこ温泉いやしの湯」は、有数のラドン温泉を利用した喘息、アトピー、リウマチなど万能に効く湯治型の温泉として全国的にも人気です。もちろんお湯は、ヌルツルの肌ざわりの山鹿のお湯が源泉かけ流しです。

広い大浴場には、内湯のほかに、歩行湯、寝湯、ミスト湯などのほかに、広い露天風呂には、五右衛門風呂などいろんな釜風呂が置かれていて楽しめます。この釜風呂は体が大きめの人にはちょっと窮屈なようです。いったん入って体が抜けなくなったら目も当てられません（笑）。それに五右衛門風呂はなんと水風呂でした。

ならのさこ温泉は、アトピーなどに効果があるだけでなく、痛風、動脈硬化、高血圧などにも固有の効き目があるといわれてます。また、そうした病気治療や健康面だけでなく、一般の利用客の入浴にも、便利な施設です。大浴場には温度の違う浴槽が二つあって、好みで選べて便利です。リラックスするには利用しやすいといえます。

また浴室には、利用者の健康状態やニーズに応じて十種類もの入浴法が書いてあります。ストレス、肥満、リウマチ、神経症などです。たとえば一般療養コースでは、かかり湯⇩中間浴五～十分⇩飲泉一杯⇩吸入浴五～十分

露天風呂

⇩かかり湯・打たせ湯・シャワー⇩歩行浴五～十分⇩マッサージ五分⇩休憩五分⇩歩行浴五～七分⇩寝湯十分～十五分⇩中間浴十～十五分⇩高温浴三～五分⇩浴後休憩三十分＝六十分といった具合です。

単純な性格の兎はこのコース通りにやり始めましたが、途中で挫折してしまいました。歩行浴からいっぺんに休憩に行ってしまいました。だって、コースの通りやると、短くても一時間、長いと二時間以上かかり、どちらかと言えば〝カラス〟に近い兎にはちょっとスローだったようです。皆さんは一度お試しになってはいかがでしょうか。

月の兎がここでお気に入りなのは、広い休憩室にずらり並んでいる大型のリクライニングチェアーです。ほかの温泉施設では湯上りにゆっくり休憩するスペースがなかったり、もしくは有料だったりして十分に休めない所が少なくありませんが、ここでは無料でほかのお客さんにも気兼ねなく休憩ができます。

夜中の一時まで営業しているのも嬉しいですし、別棟にミストサウナつきの家族湯もあるそうです。この温泉はガス会社がやっていて、最近では身障者用の軽作業型入浴システムや小型ミストサウナの販売も手がけるなど、温泉の販売サービスにも熱心な企業です。山鹿温泉の新しい温泉の取り組みです。

《温泉データ・評価》
【温泉名】ならのさこ温泉いやしの湯
【住　所】熊本県山鹿市鹿校通２丁目５－９
【ＴＥＬ】0968－43－3321
【泉　質】アルカリ性―弱放射能・単純泉　47度
【営　業】10：00－25：00　【定休日】無休
【風　呂】内湯　歩行湯　寝湯　ミストサウナ　露天風呂　家族湯　温泉スタンド　休憩所　宿泊棟
【入浴料】大浴場680円　【駐車場】150台
【評　価】
施設設備度：５　アクセス度：４
源泉かけ流し度：５　サービス・気配り度：４
風情・雰囲気度：４
身体の不自由な人やお年寄りにやさしい度：４
肌にやさしい度：４　湯っくりホックリ度：５
見どころ食べどころ：八千代座、イタリー亭、メロンドーム
【満足度】★★★★（4.0）

24 菊鹿温泉もみじ湯

お湯は菊鹿らしいヌルツルのいいお湯です
おじさんのお掃除でいつもピカピカです

いい天気の日は、いつものあてのない湯めぐりブーラブラ旅です。相変わらずのナビなし、地図なしの気ままドライブです。途中おもしろいものがあれば寄り道、美味しいものがあれば食べ、いい温泉にめぐり合えばラッキー　というわけです。

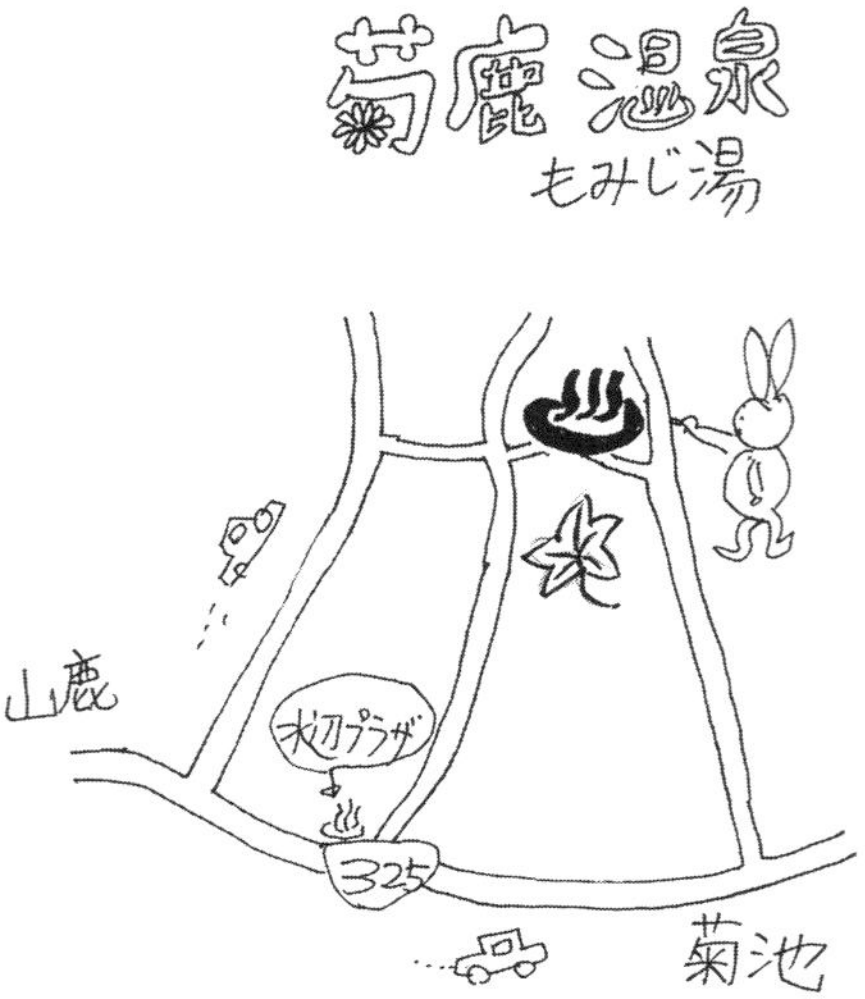

名残の桜を愛でるなら山の方と思って、４４２号を八女から小国方面へ向かいますが、途中で気が変わって黒木から山鹿方面へ。県境近くの山里に無名の一本桜があり、すごくきれいで心に残りました。

緑に覆われた田園にある菊鹿温泉の「もみじ湯」に立ち寄りました。隣にはデイサービスのもみじ荘があります。看板には「天然家族温泉」とあります。切り方を間違えると、「天然家族／温泉」という天然ボケ家族のための温泉ということになりませんか？　こういう勝手な想像は楽しいですね。

湯質は単純アルカリ性弱放射能泉でヌルツル感がすごいです。ここはアパート長屋風の家族湯のみ十室の新しくてきれいな温泉なのですが、若い女性やカップルが好むようなサービスや用品などの洒落た雰囲気はまったくありません。広くて、湯船が内外二つついて、駐車場からすぐ浴室に入れるバリアフリーになっています。シャンプーやドライヤーなどの用品サービスは一切ありません。ご近所の方が、おじいちゃんおばあちゃんやお孫さんなどを伴なって自宅のお風呂代わりにみんなで入りに来るような、実質的な銭湯温泉です。

　それでも千円は安いです。家族が三、四人で入浴セットを持ち込んでくればリーズナブルです。今日も腰の曲がったおばあちゃんを連れた六十代夫婦の三人連れが大声でおしゃべりしていました。どうやらおばあちゃんは耳が遠いようです。

　小洒落たモーテルまがいの家族湯温泉が多い中、「理《わ》由《け》あり」カップルがこっそりと温泉を楽しむには、少しあけっぴろげすぎる家族風呂のようでした。それにしても、熊本北部には、鹿がつく地名が多いですね。鹿本、山鹿、鹿北、菊鹿……。鹿にはもみじ、ということでもないでしょうが。

　菊鹿温泉のもみじ湯でした。

おく山に紅葉ふみわけ
なく鹿の
こゑ聞く時ぞ　秋はかなしき

《温泉データ・評価》
【温泉名】菊鹿温泉天然家族温泉もみじ湯
【住　所】熊本県山鹿市木野平原3873
【ＴＥＬ】0968－48－5015
【泉　質】アルカリ性単純弱放射能温泉　43.2度　無色無臭
　　若干泡付きあり
【営　業】11：00－23：00
【定休日】無休
【風　呂】家族風呂10
【入浴料】1000円（60分）
【駐車場】10台以上
【評　価】
　施設設備度：4
　アクセス度：3　源泉かけ流し度：5
　清潔度：4　サービス・気配り度：3
　風情・雰囲気度：3
　肌にやさしい度：5
　湯っくりホックリ度：5
【満足度】★★★☆（3.5）

25 栗山温泉紅さんざし

山里の離れ式の和風貸切湯は全室内湯と露天風呂がつく贅沢さです

春爛漫の昨日は、桜と温泉を楽しむという大変欲張りな湯巡りドライブでした。温泉に入る前に南関町のいつもの釜揚げうどん「麦の花」で「あげうどん」をいただきました。名産「南関あげ」がのった「あげうどん」は、麺は太めでしっかりコシがあります。「地鶏めし」にはよく味がしみています。二つで六五〇円。安くてうまいですが、うどんの量が多くて残してしまいました。ふー。

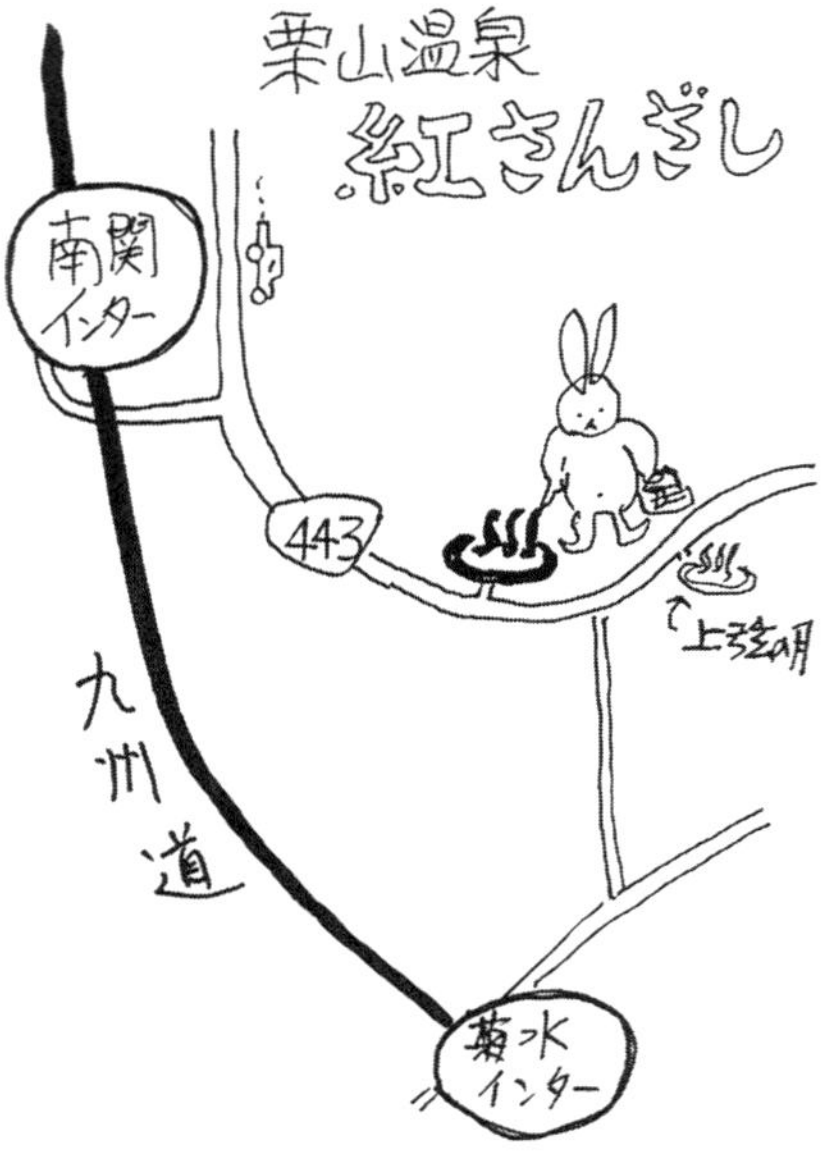

　さて今日のこだわりのテーマは〝桜を愛でながらいい温泉に入る〟です。和水《なごみ》町の栗山温泉「紅さんざしの湯」に行きました。ここは高級和風の立ち寄り湯で、すべて離れ式の家族貸切湯です。

　温泉の人に聞いたら、家族湯十三棟の中で山側にある大きな桜が湯船から見られるのは三室しかなく、そのうち空いてるのは「春牡丹」という室です。入湯料三千円は高くてもったいないようですが、花見代も入っていると思えば春の風情を楽しむには必要経費。お昼はうどんですまし高速料金を節約して捻出します。

　湯質はアルカリ性単純放射能泉です。pH九・九八はウルトラ級です。超ヌルツルのいいお湯です。湯温は三九・四度と月の兎好み。しかも一回ずつ入れ替え・かけ流しです。なんとも贅沢の極みです。

お洒落な離れ風の個室「春牡丹」には、なんと浴槽が三つもあります。内湯一、露天二、一つは磁器製のお椀風呂です。鮮やかな黄色地にピンクの「春牡丹」が描かれています。玄関、脱衣場は畳四畳に板間二畳付です。窓ごしに桜が見えます。浴室や露天からもよく見えます。春のいい風情です。贅沢ですねー。いつも共同湯や大浴場に入ることが多いので、たまにこういうゆとりの空間に入ると、同じ温泉でも別世界にいるようです。湯っくり、湯ったり誰にも邪魔されずに、桜を見ながらの温泉三昧。最高でした。

カップルやグループ、家族みんなで心ゆくまで楽しむにはパラダイスかもしれません。お弁当やお酒持ち込みで楽しむというのはどうでしょうか。

《温泉データ・評価》
【温泉名】栗山温泉紅さんざし
【住　所】熊本県玉名郡和水町大田黒松ヶ本284
【ＴＥＬ】0968－34－4233
【泉　質】アルカリ性単純弱放射能泉　pH9.98　39.4度
【営　業】10：00－24：00（入浴可能25：00まで）
【定休日】なし
【風　呂】貸切個室風呂13棟（山側：７棟　道路側：６棟）
【入浴料】1700円－3000円（60分）
【駐車場】20台
【評　価】
施設設備度：５　アクセス度：４
源泉かけ流し度：５　清潔度：４
サービス・気配り度：４
風情・雰囲気度：５
肌にやさしい度：４
湯っくりホックリ度：５
見どころ食べどころ：麦の花うどん（南関町）
【満足度】★★★★☆（4.5）

26 植木温泉鷹の家

お寿司食べて湯っくりしたいですね
お湯はヌルツル、しっとり、ぽかぽかです

植木温泉街の中ほどにある「和風旅館鷹の家」を訪ねたのは、暑い日のお昼下がりでした。旅館のロビーには、団体客のくつろいだ声が聞こえます。ありゃ、もしかして食事休憩の団体客とお風呂がかち合うとまずいなと一瞬頭をよぎりましたが、受付の人に聞くとそうでもない様子です。立ち寄り湯は内湯のみです。

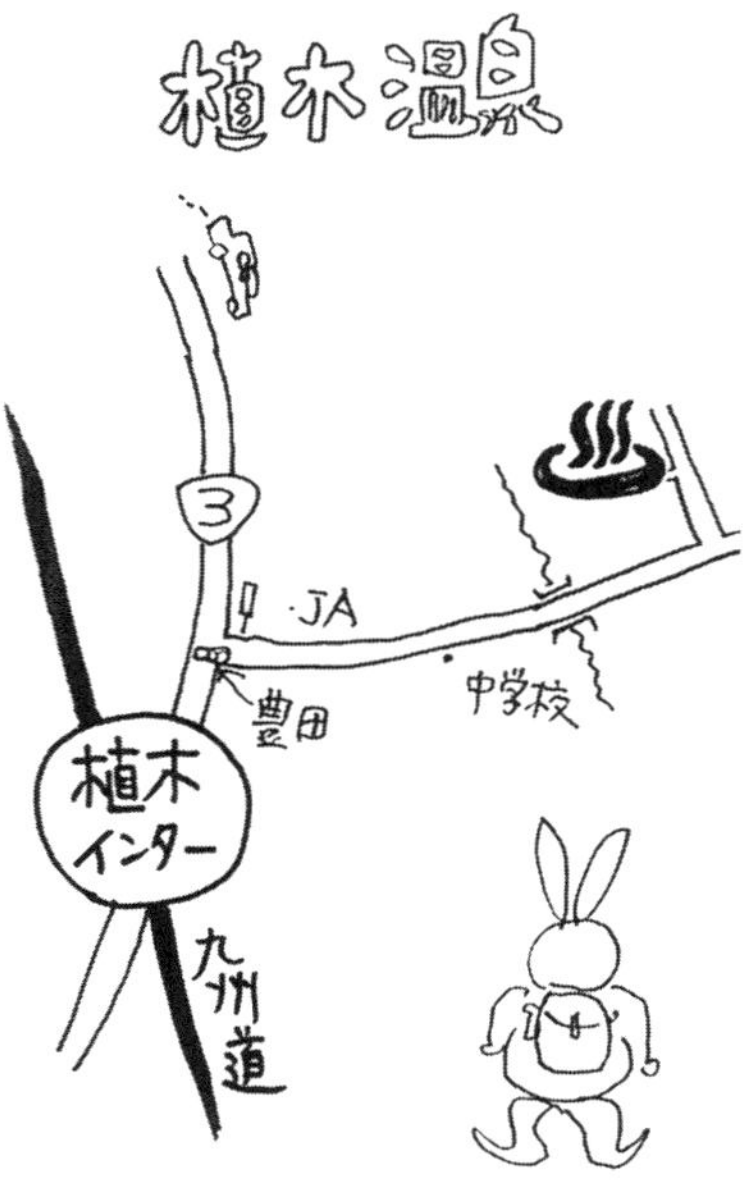

こんな暑い日は露天がいいけどなと思いつつ、浴室に入ると。ありゃ、これはこれは、硫黄香が漂ってきてよさげな雰囲気です。それに、すごいヌルツル感もあります。平凡なタイル貼りの湯ぶねですが、一人占めの貸切状態です。良いお湯の貸切風呂に、思わずニンマリ。ゆっくりつかり、いつもの貸切時にやる浴槽スクワット五十回をやりました。ピッチャ、ピッチャとお尻とフグリが湯面に音を立てます。湯口は珍しい縦長のものです。浴後も一時間くらい汗が引かずに、ポカポカして肌はツヤツヤ。ここは美肌の湯ですね。

浴後はロビーのソファでゆっくり休憩です。受付の女性に「いいお湯ですね」と声をかけると、「ここはすし屋がやっていて料理が美味しい」とのこと。昼食休憩（要予約）だと、露天の貸切風呂は無料。しかし、露天の貸切湯だけの立ち寄りはやってないという。残念です。

あいているときは、入れるようにしたらいいのにね（後日、入れるようにしていただいたとか）。

ついでに、「鷹の家さんは、ホークスファンに割り引きサービスとかはないの？」と聞いたら、「熊本では、阪神、巨人ファンが多くて、ホークスファンはそう多くはない」とのこと。次回は昼食休憩でゆっくり露天を楽しみましょうか。

後日、再度訪ねました。昼食に「ちらし寿司」（八五〇円）を注文。ネタも豊富で大きいのがデーンとのっかっています。酢飯もちょっと甘めの具合が月の兎好みです。

昼食後、家族湯「竹の湯」に入りました。広い脱衣場、正方形の内湯、それに小さな露天が付いています。月の兎にはちょうどいい湯加減です。露天にも入りましたが、ここは断然内湯がいいです。一人で入るには余裕がある感じでノーンビリくつろいで楽しめます。湯上りもポカポカです。ゆっくりするにはもってこいの鷹の家旅館の貸し切りお風呂です。

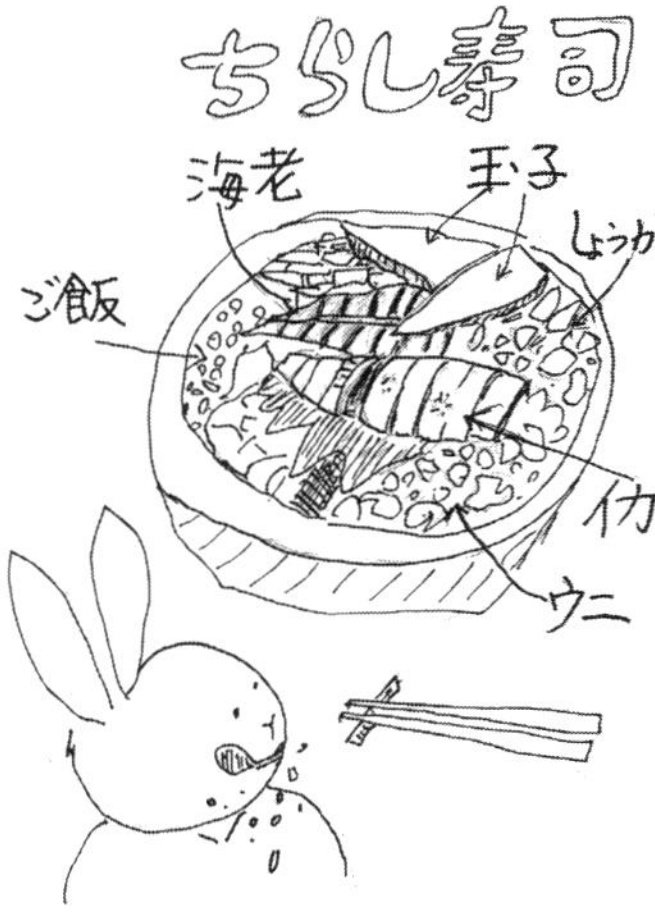

《温泉データ・評価》
【温泉名】植木温泉和風旅館鷹の家
【住　所】熊本県熊本市植木町米塚26－2
【ＴＥＬ】TEL096－274－6234
【泉　質】低張性アルカリ性単純泉（旧重曹泉）
【営　業】9：00－22：00　宿泊　食事
【定休日】なし
【風　呂】内湯　家族風呂
【入浴料】300円
【駐車場】50台
【評　価】
施設設備度：4　アクセス度：4
源泉かけ流し度：5　清潔度：4
サービス・気配り度：4
風情・雰囲気度：4
肌にやさしい度：4
湯っくりホックリ度：5
見どころ食べどころ：鷹の家のチラシ鮨、植木すいか
【満足度】★★★★（4.0）

27 玉名温泉つかさの湯

西日本最大級の温泉施設です
大浴場。家族湯、エステなど充実しています

メロンパンの里、熊本県荒尾市を目指して出発。「走れメロン」。噂のパン屋「万古堂」は早く行かないと売り切れ御免になることがあるとの情報もあり、張り切って佐賀を十時に出て、有明沿岸道路（無料）経由で六十分で荒尾に無事到着。

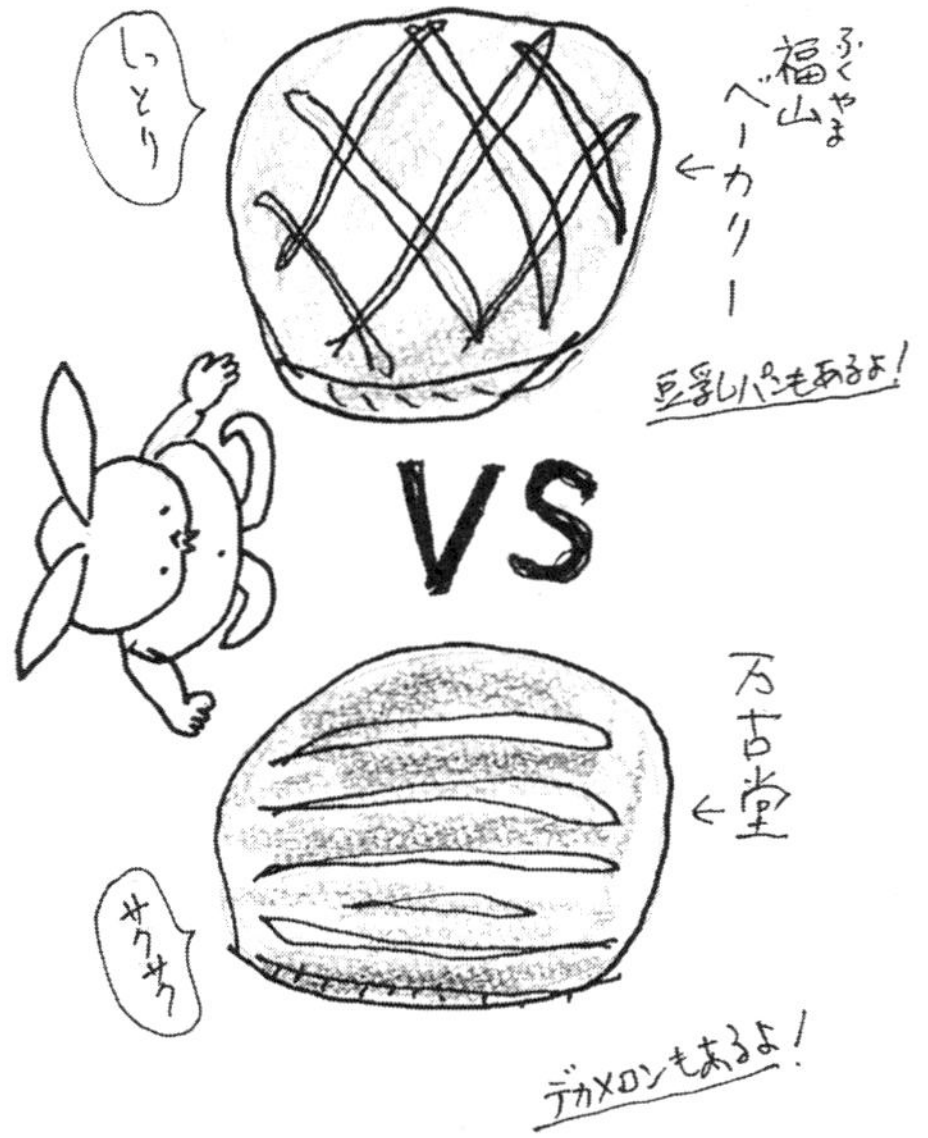

メロンパンに関しては、この日のためにいろいろ情報も仕入れました。「福山ベーカリー」も有名ですが、万古堂の方がどうもメロンパンとしては親方らしいこと。一個八〇円と福山ベーカリーに比べ五〇円も安いこと。メロンパンの表のデザインがベーカリー店のマスクメロンの格子型でなく、万古堂は貝型（シェル）をしているらしいことなどなどです。さて……じゃーーーーん。

目指す万古堂に到着はしたのですが、お店は日曜でお休みでした。がーん！　ショックです。ちゃんと確認してくれればよかったのにぃ。そこつモノめが……、というわけで、メロンパンはまたのお楽しみということに。

落ち込む気持ちをなんとか取り直して、玉名温泉へ。オー、大きなホテルの前にこれまた立派な温泉センターがあります。司ロイヤルホテル「玉名温泉つかさの湯」

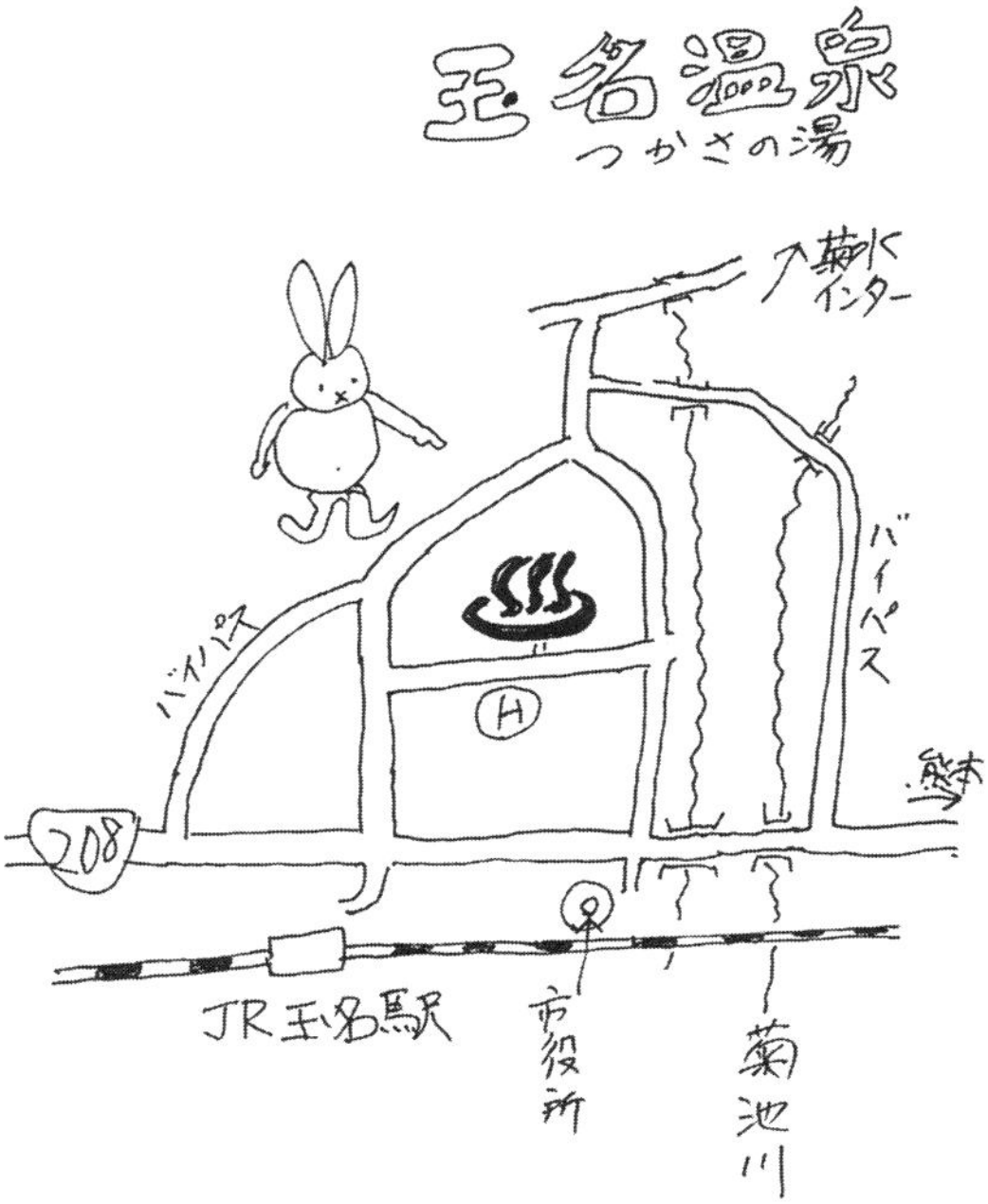

です。今日はここで癒されることにしましょう。まずは施設内の大きなレストランでバイキング料理です。五〇分間で一人九八〇円と大台を切ってるところが心憎い設定です。さっそく、いただきました。メロンパンの悔やみも加算してつい食べ過ぎてしまいました。けっこう野菜料理も多くて、まあそれなりに美味しかったですが、グリーンカレーと和風カレーの味の違いがどうも不明でした。

食後は温泉で湯っくりしました。こちらの桧の家族風呂はきれい、広い、明るい、設備がいいの四拍子揃って一八〇〇円でした。お湯はアルカリ性単純泉。pH八・二ですからそこそこヌルツル感もあります。無味無臭で桧の香りがしました。

《温泉データ・評価》
【温泉名】玉名温泉つかさの湯
【住　所】熊本県玉名市立願寺東段656－1
【ＴＥＬ】0968－72－7777
【泉　質】単純温泉（低張性弱アルカリ性高温泉）
【営　業】10：00－23：00　待合室　売店　レストラン（バイキング980円）
【定休日】なし
【風　呂】大浴場（200坪）　泡風呂　露天風呂　サウナ　家族風呂10室　マッサージ　休憩所
【入浴料】大浴場680円　家族湯1800円－2800円（50分）
【駐車場】広い
【評　価】
施設設備度：5　アクセス度：4
源泉かけ流し度：4　清潔度：4
サービス・気配り度：4　風情・雰囲気度：4
肌にやさしい度：4
湯っくりホックリ度：4
【満足度】★★★★（4.0）

28 玉名温泉竹乃香

のどかな田園の和風家族風呂、お湯はお肌にやさしくスベスベ

玉名温泉に行きました。以前来た頃に比べ大きな道路が通ったり、足湯の公園広場ができたりと随分とアカヌケしています。バイパス入り口の玉名のてんぷら屋「あさひ屋」さんで買ったアツアツの天ぷらといなりずしを持ち込んで、昼食ができる公園か川原がないかとウロウロしてみましたが、適当な場所が見当たりません。食事の持ち込みができるところといえば、家族湯の温泉です。そこで、以前に家族温泉通の友人から聞いていた「竹《たけ》乃《の》香《こ》」に入湯することにしました。

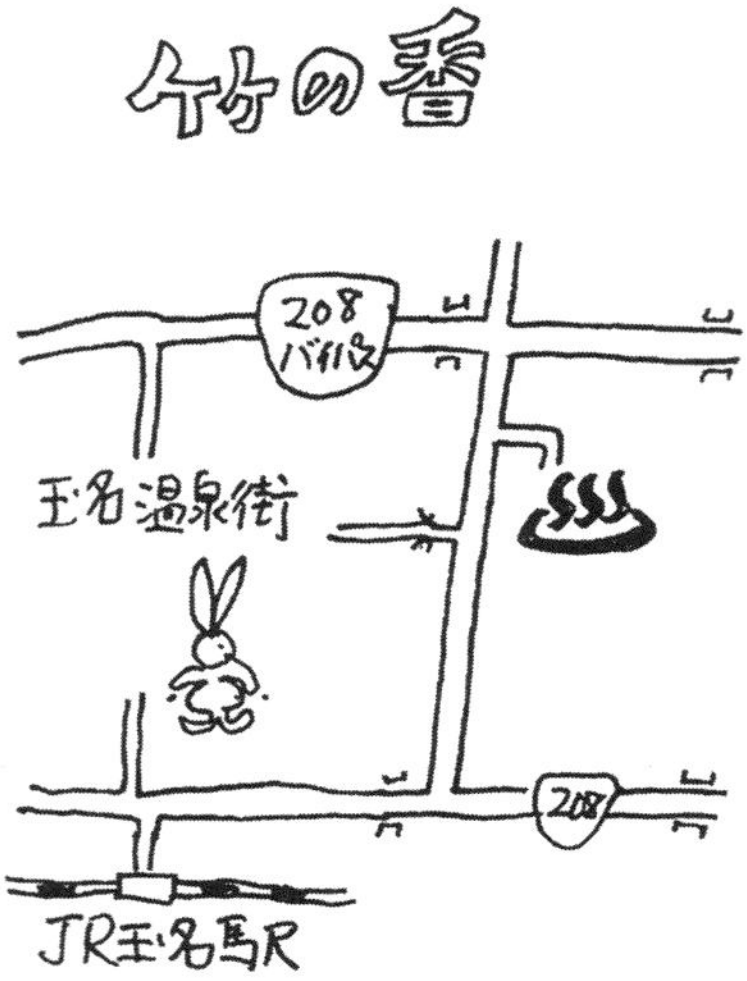

玉名の温泉街から東へ川を渡った田んぼの中にあるミニ住宅団地の一角に、ひっそり目立たないように温泉があります。施設は新しくありませんが、構えたところがない慣れた雰囲気がよさげです。

内湯と露天のいろんなタイプによって、お部屋の代金が違います。チョイスしたのは、露天の桶風呂が故障で利用できないために、一五〇〇円のところを一〇〇〇円で入らせてくれるという割り引きの「長者の湯」です。私のニーズにぴったしの「貧乏人の湯」もしくは「天ぷらの湯」とでも言いかえましょうか（笑）。

露天にはもう一つの小さい甕湯もあるので、温泉を楽しむには十分です。脱衣所も天ぷらをいただくには十分

なスペースでした。お湯はややヌルツルの良いお湯です。内湯も露天もゆっくり楽しめました。

それにしても、露天風呂を囲む板壁のいたるところにのぞき穴を修復した跡があります。まだ穴が開いているのがいくつも見えます。湯気に誘われたわけでもないのですが、月の兎もつい邪気を起こしてちょっとだけ穴を覗いてしまいました。が、壁の外には青々とした熊本の麦畑が広がっているだけです。なーんだ、です。どこかで、トンビが月の兎のスケベ心を嘲るように鳴いていました。ピーヒョロロ、ピーヒョロロ。一〇〇〇円で、そんなにイイことあるわけないよね。喝！　なんとも、ノーンビリした春の温泉風情です。

《温泉データ・評価》
【温泉名】玉名温泉竹乃香
【住　所】熊本県玉名市玉名1989
【ＴＥＬ】0968－71－2615
【泉　質】単純弱放射能温泉（弱アルカリ性低張性高温泉）
【営　業】10：00－24：00（受付23：00まで）
【定休日】第３水曜日
【風　呂】家族風呂８室
【入浴料】1500円－1800円（50分）
【駐車場】10台
【評　価】
施設設備度：３　アクセス度：３
源泉かけ流し度：４　清潔度：３
サービス・気配り度：４
風情・雰囲気度：４
肌にやさしい度：５
湯っくりホックリ度：５
見どころ食べどころ：天ぷら
【満足度】★★★☆（3.5）

29 宮原温泉元湯旅館

木造のひなびた風情の湯治宿
浴室は茶色のお湯とレトロなレアものです

お盆休みだったこの日は、久しぶりに会った友人と温泉に行こうということになりました。「濁り湯」がいいという友人のリクエストに、頭を捻った結果、熊本県植木町の宮原《みやばる》温泉元湯《もとゆ》に行くことにしました。

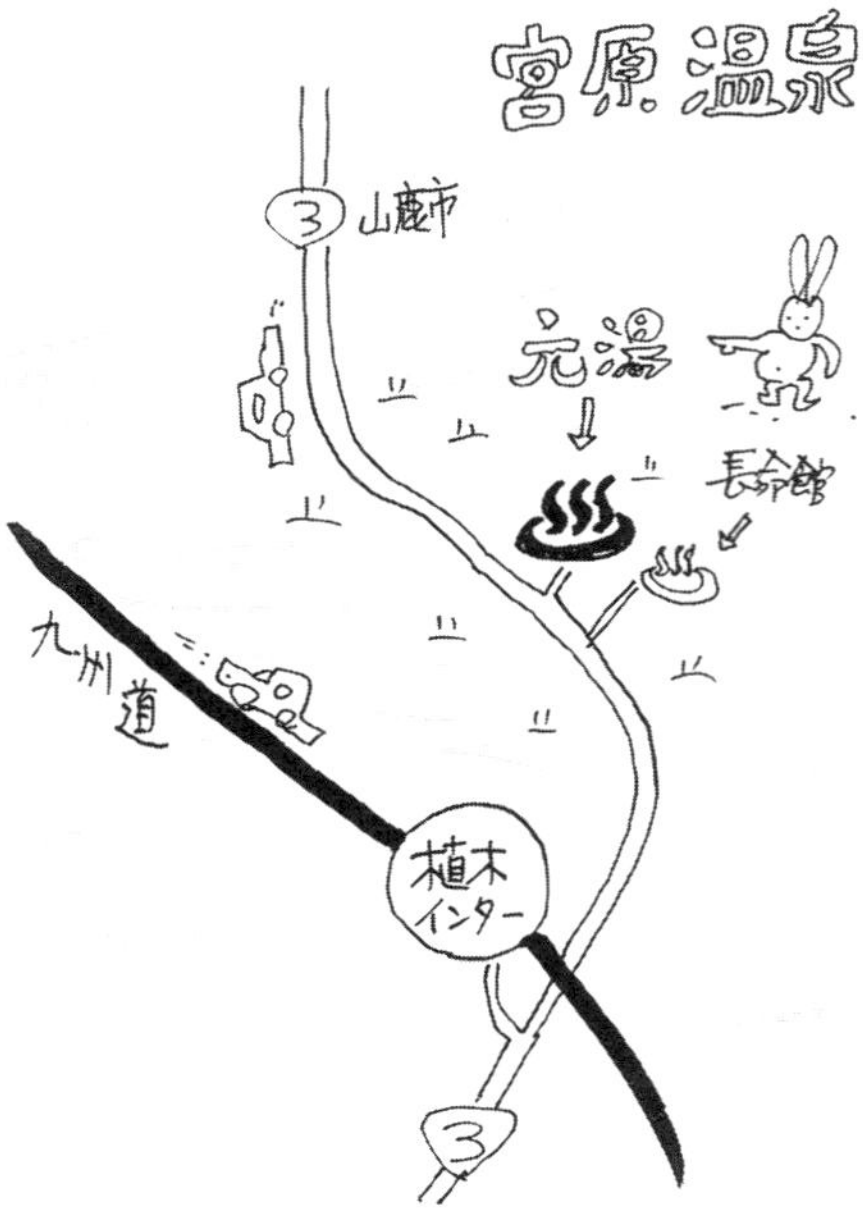

国道3号から、見渡す限りの青々とした田んぼの中の細い道を少し入った場所に、築百年以上は経つと思われる木造の元湯旅館があります。旅館の錆びた看板はまるで別府の「神丘温泉」を思い出させるようで、朽ちた風情です。

玄関で案内を請いましたが、返答がありません。しばらくして奥から小さい子どもをつれたおばさんがでてきて、「どうぞ入ってください。お金は帰りによかですよ」と言われます。

小学校の木造校舎のような廊下を進むと、「女湯」に続いて「男湯」とスリガラスを字抜きしたレトロな引き戸が見えました。浴室の天井は高く洗い場は広いです。湯船には冷めないようにビニールシートが被せてあり、それを剥いで入ります。

泉質は単純炭酸鉄泉で、冷泉を加熱してあります。お湯は赤茶色で体が見えないくらい濃い。飲泉は癖がないが若干の金気臭がします。洗い場にはカランもシャワーもなく、ゴミ箱のような形の四角い湯箱から湯を汲み取って洗います。開け放たれた窓から、緑の稲田をわたる風がスーと入って気持ちがよいです。

もう百年も前からここで湯治の人たちがこうして同じように入浴してきたのだと想像しました。帰り際に入湯料を払うと、おばさんがなぜか冷えたヤクルトを一本くれました。

新しくてきれいな温泉施設が多いなか、こうした鄙びた風情の湯治宿は、どうも苦手とおっしゃる方も多いかと思われますが、ここはここでなかなか捨てがたい魅力があります。友人も大いに満足してくれました。

宮原温泉元湯旅館の玄関

《温泉データ・評価》
【温泉名】宮原温泉元湯旅館
【住　所】熊本県熊本市植木町宮原289－2
【ＴＥＬ】096－274－6012
【泉　質】茶色　鉄分の強い味　臭い　成分表なし
【営　業】時間不明
【定休日】なし
【風　呂】内湯
【入浴料】400円
【駐車場】10台程度
【評　価】
　施設設備度：3　アクセス度：4
　源泉かけ流し度：5
　清潔度：3
　サービス・気配り度：3
　風情・雰囲気度：4（鄙び度5）
　肌にやさしい度：4
　湯っくりホックリ度：4
【満足度】★★★★（4.0）

30 小天温泉那古井館

お湯はまったり風景もゆったり、静かに大事な人と訪れたい文学の湯です

温泉や水滑らかに去年《こぞ》の垢　漱石

エヘン。今日のテーマは「温泉と文学」です。いつも、食い物とかおもしろ系ばかりですが、今回は格調高く「温泉と文学との関わり」について深く鋭く迫ります。

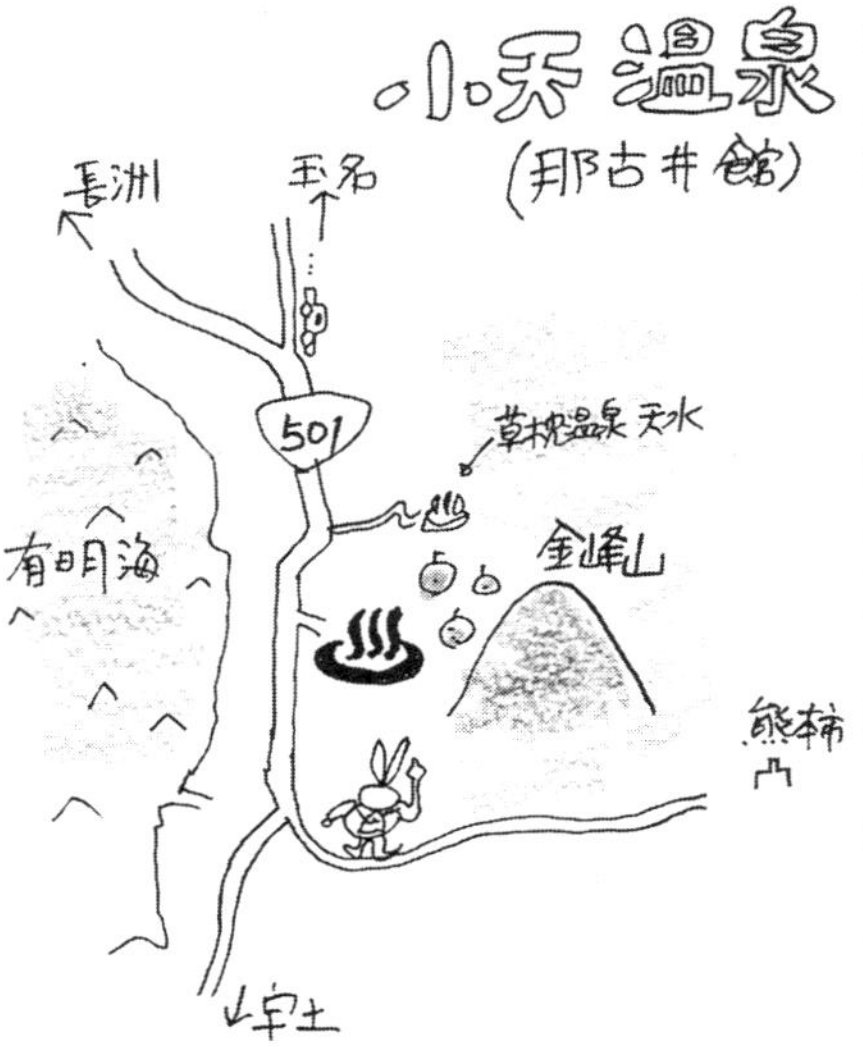

なーんちゃって。

えー、夏目漱石が、ここ「小《こ》天《あま》温泉那《な》古《こ》井《い》館《かん》」を訪れ、浴室で女性を見たのは、明治三十年正月のことです。聞き及ぶところ、その様子は『草枕』という名作にリアルに描写されています。当時としては稀な乳房の詳細な観察・記述で、画期的なものだったとか。その乳房の女性、那美さんに惚れた漱石は、なにかと口実をつくり妻の目を盗んで幾度か、熊本から山を越えて那古井館を訪れています。漱石さんも、なかなかお盛んなことですね。

有名な小説家漱石がこの温泉に来たという噂を聞いた近郷の百姓さんは、「漱石ちゅう石はどぎゃん石な?」と言ったそうです。流石の漱石もたまげたでしょうね。

この温泉旅館、間違いなく良い隠れ旅館です。小さいですが品があるというか、きれいで風格があります。お庭も建物もきちんとしています。もちろんお湯はなんと

も言えないヌメリ感があります。加温はしていますが天然かけ流しです。浴室は二つの湯船からなっていますが、月の兎には、ぬるい方がゆっくり長く入れてちょうどいいくらいです。適応症が、ヒステリー、神経衰弱というのは漱石には嫌味だったでしょうか。

入湯料四〇〇円は安いですよ。ランチは二千円から。宿泊もできます。

訪問した当日は文学ツアーのおばさんたちと法事の団体客で賑わっていましたよ。漱石の文庫本でも携えて、一泊のんびり過ごすのもいいかもしれません。お忍びで。

観光地でもない蜜柑畑とたんぼの中の一軒温泉です。最後に今回のテーマ「温泉と文学」にのっとり、一首詠みます。

漱石のゆかりと聞けば艶めかし
那古井のお湯は柔らかにして　月の兎

いかがでしたでしょうか。皆さんにも格調高いお湯と文学の香りが伝わったでしょうか。

えっ、なに？『草枕』読んだことあるかだって？

さぁ、『坊ちゃん』なら読んだかな……。

ここは、温泉めぐりとしてははずせないポイントです。

《温泉データ・評価》
【温泉名】小天温泉那古井館
【住　所】熊本県玉名市天水町8277
【ＴＥＬ】0968－82－2035
【泉　質】単純温泉　38.5度
【営　業】11：00－18：00　宿泊　食事
【定休日】無休
【風　呂】内湯
【入浴料】400円
【駐車場】広い
【評　価】
施設設備度：4　アクセス度：4
源泉かけ流し度：4　清潔度：4
サービス・気配り度：4
風情・雰囲気度：4　肌にやさしい度：4
湯っくりホックリ度：4
見どころ食べどころ：笠智衆の生家寺、河内みかん
【満足度】★★★★（4.0）

31 あすてらす満天の湯

広い、明るい、きれい、清潔
それだけでなくお湯は抜群です！ 脱帽

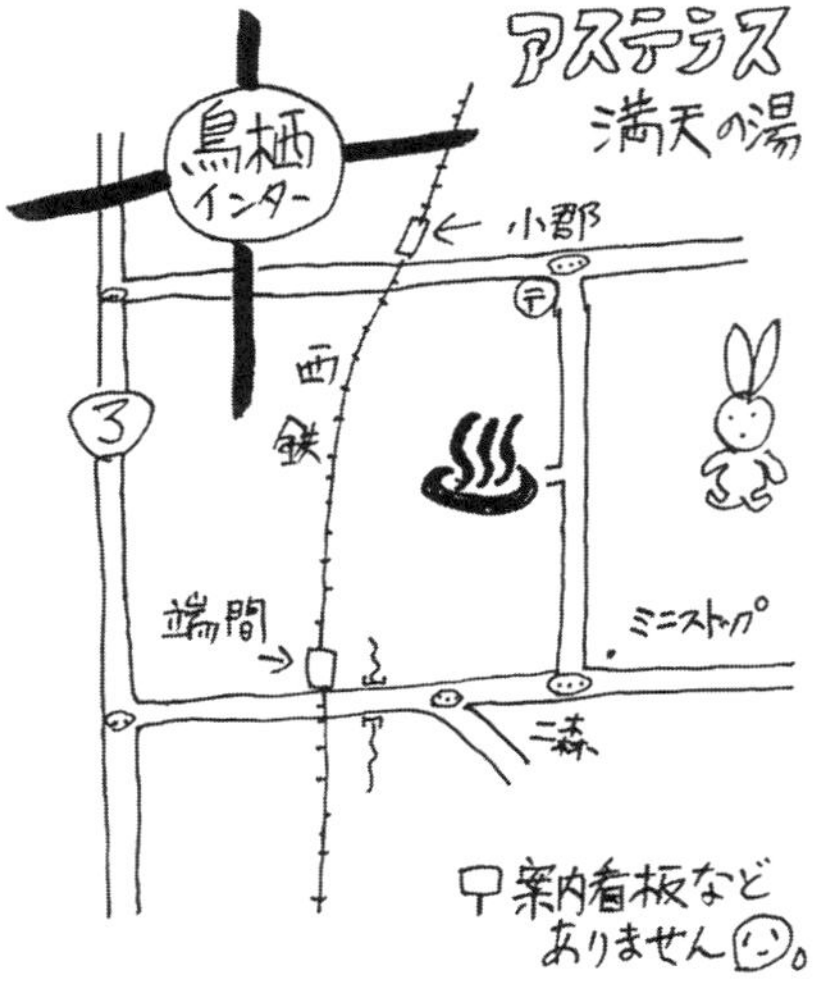

「公共の温泉、侮るべからず」です。小郡市総合保健福祉センター「あすてらす満天の湯」です。広い、明るい、きれい、清潔、ピカピカでまるで文化ホールか体育館にいるようです。それでいて、お湯は、がばいよかです。それでなんか文句あっか？ なんも文句はありましぇん。脱帽です。

泉質はアルカリ性単純泉、硫黄臭あり、泡付き、ヌルツル感あり。加水なし、天然温泉かけ流し。浴槽も脱衣場も休憩所も広く、明るく、清潔です。エアコンも快適です。

ここの休憩所の広さ、美しさ、バリアフリー機能は完璧で、驚きです。百畳ぐらいはありそうな広い大広間の周りを二間ぐらいの広縁がまわり、その外の三方には庭園が施されています。広縁には車椅子の方も利用しやすいようなバリアフリーと掘りごたつが備わっています。小郡市民は恵まれています。

民間の温泉センター施設などにありがちな過剰な設備やサービスはありません。余裕のスペース、清潔、快適、おまけに市内外で料金は同じ五〇〇円。完璧です。ただ、ここの券売機でチケットを買うときは、十通りのボタンから選ばなくてはいけません。市が入館者の統計データを取るために、市内外、男女、大人か学生か、高齢者と身障者、母子家庭などで押すボタンが違うのです（笑）。

これだけ完璧、徹底した管理運営です。名前が〝あすてらす〟だけに、小郡市の将来は明るいこと間違いなし。温泉の評価も満天、いや満点の★5、といいたいところですが、★4つです。ごめんなさい。

温泉はもっと情緒というか、ゴチャゴチャした雑多な雰囲気のあるところが月の兎は好きなんです。月の兎、公共に厳しいかも（笑）。

小郡市総合保健福祉センターに入ると、広いロビーの奥に満天の湯への入り口がある。左は社会福祉協議会の窓口

《温泉データ・評価》
【温泉名】あすてらす満天の湯（小郡市総合保健福祉センター）
【住　所】福岡県小郡市二森1167－1
【ＴＥＬ】0942－72－6666
【泉　質】アルカリ性単純泉　ヌルツル　やや灰色　硫黄臭　湯の花　41.2度　加温　pH9.7
【営　業】10：00－21：00　交流室（無料休憩室）　売店　トレーニング　プール
【定休日】第４水曜日
【風　呂】内風呂１
【入浴料】500円（午後６時から250円）
【駐車場】数100台
【評　価】
施設設備度：４　アクセス度：３　源泉かけ流し度：４
清潔度：５　サービス・気配り度：３　風情・雰囲気度：３
肌にやさしい度：５　湯っくりホックリ度：５
見どころ食べどころ：今村カトリック教会（隠れキリシタンゆかりの教会）
【満足度】★★★★（4.0）

32 玄竹温泉鷹取の湯

腰痛に効くと人の言う
みのう山麓果樹園の中にあつ〜い温泉があります

この日は、親戚が新車を買ったというので試運転がてら初ドライブの助手席に乗せてもらいました。行く先は近場の腰痛に効くいい温泉ということで、久留米市田主丸町にある「玄竹温泉鷹取の湯」。初めてカーナビに触りましたがこれって便利だけど、おせっかいですね。ちょっとそれたり、近道しようものなら、自分の決めたルートに引き戻そうとする、なんとも親切で押し付けがましい輩ですね。初めての知らない土地などでは威力を発揮するかもしれませんが、近場では、むしろ〝いらぬおせっかい〟です。

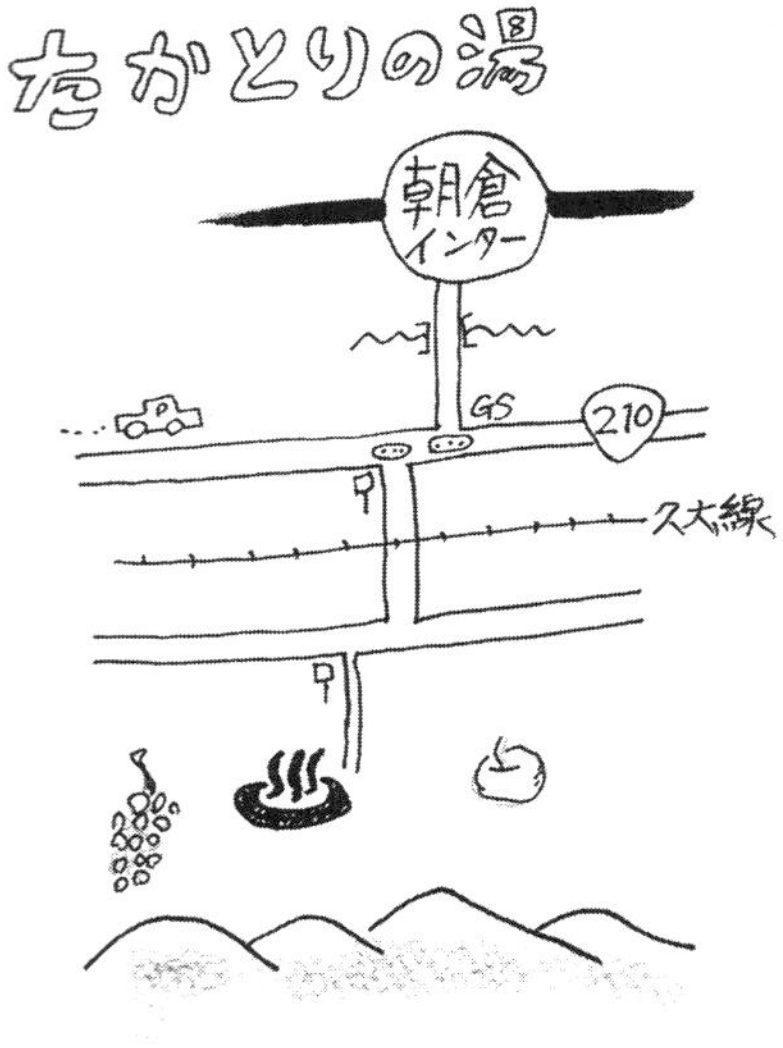

さて、玄竹温泉鷹取の湯は、福岡県随一の高温度が自慢の「自噴の天然かけ流し温泉」です。もちろん、加温・加水・循環・塩素消毒一切なしです。源泉温度六三・六度と熱いので、お客さんが水ホースでうめるぐらいです。湯質はアルカリ性単純泉。無色、無臭。効能は筋肉痛、神経質、関節痛、五十肩、うちみ、くじき、こわばりです。これホントです。月の兎も昨年夏、鹿児島の某温泉であまりの熱さに思わず身を引いたところ、湯船の縁でガチュン！　ともろに腰を打ってしまいましたが、ここのお湯ですっきりさっぱり快癒しましたよ。

こんなオジサンオバサンの頼もしい味方のようないい

温泉です。運動選手やＯＬさんの腰痛、肩こりにも良いと聞きます。

ここは、比較的新しい温泉施設ですが、全然今風ではありません。コジャレた雰囲気も、カフェもサービスもありません。湯船も広い半露天が一つあるだけです。別棟にペット可の家族湯というのがありますが、犬の後に兎は入りたくないなぁ。

受付には八十歳を超えたおばあちゃんがいつも居眠りをしています。客はほとんどが常連です。昨日は受付に誰もいなかったんでスルー。帰りに正直に自己申告して四〇〇円払いましたよ。

昨日、湯船で一緒だった福岡からきたというおじさんは、「福岡市の近くの温泉は塩素臭くてダメばい。ここはなんもナカバッテン、お湯はよかけんね」と言うとりました。月の兎も同感、納得です。

《温泉データ・評価》
【温泉名】玄竹温泉鷹取の湯
【住　所】福岡県久留米市田主丸町森部86－21
【ＴＥＬ】0943－72－4793
【泉　質】アルカリ性単純泉　分析表有　ややヌルツル　無色無臭　63.6度
【営　業】10：00－21：00
【定休日】水曜日
【風　呂】露天風呂１　手すり有　家族風呂１　ペットと入れる家族湯１
【入浴料】400円　家族湯1500円・1800円　ペット同伴3000円
【駐車場】30台
【評　価】
施設設備度：３　アクセス度：３
源泉かけ流し度：５　清潔度：３
サービス・気配り度：３　風情・雰囲気度：３
肌にやさしい度：４　湯っくりホックリ度：４
見どころ食べどころ：フルーツ狩、井戸うどん
【満足度】★★★★（4.0）

33 花立山温泉

福岡で人気No.1の温泉です ゴンドラに乗って丘の上の温泉に行きます

この温泉には感動しました。なにがすごいかと言うと、まず丘の下の駐車場から上の温泉までの無人スローケーブル。ゴンドラで行く温泉は初めてです。お年寄りにはいいですよね。

「カルナパーク花立山温泉」は筑後平野の真ん中の小高い丘の上にあり、周りの眺望がすばらしいです。南の耳納山、北の古処山、西に九千部山、みんなよく見えます。それに利用客の多いこと。受付にはずーと行列ができています。四つの受付窓口があってもいっぱいです。

つぎに施設の広いことです。温泉、カラオケ、エステ、アカスリ、理髪、売店、レストランが二つ入るなど四階までいろんな施設がいっぱいです。ロッカーのキーにICチップがセットされていて、コンピュータ管理されているので、自販機の支払いもできます。

それから内湯の湯船が大きいこと。百人は入れます。このほか露天やサウナ、家族風呂が十二も。露天には深さ二〇センチくらいの寝湯もあります。この寝湯は少しぬるめでうたた寝するのちょうど良いです。

ここまで揃えば、入湯料八〇〇円もまあいいかという気になります。しかも家族風呂は八畳の和室付きです。

これは二千円出しても、お年寄りなど家族全員で楽しめ、オトクです。

すべて天温泉かけ流しです。湯量が豊富なのでしょう。しかもお湯はヌルツルです。アルカリ性単純泉ですが、少し玉子色をした良いお湯です。福岡市にも近くてたくさんの人に利用されています。

「じゃらん九州」の二〇〇六年九州温泉ランキング（大型施設部門）でいきなりトップにでたのもうなずけます。おそらく今、福岡県で人気ナンバー1の温泉施設だと思います。

麓の駐車場から花立山の中腹にある温泉に向かうゴンドラ。筑後平野を眺めながら登る。

《温泉データ・評価》
【温泉名】カルナパーク花立山温泉
【住　所】福岡県朝倉郡筑前町上高場795
【ＴＥＬ】0946－23－0001
【泉　質】アルカリ性単純泉
【営　業】10：00－22：00　ゴンドラ（無料）　キャッシュレスシステム　ボディケア　足つぼマッサージ　あかすりなど　バイキング食事処　カラオケ
【定休日】第２・第４水曜日
【風　呂】男女別内風呂・男女別露天風呂　低周波風呂・岩盤浴　家族風呂12　特別室専用貸切露天風呂２
【入浴料】900円
【駐車場】400台
【評　価】
施設設備度：４　アクセス度：３
源泉かけ流し度：４　清潔度：４
サービス・気配り度：４
風情・雰囲気度：４
肌にやさしい度：４
湯っくりホックリ度：４
見どころ食べどころ：キリンビール園
【満足度】★★★★（4.0）

34 あおき温泉

ヌルツル、硫黄臭
広間ではカラオケのオンパレ
じいちゃん、ばあちゃんのパラダイス

こちらの温泉は、施設の規模は大きくないのですが、たいへんなヌルツル感のある温泉です。アルカリ性単純泉です。pHは八・六ということですが、数値以上のものがあります。

浴室のタイルが滑りやすく、月の兎は危うくスッテンコロリンと転びそうになりました。お湯の噴き出し口近くでは、強烈な硫黄臭がしています。こんな平野の真ん中で硫黄臭とはスゴイですね。

休憩室はカラオケの空くひまがないくらい演歌のオンパレードです。入れ代わり立ち代わり舞台に上がり熱唱が続きます。畳の上に寝転んだり、ビールを飲んだりお菓子を食べたり、ここは田舎のじじばばちゃんのパラダイスです。売店前のロビーではテレビがホークス戦の野球中継をやっています。湯上りには「フルーツ牛乳」でさっぱり。これって美味しいけど、成分表示をみると乳脂肪分〇・六%、果汁一〇%未満でほとんど合成調味料の集まりみたいですね。一〇〇円だものね。カロリーは一二一キロカロリーもあります。

お風呂を出たら、一面の麦畑を渡る風がとても気持ちよかったです。駐車場入り口には城島特産の「鬼瓦」と説明板が設置されていました。城島は瓦の日本三大産地

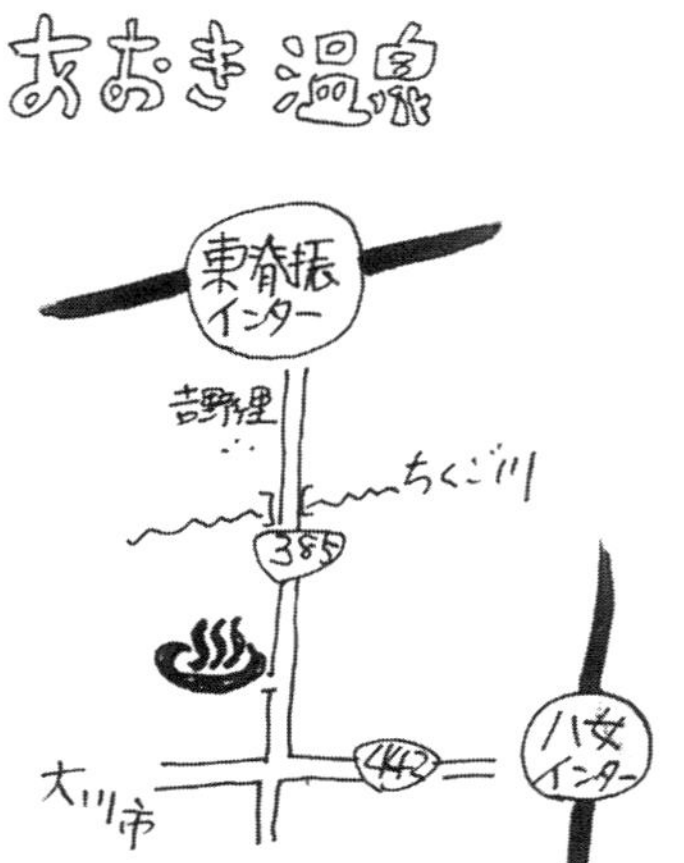

城島特産の鬼瓦と温泉の看板

だとか。露天風呂の床タイルも瓦だったようです。

帰りにあおき温泉のすぐ近くにあるJAの産直施設「よらん館」に立ち寄ってみると、敷地の片隅になんと「エツ大師」というノボリが立っているお堂があります。弘法大師のエツ伝説から弘法大師を祀ってあるとのことです。

あおき温泉のある久留米市城島町は「エツの里」として売り出しています。産卵期にはこの城島あたりまでエツが溯上してくるのでしょう。あちこちに「城島のエツ」とか「エツまつり」とかノボリが立っています。お堂のなかには一枚一〇〇円の「エツ札」や丸い石に手を置いて三回お経を繰り返すと願いが叶うと言う「お大師様の石」もあります。

《温泉データ・評価》
【温泉名】天然の湯あおき温泉
【住　所】福岡県久留米市城島町上青木366－1
【ＴＥＬ】0942－62－1426
【泉　質】含硫黄泉ーナトリウム塩化物泉　65度　硫黄臭　ヌルツル　pH8.6
【営　業】10：00－22：00
【定休日】水曜日
【風　呂】内湯1　露天風呂1　手すり有
【入浴料】500円
【駐車場】広い
【評　価】
施設設備度：3　アクセス度：3
源泉かけ流し度：5　清潔度：3
サービス・気配り度：3
風情・雰囲気度：3　肌にやさしい度：5
湯っくりホックリ度：4
見どころ食べどころ：夏のエツ料理、大善寺うなぎ
【満足度】★★★★（4.0）

35 大川昇開橋温泉

県境の鉄橋を渡ると温泉だった
食堂メニューも充実して朝から賑わっています

県境の長い鉄橋を渡ると、そこは温泉だった。

福岡県大川市の「大川昇開橋温泉」の浴槽からは、旧国鉄佐賀線にあったアジア一の可動式鉄橋（九州遺産にもなっています）「筑後川昇開橋」がよく見えます。

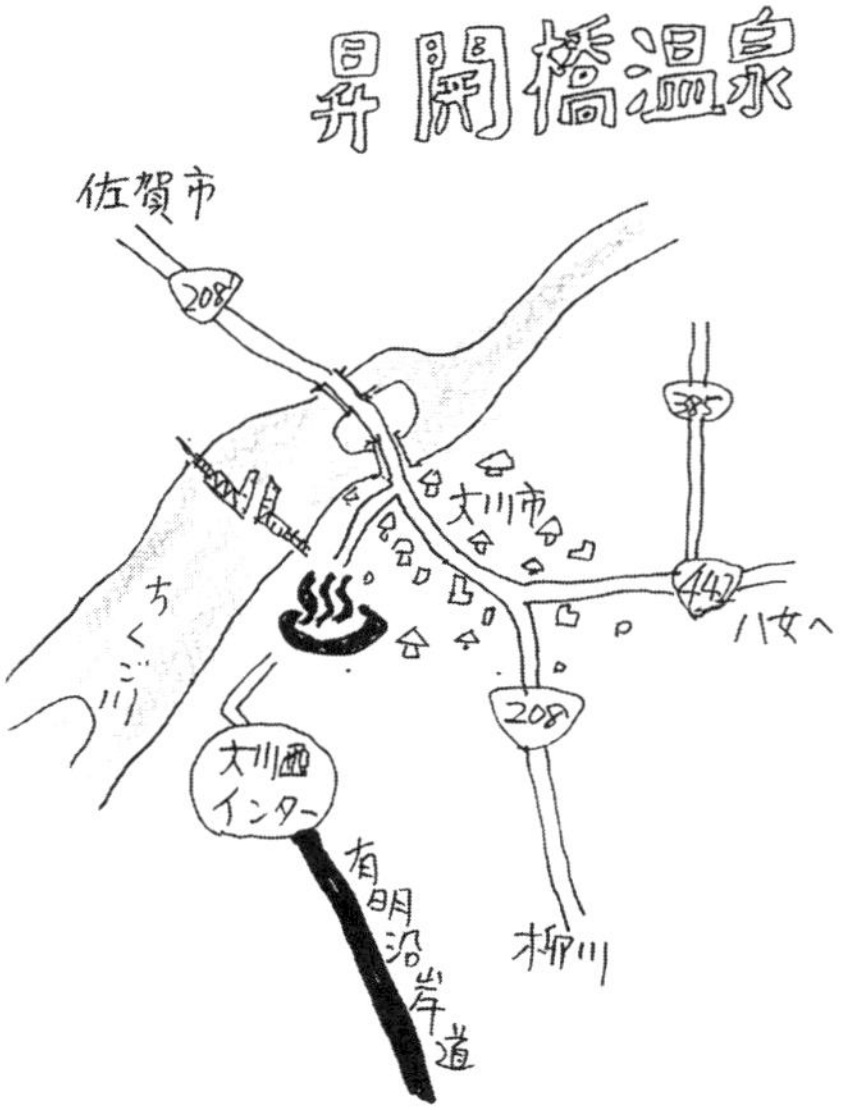

河口に近いこの温泉はなんとツルツルの温まるいいお湯が自慢です。お湯は薄い黄色と塩味。ナトリウム―塩化物・炭酸塩素温泉です。加温加水なしのかけ流しです。

この日の朝、午前九時には温泉につかっていました。我が家から、最も安くて（十時前だと二〇〇円割引）、近くに（車で十五分）あるのが福岡県大川市の昇開橋温泉です。広くて良いお湯で昇開橋や筑後川の眺めが素晴らしいです。

朝から駐車場はいっぱいで、お風呂も男性だけでも五十人以上は入湯しているようでした。それに、休憩所・食堂では、常連さんでしょうか、この朝も早くからお風呂上がりに、一杯やってご機嫌な人もいます。

そういえば、ここの食堂はやたらツマミのメニューが多かったです。冷奴、から揚げ、玉子焼き、馬刺しなどなんと三十種以上。ビールだけでも、生、黒、ハーフ&ハーフなど五種類。まるで居酒屋ですね。ハーフ&ハーフとか普通の温泉の食堂にはないですよね。清酒は「清力」と「若波」の二つの銘柄から選べます。地元の方の好みなのでしょうね。

月の兎の家の近くにも、こういうの欲しいな。歩いていける温泉付き居酒屋。毎日でも通うけどな。

ここ大川市は、筑後川河口に開けた木工・家具の町として有名ですが、作曲家古賀政男のふるさとで、記念館もあります。また人気マンガ、のちにＴＶドラマにもなった「のだめカンタービレ」や、映画「嫌われ松子の一生」の舞台でもあります。

《温泉データ・評価》
【温泉名】大川昇開橋温泉
【住　所】福岡県大川市向島字五ノ割2526－１
【ＴＥＬ】0944－86－8533
【泉　質】ナトリウム－塩化物　炭酸水素塩泉　72.0度　pH7.5
【営　業】９：00－23：00　食事処　休憩所
【定休日】第２火曜
【風　呂】内湯４　手すり有　露天１
【入浴料】500円
【駐車場】広い
【評　価】
施設設備度：４　アクセス度：３　源泉かけ流し度：４
清潔度：４　サービス・気配り度：３
風情・雰囲気度：４　肌にやさしい度：４
湯っくりホックリ度：４
見どころ食べどころ：昇開橋、古賀政男記念館、柳川川下り
【満足度】★★★☆（3.5）

36 美奈宜の杜温泉

ヌルヌルで眺めの良い温泉付分譲住宅地の温泉です
リタイアしたらこんな所に住みたい

朝倉市秋月の納涼場「だんご庵」の帰りは、車で十分の同じ朝倉市にある「美奈宜《みなぎ》の杜《もり》温泉・杜の湯」に立ち寄りました。

筑後川の左岸の筑後側には、うきは市、久留米市に点々と温泉がいくつかありますが、右岸の筑前側には原鶴温泉を除けば、いくつかの公共温泉が数えるくらいしかありません。その数少ない温泉（小郡の「あすてらす」、甘木の「卑弥呼の湯」）はどれもが、pH九・七以上の高いアルカリ性を示す超ヌルツルの単純泉ですから、ここ美奈宜の杜の湯もかなりの高いレベルが期待できそうです。

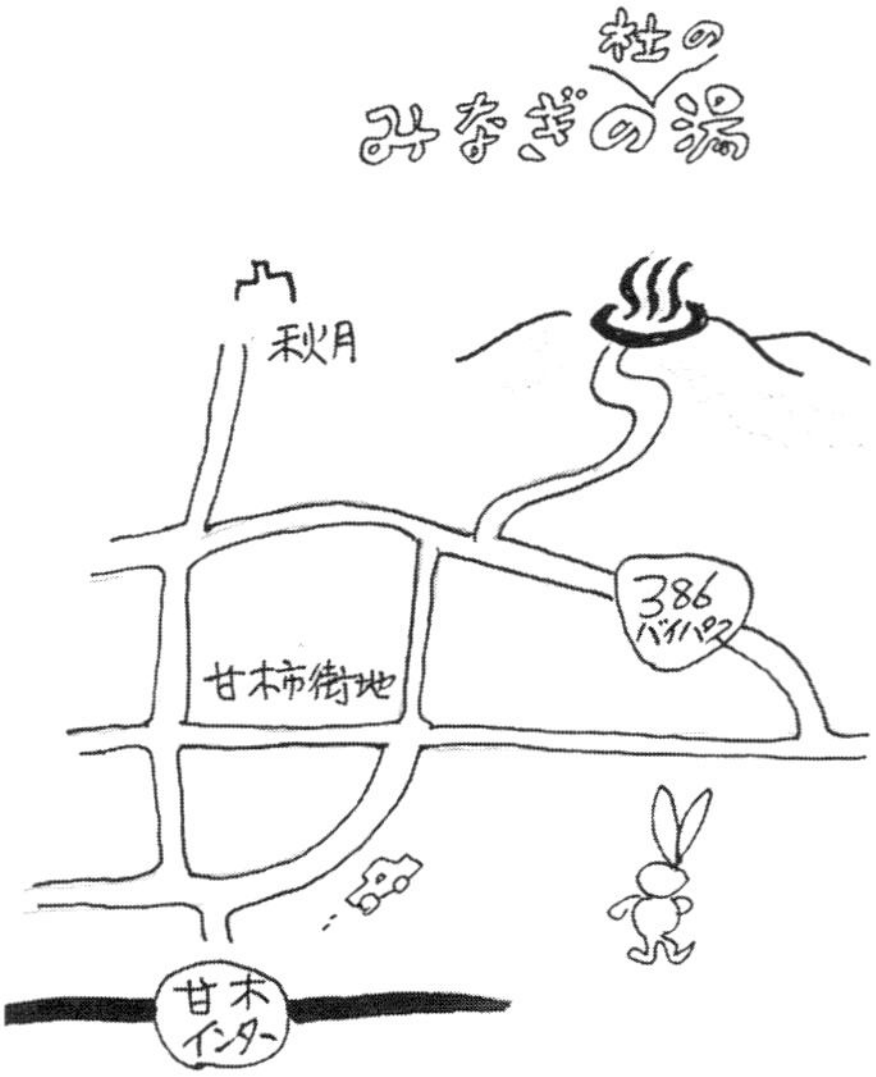

美奈宜の杜温泉・杜の湯は、朝倉市郊外の高台にある温泉付き分譲住宅地の一角にあります。産直の売店や食堂、受付や休憩室などを備えた民家風の施設は全体が黒川温泉風のしつらえで、玄関付近の植え込みなどはまさにその雰囲気です。別棟には宿泊もできます。

家族湯もありますが、川石を利用した男性用大風呂に入りました。温度が高めの内湯と源泉そのままの三六・五度の露天風呂があります。飲泉もできます。

暑い日でしたが、露天風呂が月の兎にはちょうど良い

美奈宜の杜温泉の入り口と露天風呂

湯加減でした。日陰を選んで入りましたが、湯質は透明感のあるヌルヌルのお湯で、かすかに硫黄臭がするアルカリ性単純泉です。露天からの展望が大変よくて、甘木の町や平野の向こうには耳納《みのう》の山なみが一望できます。

湯質においては、甘木の卑弥呼の湯に一歩譲りますが、建物の雰囲気、眺め、料金（七〇〇円とお高い）はこちらの方が上をいっています。団塊の世代の方は退職金で眺めの良い温泉付き分譲地を買って住むのもいいかもしれません。

近くには円形古墳や水の文化村、三連水車、養蜂場などもあります。古代からの恵まれた環境の中で安らかに暮らせるかもしれませんね。

売店には「不苦労《ふくろう》」という焼き物が並んでいました。

【温泉名】美奈宜の杜温泉杜の湯
【住　所】福岡県朝倉市美奈宜の杜３－１－６
【ＴＥＬ】0946－24－0380
【泉　質】アルカリ性単純温泉　36.5度　pH9.8　分析表有
【営　業】10：00－21：30（20：30受付終了）　売店、食事処
【定休日】無休
【風　呂】内湯１　露天風呂１　家族湯３　手すり有
【入浴料】700円
【駐車場】30台
【評　価】
　施設設備度：４
　アクセス度：３
　源泉かけ流し度：４　清潔度：４
　サービス・気配り度：４
　風情・雰囲気度：５
　肌にやさしい度：５
　湯っくりホックリ度：５
　見どころ食べどころ：朝倉三連水車
【満足度】★★★★☆（4.5）

九州の装飾古墳と温泉

熊本北部の菊池川中流域には玉名、山鹿、菊池などの温泉地があります。最近人気のある平山温泉もすぐ近くです。

この菊池川中流域には装飾古墳が集中しています。五、六世紀頃に造られたという装飾古墳ですが、全国の四八四例のうち、熊本が一八四例、なんと菊池川流域だけでも一二二例もあるといいます。全国の四分の一が菊池川流域に集中していることになります。

山鹿市には、チブサン古墳、オブサン古墳という有名な装飾古墳があり、見学ができます。チブサンは古墳内部の絵画が女性の乳房に似ていることから「乳の神様」、オブサンは古墳の形が女性のお産の形に似ている（実際に行ってみるとよくわかります）ことから「安産の神様」として崇められています。このほか近くには県立装飾古墳館などもあります。

「山鹿千軒たらいなし」と言われてきた湯量豊富な山鹿温泉です。お湯はヌルツル、トロトロの美肌の湯です。

九州では、菊池川中流域と並んで装飾古墳が集中するのが福岡県の筑後川中流域です。久留米、浮羽、朝倉などの地域には装飾古墳がたくさん点在しています。そして、この中流域にもpH値の高いアルカリ性単純泉のシットリした素晴らしい湯質の温泉が点在しています。筑後川温泉、原鶴温泉、そして久留米市や朝倉市、小郡市などの温泉です。

この本は街道別に構成されていますが、当初は「筑後川流域」や「菊池川流域」などという具合に、川の流域別に章立てをしようかと考えたぐらいに、川の流域に温泉があります。そしてそれが装飾古墳の分布とも不思議に重なり合うのです。

装飾古墳の集中する菊池川中流域と筑後川中流域の温泉はその大部分が「豊前街道の温泉」に入っています。そういう意味では「装飾古墳のある温泉エリア」と呼ぶこともできます。「薩摩街道の温泉」が、肥後の石工たちによる眼鏡橋の集中するエリアとなっているのと好対照をなしています。

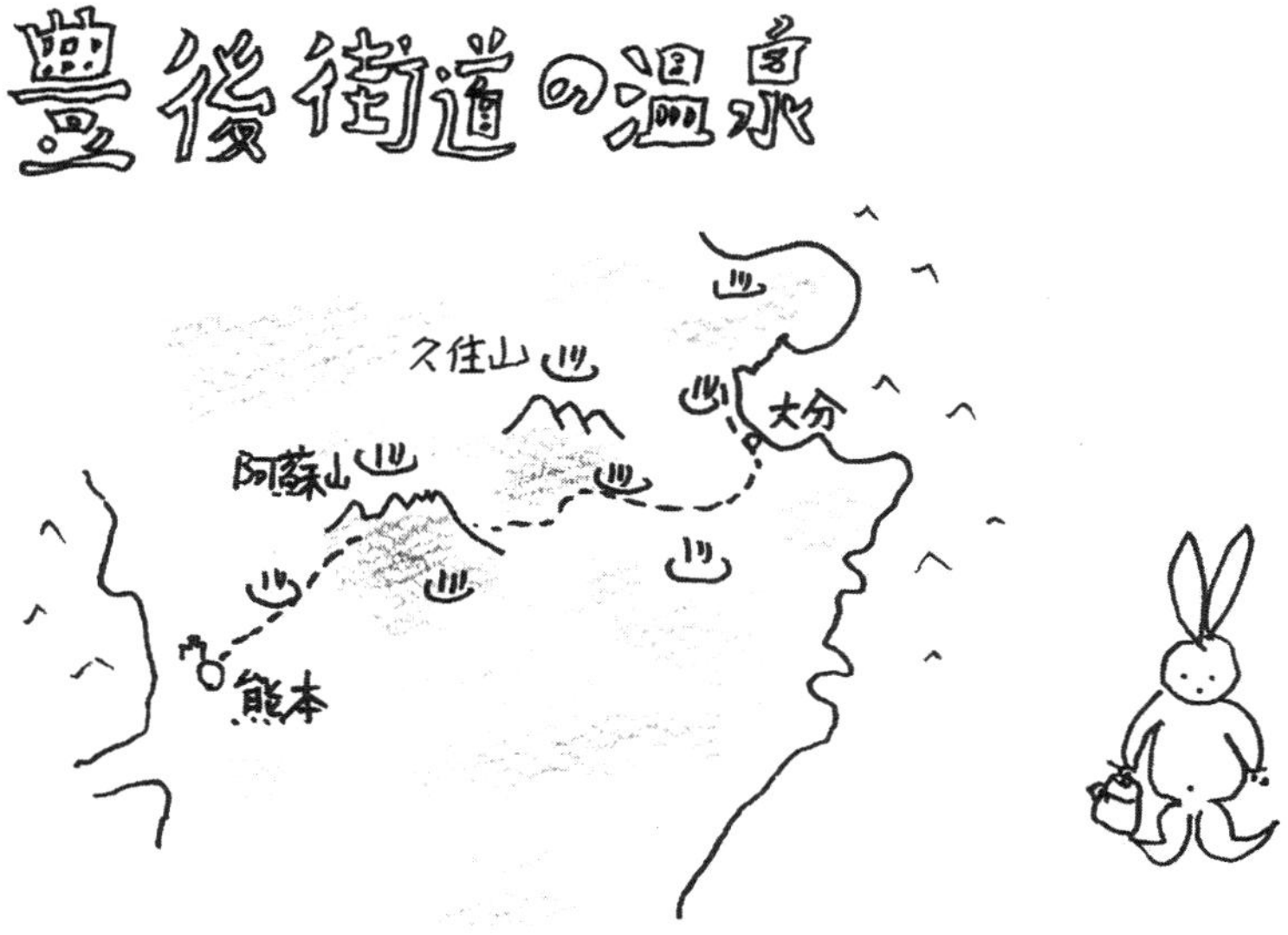

豊後街道の温泉

豊後街道は、江戸時代に肥後熊本から阿蘇、久住を通って豊後の大分鶴崎にいたる、九州を横断する細川侯の参勤交代の道として整備されました。この街道沿いにある阿蘇、長湯、別府、湯布院などの全国に名だたる温泉を紹介します。

大分は日本でも最大の源泉数、有数の極上の温泉を抱える、温泉王国九州を代表する地域です。なかでも別府は、温泉観光地として栄え、今でも別府八湯といわれる多種多様の泉質を誇り、生活のなかに温泉が浸透したエリアです。また、全国人気№１の温泉観光地である湯布院温泉、鄙びた湯治場湯平温泉、日本一の炭酸泉を有する長湯温泉もあり、国東《くにさき》、宇佐《うさ》地区にもいい温泉が点在しています。

大分県の温泉のうち、日田往還の章で触れる九重、玖《く》珠《す》、耶馬溪《やばけい》の温泉以外はこの豊後街道で、さらに熊本県の温泉のうち阿蘇の温泉だけをこの章で紹介します。

37 別府駅前温泉散策

湯けむりたなびく温泉町別府の駅前には
レトロな温泉と昭和の雰囲気の町が

別府は湯けむりたなびくの温泉の町として有名ですが、「別府八湯」といって別府市内のいたるところに温泉が湧いています。その代表的な温泉が別府温泉です。

泉都別府の玄関口ＪＲ別府駅前にあるのが、その名も「駅前高等温泉」です。浪漫あふれるモダンな建物で宿泊もできます。

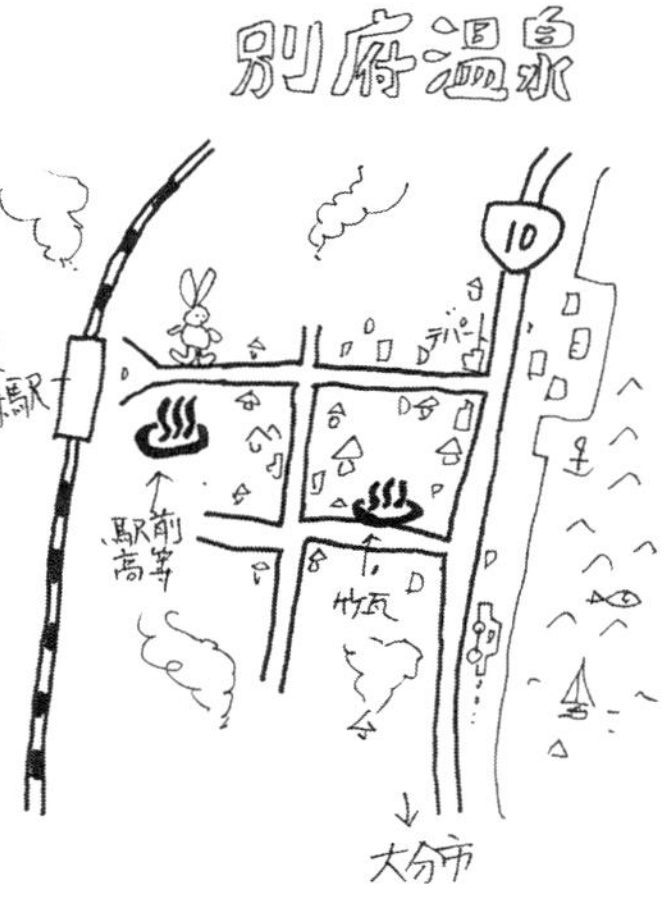

別府港のある北浜のホテル旅館街や飲食街の近くにあるのが、別府温泉を代表する「竹瓦温泉」です。こちらは厳かな神社建築様式の市営の公衆浴場です。内部は広くレトロなホール兼休憩室の両側に、地下に降りていく形式の内湯と砂蒸し温泉があります。

別府駅前高等温泉や竹瓦温泉は、温泉がロマン溢れる近代化のシンボルとして、当時の建築の粋を凝らして作られたものです。

さて、月の兎の別府駅前温泉散策は、駅前のビジネスホテルに荷物を解き、まずは別府駅前高等温泉の内湯でひとっ風呂浴びてさっぱりしたところで、すぐ路地裏角にある大衆食堂「うれしや」で肉豆腐とちゃんぽんでビールをいただきました。この食堂はガラスケースの中から好みのおかずを取っていただく昔ながらの一膳飯屋風ですが、取ったものを温めてくれたりもします。

腹ごしらえの後は駅前の商店街をブーラブラ。なんだか昭和の懐かしい香りが漂う商店街です。街の洋食屋さんや温泉珈琲のお店もあります。歩いたら小腹が空いたので奥の路地にある鉄鍋餃子の「湖月」に立ち寄り、美味しい餃子でこれまたビールをいただきました。カウンター席だけの小さい店ですが、なんとも裏路地の名店の雰囲気がいいですね。

翌朝、早起きして「竹瓦温泉」の朝風呂にでかけました。常連さんがすでに早朝から入っていらっしゃいます。

後からはいってきた若い人に「ほら、ちゃんと身体ば洗うてからはいらんば！」と温泉の先輩から叱咤（教育的指導）が飛んでいました。生活の中に温泉文化が息づく別府です。

《温泉データ・評価》
【温泉名】別府温泉駅前高等温泉
【住　所】大分県別府市駅前町13－14
【ＴＥＬ】0977－21－0541
【泉　質】単純泉
【営　業】６：30－22：45　高等湯は24時間　宿泊棟あり
【定休日】無休　【風　呂】内湯２
【入浴料】並湯100円　高等湯300円　【駐車場】８台
【評　価】
施設設備度：３　アクセス度：５　源泉かけ流し度：４
清潔度：３　サービス・気配り度：３　風情・雰囲気度：４
肌にやさしい度：４　湯っくりホックリ度：４
見どころ食べどころ：レトロな駅前散策、餃子湖月、洋食みつば
【満足度】★★★★（4.0）

【温泉名】別府温泉竹瓦温泉
【住　所】大分県別府市元町16－23
【ＴＥＬ】0977－23－1585
【泉　質】炭酸水素塩泉　塩化物泉ナトリウム・カルシウム・マグネシウム塩化物泉　高塩水素塩泉
【営　業】内湯６：30－22：00　砂場８：00－22：30
【定休日】無休　【風　呂】内湯１　砂湯１
【入浴料】100円（砂湯1000円）【駐車場】なし
【満足度】★★★★（4.0）

38 鉄輪温泉ブーラブラ

硫別府温泉開祖の一遍上人ゆかりの宿坊に泊まって鉄輪湯めぐりです

夕方に無事、別府鉄輪《かんなわ》温泉の宿「御宿温泉閣」に予定通り到着。さっそく、浴衣&雪駄に着替えて、鉄輪の裏通りをブーラブラです。

このあたり、昔ながらの「入湯・貸間《かしま》」旅館が多く、いくつもの共同湯、湯治客向けに野菜や惣菜、日用品を売ってるお店、小さい食堂などが路地裏に立ち並ぶ、昔ながらの湯町のいい雰囲気を残しています。

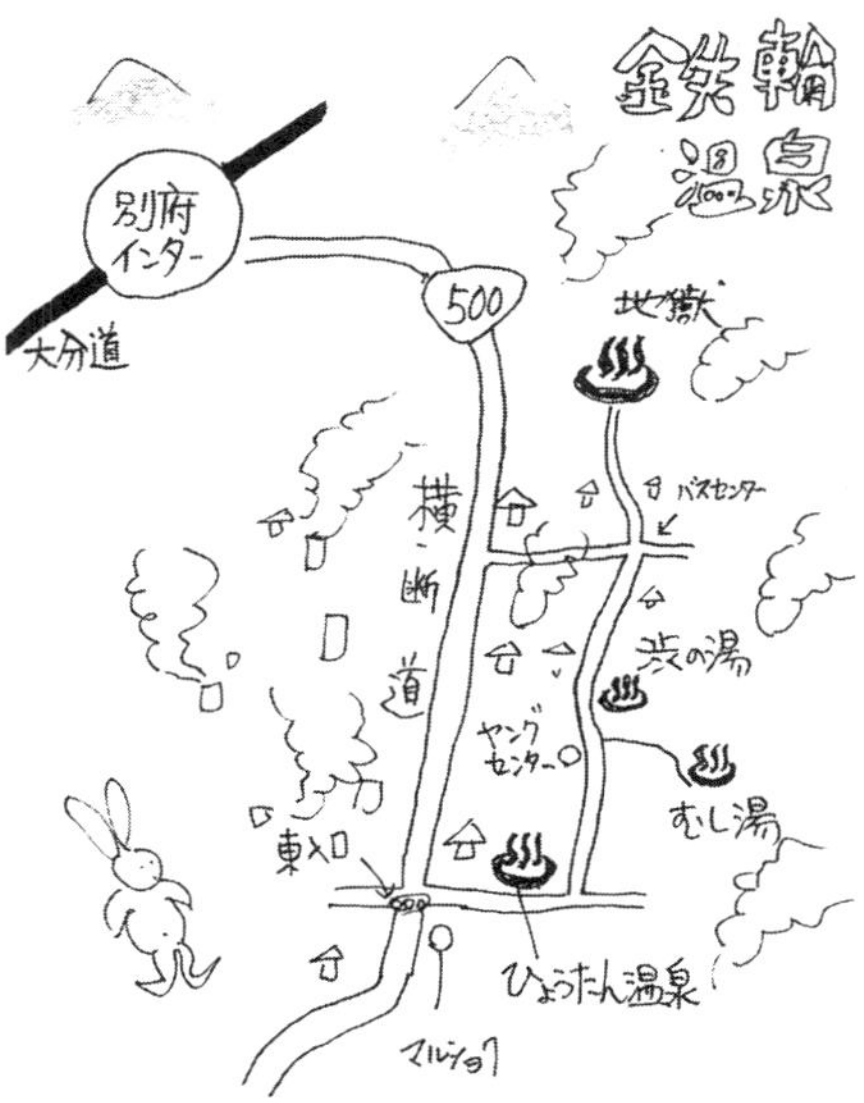

鉄輪温泉界隈をブーラブラするのが大好きです。宿のすぐ前が鉄輪のメインの「いでゆ坂通り」。やっと車がすれ違えるくらいの道幅で、蛇みたいに曲がりくねっています。あのミシュランに選ばれたひょうたん温泉から上のかまど地獄に通じる石畳の上り坂です。ゆっくり曲がりくねっています。

坂の中ほどには「ヤングセンター」というケバイ看板の大衆演劇場（ここも温泉）があります。名前が実にイイですね。そこから入った横丁には名物の肉まん屋さんがあります。その奥の貸間旅館の前の側溝から湯気が出ていて、その上にいつも温泉猫がノンビリいたのですが、今日は見当たりません。そのかわりというわけではありませんが、おもしろい看板がありました。「犬、猫捨て

ブラブラするともう一つの癒しに出合います

るな！　その家に禍《わざわい》を」。
　後半のくだりがおもしろいですね。それにしても、あの温泉猫ちゃん、どこへ？

　由緒ある別府温泉開祖の一遍上人ゆかりの、その名も「温泉山永福寺」の宿坊が、温泉閣の前身です。お寺の敷地内に旅館があります。内湯と露天風呂があり、二十四時間はいれます。

　泉質は、メタ珪酸成分のため湯上りの保湿感とスベスベ感はなかなかのものです。おまけに弱酸性で弱食塩泉と、人肌に優しいソフトなお湯です。しかし、夕二回、朝湯も重ねるとけっこう身体に響いてくるから不思議です。もうフラフラです。ダイエットにいいかもしれません。お湯のエネルギーを感じます。

《温泉データ・評価》
【温泉名】鉄輪温泉温泉閣
【住　所】大分県別府市鉄輪風呂本一
【ＴＥＬ】0977－66－1767
【泉　質】食塩泉
【営　業】10：00－15：00　【定休日】無休
【風　呂】内湯１　露天風呂１
【入浴料】500円
【駐車場】５台程度
【評　価】
　施設設備度：４　アクセス度：４
　源泉かけ流し度：４
　清潔度：３
　サービス・気配り度：３
　風情・雰囲気度：４
　肌にやさしい度：４
　湯っくりホックリ度：４
　見どころ食べどころ：鉄輪地獄蒸し豚まん
【満足度】★★★★（4.0）

39 鉄輪温泉ひょうたん温泉

ミシュランで三ツ星に輝いた
別府でもっとも楽しい温泉です

鉄輪《かんなわ》温泉にははひょうたん温泉、渋の湯、蒸し湯、地獄湯などが、ぶらぶら歩いて行ける距離にあります。

鉄輪温泉の浜側入口にあるのが、あのミシュランで最高の三ツ星に輝いた「ひょうたん温泉」です。評価では「瀧湯や砂湯などがおすすめで、別府で最も美しい温泉と紹介されているようですが、最も美しいかどうかは別として、露天風呂、足湯、歩行湯、蒸し湯、盃風呂、檜湯、そして名前の由来となったひょうたん風呂（女湯のみ）があり、温泉吸引や飲泉もでき、いろんな種類の温泉の楽しみ方を利用者に教えてくれる、温泉パラダイスなのです。

ひょうたん温泉を始めたのは河野順作さんという人です。大正十一年に、奥さんのマツさんのリウマチを治すために、大阪からはるばる別府にやって来ました。そして運良く温泉を掘り当てた順作は、この鉄輪の地に夫婦の隠居所として住み始めます。

豊臣秀吉の大ファンであった順作は、「千成ひょうたん」からひょうたん型の浴槽を作り、この隠居所を「ひょうたん温泉」と名付けたのです。その後、昭和三

ひょうたん温泉の玄関

年には還暦のお祝いにと、ひょうたんの形をした木造トタン張りの展望台（七階建て・高さ一八メートル）を造りましたが、残念なことに昭和二十年に取り壊されました。当時は鉄輪温泉の名物として親しまれていたそうです。

このひょうたん温泉には「湯雨竹《ゆめたけ》」と称する竹製自然冷却装置があります。源泉のお湯を檜の樋に入れてあふれさせ、こぼれ出たお湯は竹枝を伝って水滴状に流れます。源泉温度一〇〇度のお湯を加水冷却することもなく、機械による従来の冷却方法でもなく、ヒノキや竹という自然素材によって自然に冷却するという方法で、源泉かけ流しのお湯を温泉ファンに提供しようというものです。

この湯雨竹は、ここひょうたん温泉のほかに大分県内を中心にいくつかの温泉で導入されています。

《温泉データ・評価》
【温泉名】鉄輪温泉ひょうたん温泉
【住　所】大分県別府市鉄輪159－2
【ＴＥＬ】0977－66－0527
【泉　質】ナトリウム－塩化物泉　100.4度
【営　業】８：00－21：00
【定休日】無休
【風　呂】内湯　砂湯　露天風呂　打たせなど
【入浴料】700円
【駐車場】80台
【評　価】
施設設備度：４　アクセス度：４
源泉かけ流し度：４　清潔度：４
サービス・気配り度：４
風情・雰囲気度：４
肌にやさしい度：４
湯っくりホックリ度：４
見どころ食べどころ：回転寿司亀正
【満足度】★★★★☆（4.5）

自然冷却装置「湯雨竹」

40 鉄輪温泉共同湯めぐり

鉄輪温泉にはいくつもの共同湯があります。
復活した「むし湯」はぜひお試しを

この日の朝湯は、まずは歴史ある共同湯「渋の湯」へ行きましたが、入り口の賽銭箱に賽銭（入湯料）一〇〇円を入れるとき、先客の倶利伽羅モンモンの入れ墨じじいから、その払い方にあーだこーだといちゃもんをつけられて、とうとう入湯を断念しました。あーこわ！　いくら渋の湯でもちょっと渋すぎませんか。

気分直しにすぐ目の前の「鉄輪蒸し湯」へ。こちらは最近になって復活した市営の蒸し湯です。石菖《せきしょう》を敷いた暗い石室に横になること八分間。ドバーと汗が出て体は蒸し芋状態になります。時間がくると、係のおばさんが外から声をかけてくれます。せっかく来たからと十五分もねばって「長い時間入っていたからといって、そのぶん汗がでるわけじゃない」と係から注意を受けていた若者もいました。

湯上がりは、体についた菖の葉っぱをオバサンが親切にとってくれました。嬉しいな。お陰で気持ちさっぱり。あとは温泉で身体を洗ってさっぱりします。

それにしても、別府は男はこわい。女は優しい（笑）。あとで旅館の人に聞いたら、倶利伽羅モンモンの男性

海浜砂湯

鉄輪蒸し湯前にある足湯。こちらは無料

は別府の共同湯ではよく見かけるとのことです。

　渋の湯の料金は、以前市営の頃は無料だったのが、市の街づくり事業で建て替えてから有料になったとか。ちょっとややこしい経緯があるようです。

　鉄輪には、このほかにも「熱の湯」「地獄湯」「上人湯」などの共同湯がありますが、地元専用だったり地元と宿泊者用だったりとさまざまです。いずれも低料金です。少しショッパイけどいいお湯が体験できます。

　鉄輪から少し離れた別府湾の国道10号を国東《くにさき》の方に少し行くと、海際の松林の中に「市営別府海浜砂湯」があります。受付から脱衣場で浴衣に着替えて砂浜に行くと、二十歳前後の若いオネエ様たちが待ってましたとばかりに裾をたたんで砂を被せてくれます。浴衣の裾がやや短めにできているようで、隣の女性の裾から白いものがチラリ！　と見えたような気がしました。ここは混浴です。帰りに、大分名産の竹製の湯篭を買いました。これはよくできている湯籠です。

《温泉データ・評価》
【温泉名】鉄輪温泉鉄輪蒸し湯
【住　所】別府市鉄輪風呂本１組
【ＴＥＬ】0977－67－3880
【泉　質】ナトリウム－塩化物泉
83.4度　pH4.1
【営　業】６：30－20：45
【定休日】第４木曜日
【風　呂】内湯１　蒸し湯１
【入浴料】500円
レンタル浴衣　210円
【駐車場】有
【満足度】★★★★（4.0）

41 鉄輪温泉神和苑・かまど地獄三丁目

別府の地獄めぐりで青湯を満喫
高級旅館の立寄り湯や、
カマド地獄にも青湯はあります

別府鉄輪温泉の「鉄輪温泉神和苑《かんなわえん》」は極上の青湯です。

メタ珪酸成分の変化で時間の経過により色が変化するので、内湯、露天風呂二つに時間差を付けて、いつ行ってもきれいな青を楽しめるようにしてあります。この日は内湯が最も濃い青紫色でした。湯布院や小国町のハゲの湯などにもいくつか青湯がありますが、ここまで鮮やかな青はないようです。

お湯は弱アルカリ性で、肌にリンスしたような柔らかさです。女性におすすめの極上の名湯です。極上の青湯、みごとな庭園と、いたれりのサービス込みで八〇〇円は安いと思います。

場所はかまど地獄の奥です。ちょっと入るのに敷居が高そうな門構えの、超高級旅館です。それが幸いして貸切で青湯を満喫しました。

別府の地獄めぐりなど、修学旅行じゃあるまいし、と思うのは早計です。かまど地獄は一丁目から六丁目まで地獄めぐりができて、観光客に人気がありますが、ここ

の三丁目には、れっきとした地獄の所有者がいる「青湯」があって、なんと地獄の入場券で貸切湯にできるという情報をゲットしました。

さっそく入ってみました。受付で鍵をいただき、地獄の主の宇都宮さん宅の裏口から「お邪魔しまーす」という感じで小さめの内湯に入湯します。

オー、これは紛れもない白濁の青湯です。壁には「鬼もほほえむ　地獄の湯」と書いているのがおもしろいですね。湯質はお隣の神和苑さんの青湯と同じです。

「鬼もほほえむ　地獄の湯」の青湯

でも、こちらは熱くてアツくて！　猫舌ならぬ猫皮の月兎の肌が赤く染まってしまいました。長くは入れずに、早々に退散です。それに換気のために窓が開放してあるので、外から浴室が丸見えです。でも入場券四〇〇円で、ほかのかまど地獄めぐりの方もちゃんとできました。

地獄めぐりは、外国人観光客でいっぱいでした。お土産売り場にあった「毎日が、地獄です」というタオルが人気でした。

《温泉データ・評価》
【温泉名】鉄輪温泉神和苑
【住　所】大分県別府市御幸６組
【ＴＥＬ】0977－66－2111
【泉　質】弱アルカリ泉
【営　業】10：00－16：30
【定休日】無休
【風　呂】露天風呂　内湯
【入浴料】400円　【駐車場】有
【評　価】
　施設設備度：４
　アクセス度：４
　源泉かけ流し度：４　清潔度：４
　サービス・気配り度：５
　風情・雰囲気度：５
　肌にやさしい度：４
　湯っくりホックリ度：４
　見どころ食べどころ：鉄輪温泉散策、地獄めぐり
【満足度】★★★★☆（4.5）

42 別府温泉保養ランド・塚原温泉火口乃泉

保養ランドの泥湯はフニュフニュ官能的
塚原温泉の火口乃泉はピリピリ超刺激的

別府は明礬《みょうばん》温泉紺屋地獄の「別府温泉保養ランド」に入りました。別府の市街地から一歩入ったひっそりとした明礬温泉のここは泥湯で有名です。フニュフニュした泥湯の感触は官能的な刺激があります。まるで地球の母乳につかっているようで、癒し効果も抜群です。女性にはもちろん美肌効果もあり、男性には勃起障害（ＥＤ）に効果があるそうです。受付のおばさんたちは慣れた感じでノリがいいです。

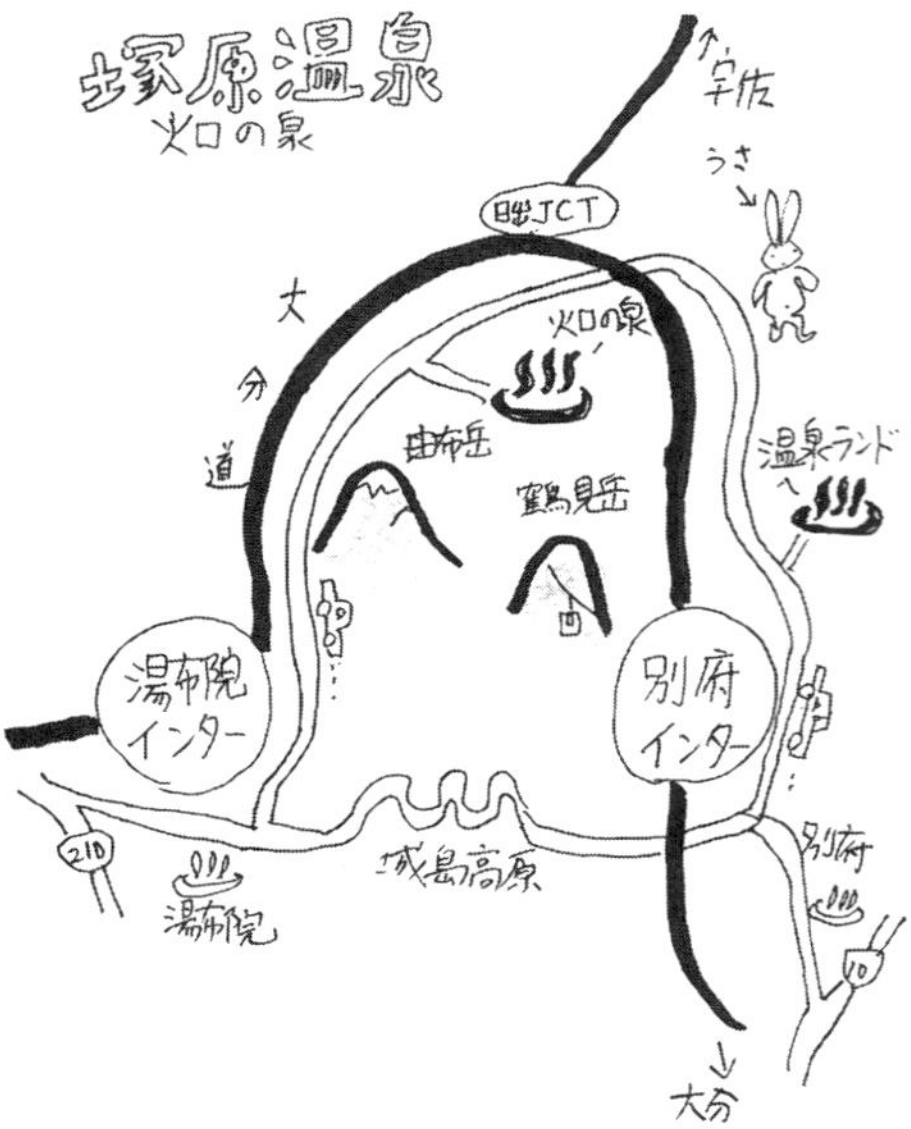

まずは内湯のコロイド湯につかります。ここはまだまともです。その先に泥湯がありますが、ここは体が浮きます。滑りやすいのでゆっくりゆっくり進みます。この泥湯から出るときはシャワーを浴びます。その先の大露天風呂はちょっとした幼稚園のグラウンドぐらいの広さがあり、湯船の底は泥でニュルニュルして滑りやすいです。手も足もお腹も尻も泥だらけになります。ここは混浴ですがいまだ私は女性を見たことがありません。

この日の二湯目は、湯布院と別府にはさまれた塚原高原にある「塚原温泉火口乃泉」。噴気が立ち上る火山の中腹にある、日本一個性的な温泉です。酸性含硫黄緑礬明礬石膏泉というやたら長い泉質は五つの温泉成分を混ぜて強烈にしたようなもの。酸性度日本二位、アルミニウムイオンの多さ日本二位、鉄イオン含有量の多さ日本一の、日本三大薬湯の一つです。口に含むと酸味、渋味、苦味、それになぜか甘味が一緒に襲い、怖い感じさえします。pH一・四は硫酸が溶ける寸前の値とか。黄緑色の妖しい光が湯面をたゆたい、顔はヒリヒリ、目はシパシパ、肌はピリピリとスゴい刺激です。こんなスゴい温泉体験、よそでは絶対にできません。

自然のパワーに圧倒される幸福というか恐怖。行かないと損ですよ。場所は湯布院から日出《ひじ》に抜ける県道からラフロードを一キロほど上ります。車は汚れますし、冬場は凍結します。今回の二つのお湯は行かないと、そのスゴさはわかりません。一度お試しあれ。

明礬温泉紺屋地獄

《温泉データ・評価》
【温泉名】別府温泉保養ランド
【住　所】大分県別府市明礬温５組
【ＴＥＬ】0977－66－2221
【泉　質】酸性明緑礬泉　泥湯　分析表有
【営　業】９：00－22：00　売店　食事処　休憩室　宿泊棟あり
【定休日】なし
【風　呂】内湯（コロイド湯）２　露天風呂（泥湯混浴）蒸し湯　滝湯
【入浴料】1050円
【駐車場】200台
【評　価】
施設設備度：３　アクセス度：４
源泉かけ流し度：５（地獄直結）　清潔度：３
サービス・気配り度：３　風情・雰囲気度：５
肌にやさしい度：５　湯っくりホックリ度：４
見どころ食べどころ：地獄プリン、塩たまご、湯の花小屋
【満足度】★★★★☆（4.5）

【温泉名】塚原温泉火口乃泉
【住　所】大分県由布市湯布院町塚原1235番地
【ＴＥＬ】0977－85－4101
【泉　質】酸性―含硫黄鉄・アルミニウム―カルシウム―硫酸塩泉　60.6度　pH1.4
【営　業】９：00－19：00　【定休日】無休
【風　呂】露天風呂　内湯　家族風呂
【入浴料】500円　露天風呂600円　家族風呂2000円
【駐車場】有
【満足度】★★★★（4.0）

43 堀田温泉・柴石温泉

白い湯の花が乱舞する堀田温泉
別府の温泉は郊外もすごいぞ

「お湯はやっぱりぬるいほうがいいですなぁ」と旦那さん風の禿げ上がった老紳士。

「いいや、別府はやっぱり熱い湯でなくちゃ」と譲らないのは、頭を刈上げた職人風のこちらも六十代の老人。

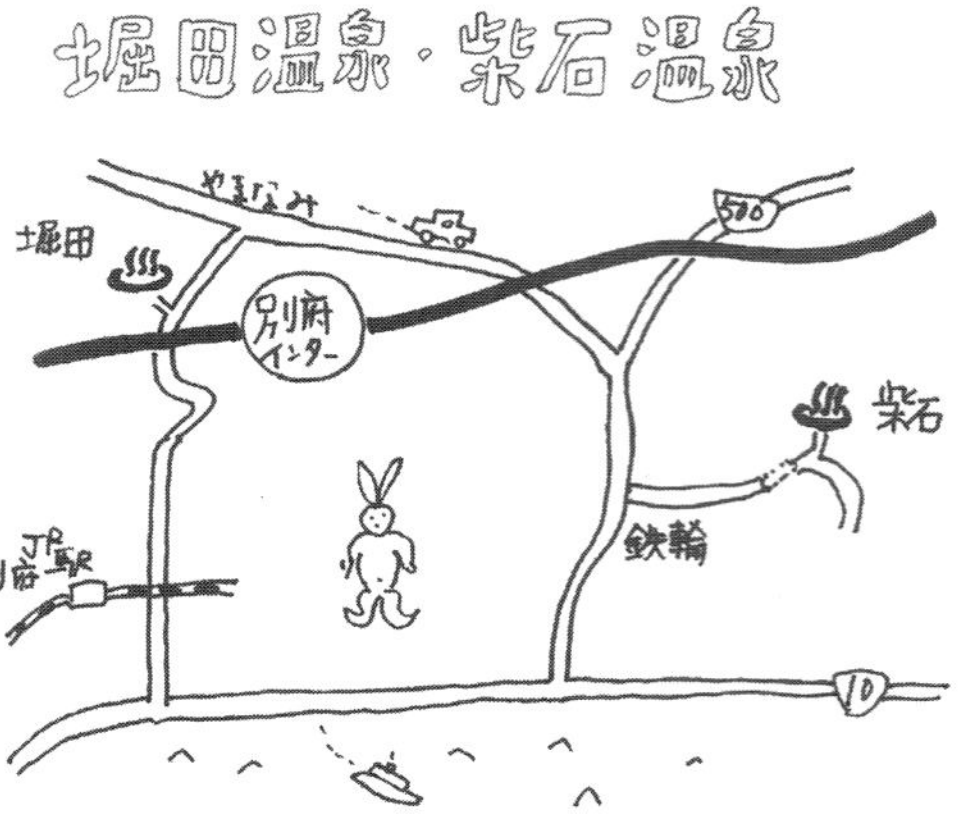

別府は「堀田温泉」の露天風呂でのやりとりです。客は月の兎のほかにはお二人だけです。先ほどから二人の熱い温泉談義が続いています。わけ知り顔で蘊蓄《うんちく》を押し付ける旦那さん風に対して、気が短そうな職人風は煙たがっている様子です。話がおもしろそうなので、ちょっと熱めの「堀田温泉」のお湯につかりながら、しばしお二人の話に聞き耳を立てます。

職人風が「この堀田温泉を市が作るときには地元は反対だったんだ」と言うと、

旦那さん風は「ほう、それで市は押し切ったのですか」と聞き返してきます。

すると、職人風は「別府八湯といっても堀田に温泉がないのはおかしいといって市が作った」といった具合。

などなど延々とお二人の話は続きそうですが、ぬる湯好きの月の兎には、もうこれぐらいが限度です。熱めの堀田温泉での温泉の話もここまでということに。

市営堀田温泉は白い湯の花が湯船に乱舞する温泉です。硫黄臭もします。ヌルツルとは少し違いますがシットリ

堀田温泉と柴石温泉

感があります。施設は新しくてとてもきれいです。

つぎに向かったのは、鉄輪温泉から亀川に行くトンネルを抜けた静かな山里にある「柴石温泉」です。こちらも市営の公衆浴場で二一〇円です。この柴石温泉は周りの豊かな自然環境の中で、いろんな温泉に入ることができます。内湯、露天風呂、それに蒸し湯も楽しめます。また別料金になりますが、家族湯もあります。近くには森林浴遊歩道も整備されています。

別府の市営公衆浴場は全部で十六あるそうです。「竹瓦温泉」や「鉄輪蒸し湯」、「海浜砂湯」をはじめ市内の各温泉に散在しています。市営のほかにも地区や組合が運営している温泉も多く、ほんとうに生活の中に温泉がしっかり根付いている感じです。温泉のなかに生活があるのかもしれませんね。

鉄輪や駅周辺だけが別府温泉ではありません。堀田や柴石温泉など郊外にも素晴らしい温泉が散在しています。別府の温泉はほんとうに奥が深いですね。

帰りに、鉄輪近くの「亀正」という回転寿司で昼食をいただきましたが、新鮮で大きいネタはとても美味しかったです。魚が美味しい温泉町には一度住んでみたいですね。

《温泉データ・評価》
【温泉名】市営堀田温泉さとの湯
【住　所】大分県別府市上野口１－15
【ＴＥＬ】0977－24－9418
【泉　質】単純温泉　65.8度　pH6.47　加水
【営　業】６：30－22：30
【定休日】第１水曜日
【風　呂】内湯　露天風呂
【入浴料】210円　【駐車場】20台以上
【評　価】
施設設備度：４　アクセス度：４
源泉かけ流し度：５　清潔度：４
サービス・気配り度：４
風情・雰囲気度：４
身体の不自由な人やお年寄りにやさしい度：５
肌にやさしい度：４
湯っくりホックリ度：４
見どころ食べどころ：回転寿司亀正
【満足度】★★★★（4.0）

44 国東の名湯二つ

ツルツルの赤松温泉と夷谷温泉、国東半島、の名湯二つ

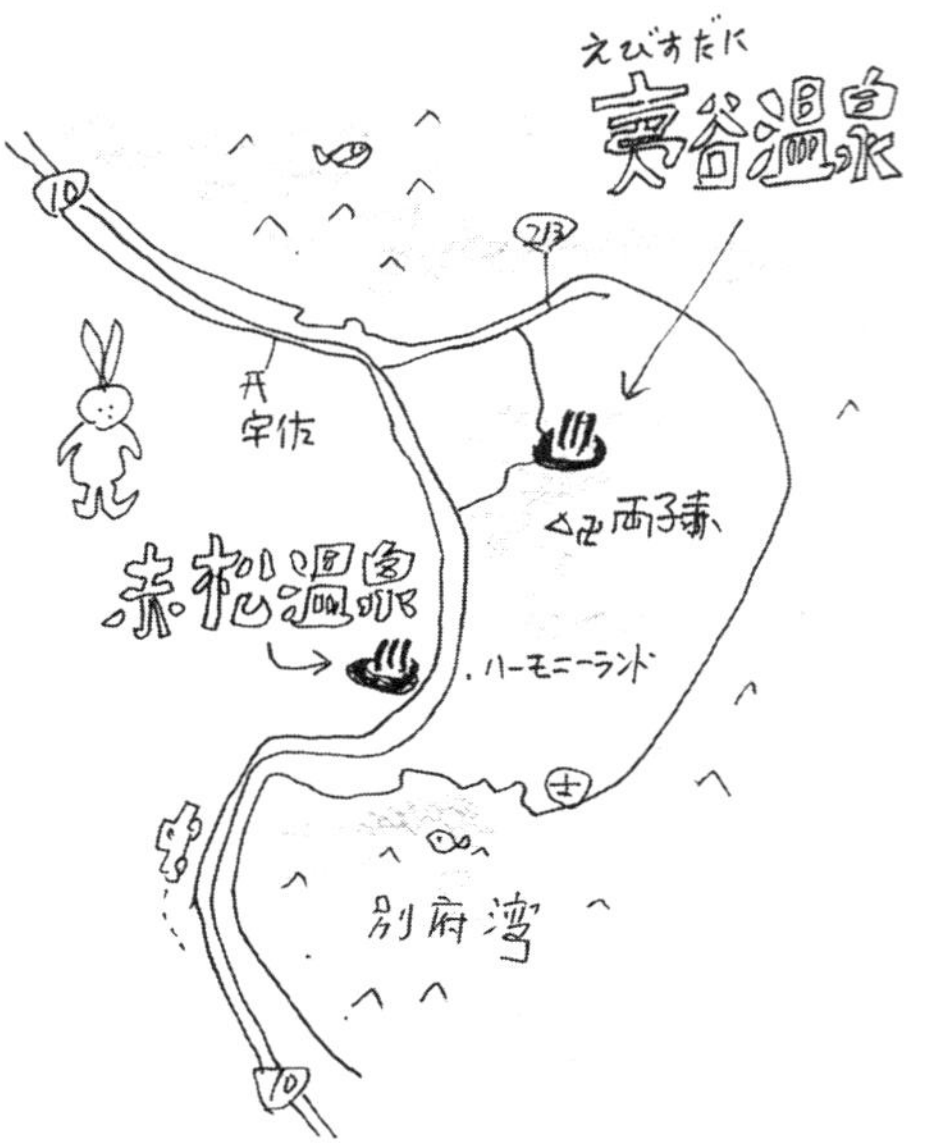

遊園地ハーモニーランドの国道向かいにある倉庫みたいな古びた黄色いテントが「赤松温泉」です。

ここは温泉王国大分でも珍しい本格的な、超ツルツルのお湯です。源泉を順次オーバーフローさせ、四つの浴槽はそれぞれ違う温度で楽しめます。

月の兎は熱いほうから二番目がちょうどいい湯加減でした。だだっ広い体育館か倉庫のような室内には、ド演歌が延々と流れています。黄色いテントといい演歌とい

い、やさしい泉質の割にはワイルドな印象の施設です。

二つ目は、山をめぐり、谷を登って、豊後高田市香々《かか》地《じ》町の山奥にある「夷谷《えびすだに》温泉」です。

国東《くにさき》半島は深い谷が放射状に海に流れ込んでいて、隣の谷へ行くにはいったん海岸まで下って、また上るのを繰り返さないといけません。目的地にいくのに効率が悪く、移動に時間がかかります。

周囲は夷耶馬溪と呼ばれる奇岩が立つ絶景です。新緑に覆われた渓谷には、石橋や水車もあり、公園のようになっています。

浴室に入ると、黄緑っぽいオレンジ色の濁り湯とともに、芒硝・石膏泉の粘土の香りと金気臭がします。

ここは硫酸塩泉では、下湯平の「幸せの湯」、九重の「馬小草《まごそ》の湯きづな」と並ぶ大分県内のトップスリーの一つ、国東随一のスーパー名湯です。公共の温泉施設ですが、小ぶりな施設でその個性と実力を遺憾なく味わうことができます。余計な設備がないのは好感が持てます。

湯上がりに外に出ると、谷の向う側とこちら側から、みごとなウグイスの鳴き声が。「ホーホケキョー、ケキョケキョケキョケキョケキョケキョ……」と鳴き続け響き合うさまは、まったく俗世を忘れさせます。この温泉をなぜ〝鶯谷温泉〟と呼ばないのでしょうか？

《温泉データ・評価》
【温泉名】赤松温泉
【住　所】大分県速見郡日出町藤原赤松6371
【ＴＥＬ】0977－72－2892
【泉　質】アルカリ性単純温泉
【営　業】10：00－21：30　【定休日】　無休
【風　呂】内湯４　【入浴料】300円　【駐車場】広い
【満足度】★★★（3.0）

【温泉名】夷谷温泉
【住　所】大分県豊後高田市香々地町大字夷
【ＴＥＬ】0978－54－2995
【泉　質】カルシウム・ナトリウム－硫酸塩泉　44.1度　pH7.3
【営　業】10：00－22：00
【定休日】第２・４月曜　【風　呂】内湯　手すり有
【入浴料】300円　【駐車場】有
【評　価】
施設設備度：４　アクセス度：３
源泉かけ流し度：５　清潔度：４
サービス・気配り度：４　風情・雰囲気度：４
肌にやさしい度：４　湯っくりホックリ度：４
見どころ食べどころ：宇佐神宮、国東のお寺めぐり
【満足度】★★★★（4.0）

45 湯布院温泉庄屋の館

湯布院でオシャレに楽しむ
鮮やかなコバルトブルーのお湯

湯布院温泉は、何度も宿泊や食事を楽しんだことがありますが、食事や宿のもてなし、サービス、町の雰囲気、街づくりといったほうに目がいって、〝温泉そのものを楽しむ〟といったことに関してはあまり考えてこなかったように思います。同じようなことが黒川温泉にも言えます。

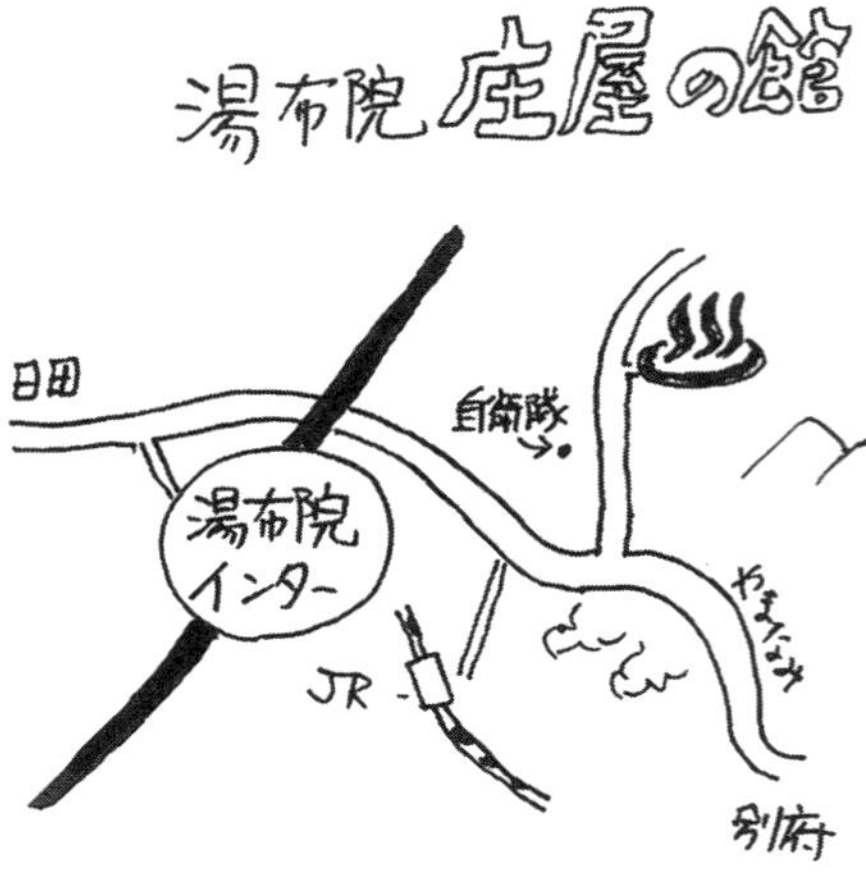

　さて、とはいうものの、湯布院にもよそにはない素晴らしい温泉があります。それは「ゆふいん庄屋の館」の青湯です。「亀の井別荘」などのある金鱗湖周辺ではなく、山手の無量塔《むらた》の近くにあります。周りは離れに露天風呂がついた高級旅館が多い場所です。

　庄屋の館で受付しようにも、手際が悪いのか時間がやたらとかかります。しかし、入るとあっと驚きます。これは、なんだ？　青いお湯が上からかけ流されて、一〇〇人はいっぺんに入れるぐらいの露天風呂にコバルトブルーの青湯があふれています。この世の眺めとしては、驚きの一語です。しかも効能は美肌効果、疲労回復です。こんなきれいなお湯に入って美しく癒されて帰れるなんて、幸せというものです。

青湯は、九州ではここのほかには、別府の鉄輪、小国の岳の湯などにもありますが、ここほど広い露天風呂でコバルトブルーのお湯が楽しめるところも少ないと思います。温泉成分に含まれるメタ珪酸が空気と反応して段々と青、緑、白などと変化していくものです。

冬の由布岳と湯布院町

湯布院で鮮やかなブルーのお湯を楽しむなんて、女性をお連れして喜ばせてあげたら、最高の贈り物ではないでしょうか。

湯布院で超人気のスイーツといえば、B－SPEAKのP－ロールです。駅前通りにあります。あらかじめ午前中に予約券をとって、午後にゲットしました。

《温泉データ・評価》
【温泉名】ゆふいん庄屋の館
【住　所】大分県由布市湯布院町大字川上444－3
【ＴＥＬ】0977－85－3105
【泉　質】ナトリウム－塩化物泉　97.5度　pH9.5
【営　業】10：00－15：00
【定休日】無休
【風　呂】露天風呂２　手すり有
【入浴料】600円
【駐車場】10台以上
【評　価】
　施設設備度：４　アクセス度：４
　源泉かけ流し度：５　清潔度：４
　サービス・気配り度：３
　風情・雰囲気度：５
　肌にやさしい度：４
　湯っくりホックリ度：４
　見どころ食べどころ：Ｂ－ＳＰＥＡＫのＰ－ロール
【満足度】★★★★☆（4.5）

46 湯平温泉

狭い坂道に昔の湯治場の風情が残ります
石畳を上ると川沿いに共同湯が五つあります

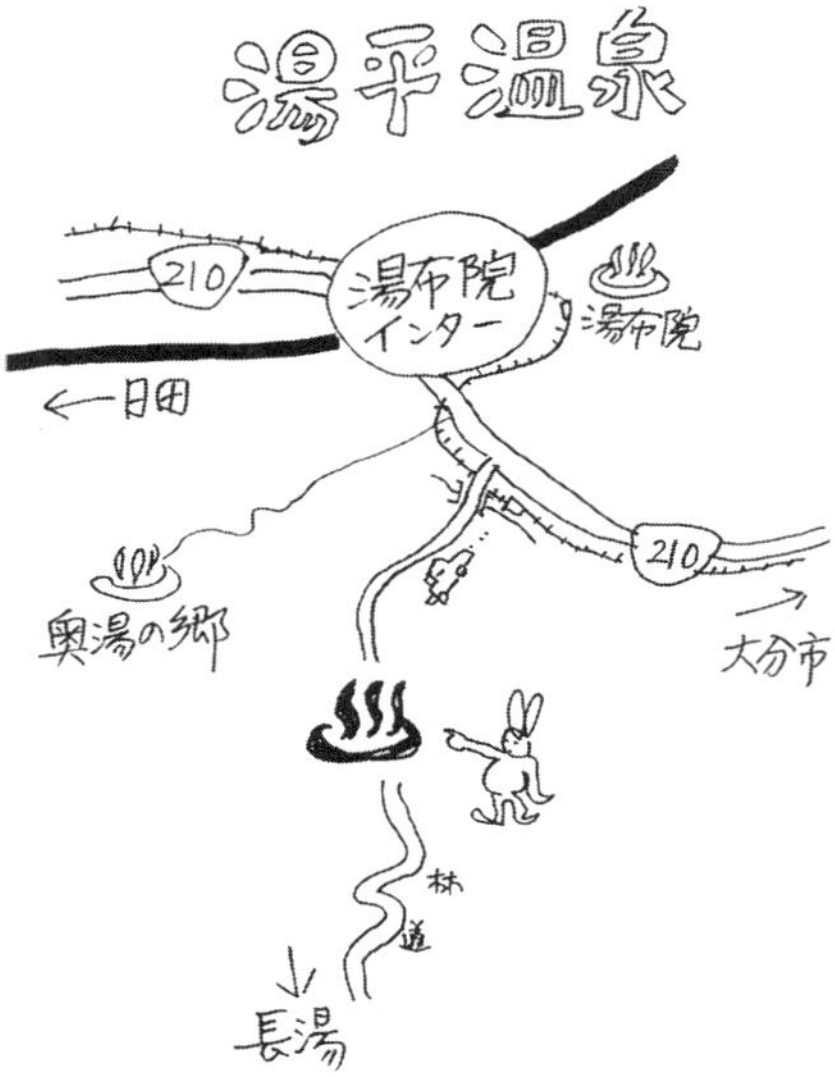

由布市には、大きく湯布院温泉と湯平温泉があります。全国的に人気ナンバー・ワンの湯布院温泉に比べ、ちょっと山に入った湯平温泉は知名度は劣りますが、昔からの湯治場の鄙びた雰囲気を残し、石畳の坂道の両側にびっしりと旅館が立ち並ぶ雰囲気はなかなか渋い魅力があり、ファンも多いです。

歴史は鎌倉時代にさかのぼり、大正から昭和初期にかけて、湯平温泉は別府につぐ豊後の名湯として、また飲用泉として西の横綱に番付されました。湯平温泉には老舗旅館も数多くありますが、共同湯としては五つあります。有名なのは「金の湯」「銀の湯」、そして「中の湯」です。

まるで、有馬温泉みたいですね。

さっそく川沿いにある「金の湯」に入ってみました。新しく改築されたらしく、きれいな建物ですし、総檜造りの浴室もなかなかのものです。やわらかい美肌系のお湯もいい感じです。なによりも共同湯系にありがちな小汚さがありません。清潔感があります。そんなに熱くありませんのでゆっくり入れました。お湯から出て、ゴーゴーと流れる川の音を聞きながら川風にふかれていると、とても気持ちよい感じです。

「山頭火ミュージアム時雨館」という、ちょっと朽ちた感じの木造の建物が川を渡ったところに建っています。

無人のミュージアムで一〇〇円の入館料です。

「さて、どちらへ　いこうふか　山頭火」という蓑笠に杖をついた旅姿の絵が印象的でした。

温泉街の下の橋のそばにある土産品店金子商店は大分特産の椎茸・どんこの量り売りが有名です。

湯平の温泉街から少し離れた下湯平共同湯「幸せの湯」はすごく良い泉質で評価が高かったのですが、突然お湯がでなくなって休止していました。平成二十二年一月に再訪したところ再開していました。オレンジ色の鮮やかなお湯がすばらしいです。

再開した下湯平温泉幸せの湯

《温泉データ・評価》
【温泉名】湯平温泉金の湯
【住　所】大分県由布市由布院町湯平353－1
【ＴＥＬ】0977－86－2041
【泉　質】弱食塩泉　ナトリウム－塩化物泉
　硫酸塩泉
【営　業】6：00－22：00
【定休日】無休
【風　呂】内湯
【入浴料】100円
【駐車場】なし（温泉街入口に公共駐車場有）
【評　価】
　施設設備度：4　アクセス度：3
　源泉かけ流し度：4　清潔度：4
　サービス・気配り度：4
　風情・雰囲気度：4　肌にやさしい度：3
　湯っくりホックリ度：4
　見どころ食べどころ：椎茸の量り売り
【満足度】★★★★（4.0）

47 長湯温泉テイの湯

日本一の炭酸泉で知られる長湯の原点は大丸旅館「テイの湯」です

日本一の炭酸泉で知られる長湯温泉の代表的老舗「大丸旅館」。「御前湯」や「ラムネ温泉」もいいですが、この旅館の「テイの湯」こそ長湯の温泉巡りの原点にふさわしい泉質と雰囲気です。女将が夢のお告げにより発見した高温の炭酸泉です。ラムネ温泉の低温の炭酸泉のような泡付きはないですが、マグネシウムやナトリウムたっぷりの炭酸泉です。テイの湯は川が見える絶好のロケーションに内湯と露天風呂があり、いかにも長湯にきたなと感じることができる雰囲気です。

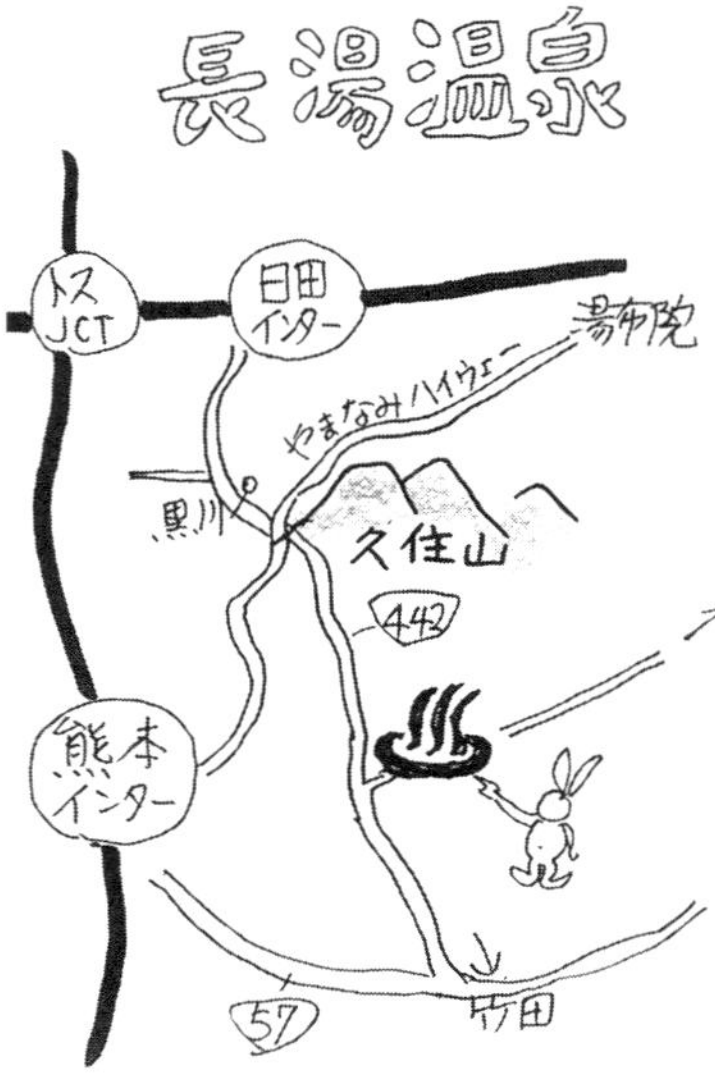

向かいの「河端家」も川を見ながらゆっくり浴後くつろぐことができる茶屋です。そこでいただいた「ラムネ温泉お粥」はちょっぴりしょっぱいですが、ヘルシーで美味しいです。ほうれん草のソフトクリームもさっぱり感が好ましい味です。最近ではマグラという炭酸水も売り出されて人気です。

昨今の温暖化対策では、炭酸ガスは目下地球環境の敵扱いですが、ここ長湯温泉では温泉愛好家の友です。この炭酸水で割ったハイボールなんか今風でいいかもしれませんね。

大丸旅館から橋を渡ったところに食事処「天空庵」が

あり、ていねいな料理をだしてくれることで評判です。ここも大丸旅館がやっているそうです。

その先に同じ経営のラムネ温泉があります。ここの炭酸泉は低温で泡付きがいいことで評判です。内湯は温かいお湯ですが、露天風呂にいくと低めのお湯です。みなさんじっと寒さをこらえているようにされています。しばらくすると、細かい真珠のような泡が肌にまとわりついてきて、あっという間に体毛が真っ白に変化しているのがわかります。やがて、やんわり、じんわりと体も温まってきます。

この建物は近年、建て替えられて芸術的なデザインになり、立ち寄り専門の、とってもお洒落なラムネ温泉になりました。南伸坊さんデザインの温泉タオルがとてもかわいいです。

《温泉データ・評価》
【温泉名】長湯温泉大丸旅館テイの湯
【住　所】大分県竹田市直入町大字長湯7992番地1
【ＴＥＬ】0974－75－2002
【泉　質】ナトリウム・マグネシウム・カルシウム－炭酸水素塩泉　50度　飲用可
【営　業】茶房河端家　宿泊可　【定休日】なし
【風　呂】内湯　露天風呂　家族湯　外湯にラムネ温泉（低温の泡付炭酸泉）
【入浴料】500円
【駐車場】30台
【評　価】
施設設備度：4　アクセス度：3
源泉かけ流し度：5　清潔度：4
サービス・気配り度：4　風情・雰囲気度：5
肌にやさしい度：4　湯っくりホックリ度：4
見どころ食べどころ：炭酸アイス、炭酸粥、ミネラルウォーター
【満足度】★★★★☆（4.5）

48 長湯温泉ながの湯・万象の湯

御前湯、ラムネ温泉に続く新スポットが万象の湯
ちょっと変り種の炭酸ガスのながの湯です

442号の旅は竹田市久住へ。お天気も良く阿蘇五岳や久住、祖母・傾の眺めも抜群。ツーリングを楽しむバイクや車も多く、「くじゅう花公園」も盛況です。月の兎はいよいよこの日の初入湯、「長湯温泉ながの湯」へ。

ながの湯は、長湯の温泉街から竹田方面へ少し郊外に走ったところにあります。

炭酸泉で有名な長湯ではちょっと変り種です。浴室には粘土臭のような長湯特有の匂いとともに、炭酸ガスの匂いが満ちています。湯に入りお湯に顔を近づけると、鼻、喉に炭酸ガスのピリリとした刺激がします。サイダーを飲んだようなシュワシュワ感が起きます。

炭酸泉のお湯は三〇度台で味わえるのが普通ですから、ながの湯のように、四〇度を超えるお湯で味わえるのは珍しいです。

泡付きは、ラムネ温泉のような低炭酸泉にはかないませんが、それでも意外とつきます。それに長湯には珍しくやや濁っています。

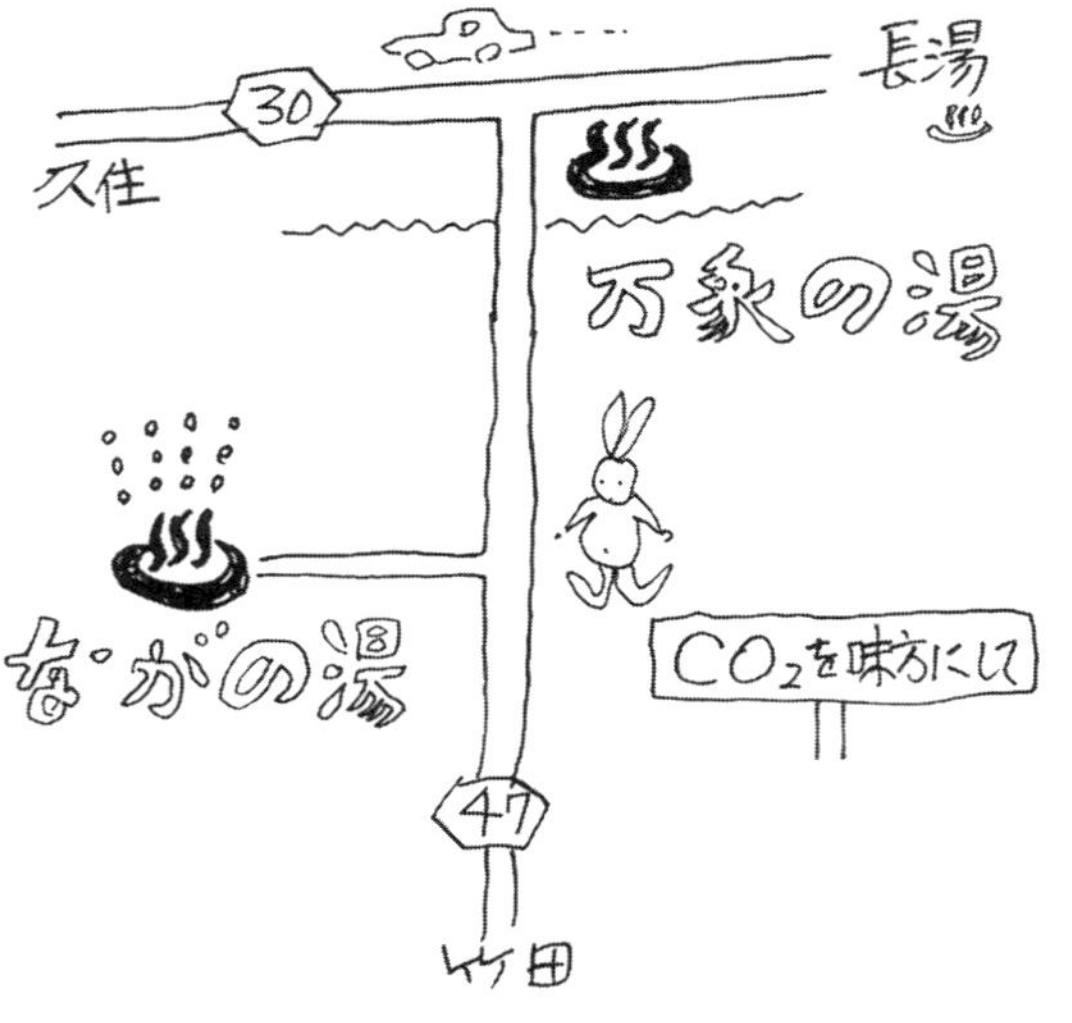

ながの湯は泡付き云々というより、四三・二度の源泉が湯口で一気に開放されるため、炭酸ガスの発生が凄いです。換気をよくしないと危ないくらいです。これは凄いです。極上の温泉が多い大分でも、近くの赤川、三船と並ぶスーパー名湯です。

つぎは、炭酸泉で有名な長湯温泉にオープンした「万象の湯」です。JAの農業倉庫を改造し、薬膳バイキングレストラン、音楽ホールもある大きな施設です。お湯は黄褐色の熱い濁り湯と冷たい炭酸泉の泡風呂があり、交互に入ると体によいとか。

南伸坊氏のデザインによる
「ブクブク坊やのタオル」

川沿いの露天風呂からは青々とした田んぼを眺めることができ、田園の中の温泉という風情を満喫できます。お湯では定評ある長湯温泉に、ドイツ村、御前湯、ラムネ温泉につぐ新スポットの誕生です。

こちらもテイの湯同様、南伸坊さんのデザインによる「ブクブク坊や」の温泉タオルが可愛いです。前向きでないのが残念、なーんてね。

《温泉データ・評価》
【温泉名】長湯温泉ながの湯
【住　所】大分県直入郡直入町長湯長野
【ＴＥＬ】0974－75－2736
【泉　質】マグネシウム・ナトリウム－炭酸水素塩・硫酸塩泉　40.1度
【営　業】７：00－21：00
【定休日】無休
【風　呂】内湯　家族湯
【入浴料】200円
【駐車場】数台
【評　価】
施設設備度：４　アクセス度：３
源泉かけ流し度：５　清潔度：３
サービス・気配り度：３
風情・雰囲気度：３
肌にやさしい度：４
湯っくりホックリ度：４
【満足度】★★★★（4.0）

49 七里田温泉館・下ん湯

久住大船山のふもとの炭酸泉
下ん湯は無類の炭酸泉として通に人気の共同湯

久住町から長湯に向かって行く途中、大船山のふもとにあるのが「七里田温泉館木乃葉の湯」です。炭酸泉のお湯は床や浴槽を茶色に変色させています。内湯のほかに露天風呂があり、久住連山の眺めもよく、とてもいい雰囲気の温泉施設です。産直の売店もあり、地元の人で賑わっています。

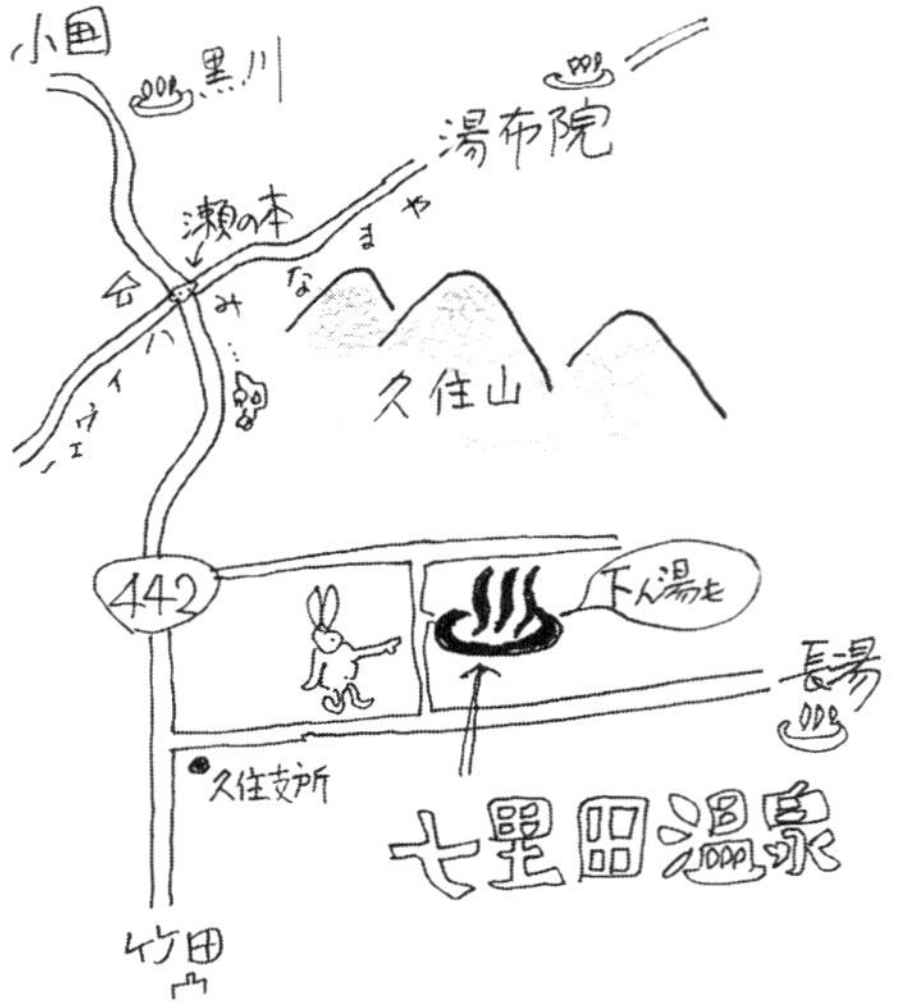

ここまでは、どこにでもある普通の温泉センターですが、この温泉館で料金を払って、炭酸泉で有名な「下ん湯」に行きましょう。

本館入り口に書いてありますが、券売機で三〇〇円で券を購入すると下ん湯に入れます。お願いすると鍵を渡され場所を教えてくれました。木乃葉の湯から案内にしたがって歩いて五分ほどの場所に下ん湯はあります。外見上はなんの変哲もない古びた共同湯です。新しく木の葉の湯を造ったところ、心あるファンからの強い要望で下ん湯を残したというもの。ただし「日本無類の炭酸泉」として人気の下ん湯は古くて狭いので、順番待ちがでることもあります。十人も入ればいっぱいになるので空くのを待って入ります。

下ん湯は長湯温泉のラムネ温泉などよりは断然素晴らしい高濃度の炭酸泉です。入った途端にシュワーと身体に泡がつき全身にまとわり、取っても取ってもなくならないぐらいスゴイです。お湯はややぬるめですが、じっと入っているとじんわりポカポカしてきます。そのうち泡がはじけてきます。まるでサイダーの中にすっぽり入っているという感覚です。なんとも感動的な温泉なのです。

こちらは古い施設なので換気に注意と書いてあります。

施設はかなり老朽化しています。湯の花もすごく、月の兎はもうずっと入っていたかったのですが。感激でした。九州の温泉恐るべしですね。

地区の皆さんのご努力でこの歴史的遺産のような共同湯が残され、運営されています。利用者はルールを守って協力していかないといけません。いつまでもこのまま残してほしいものですね。

《温泉データ・評価》
【温泉名】七里田温泉館木乃葉の湯
【住　所】大分県竹田市久住町有氏4050－１
【ＴＥＬ】0974－77－2686
【泉　質】マグネシウム・ナトリウム－炭酸水素泉
【営　業】８：00－21：00
【定休日】第２火曜日
【風　呂】内湯　露天　その他（下ん湯）
【入浴料】300円（下ん湯は別途同一料金）
【駐車場】数10台
【評　価】
施設設備度：４
アクセス度：３
源泉かけ流し度：５　清潔度：４
サービス・気配り度：３
風情・雰囲気度：５
肌にやさしい度：４
湯っくりホックリ度：４
【満足度】★★★★☆（4.5）

50 赤川温泉赤川荘・産山温泉やまなみ

国立公園内にある白濁、滝がみえる温泉です

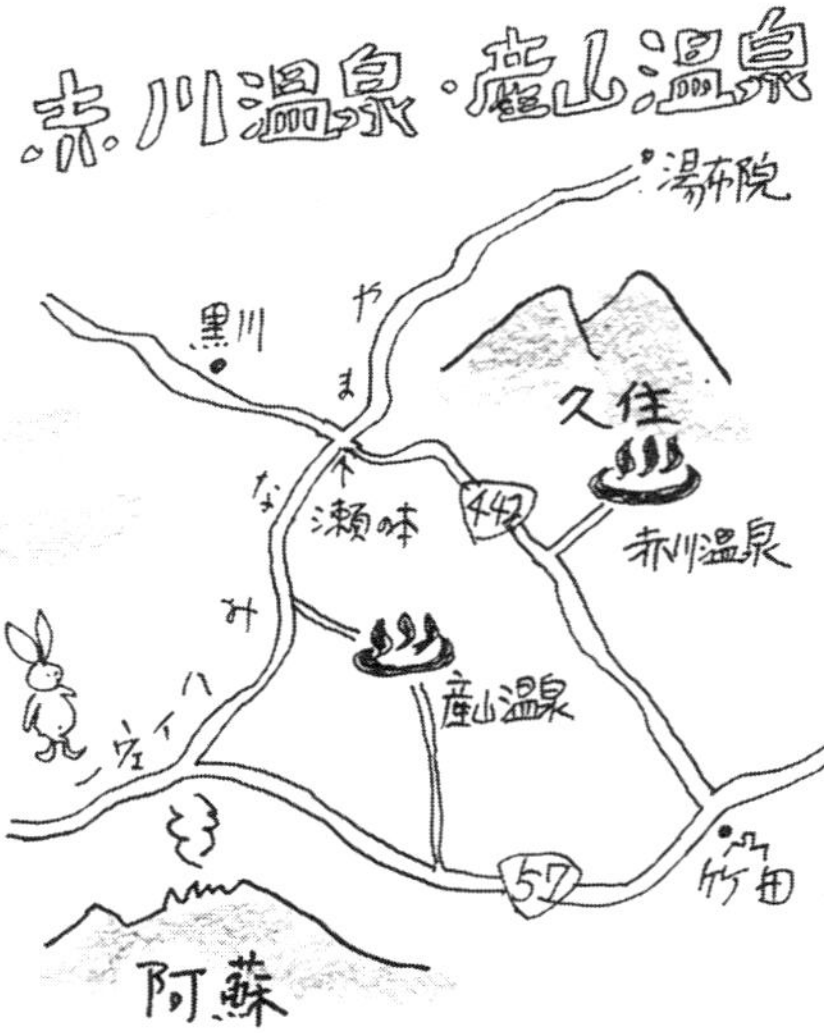

「赤川温泉赤川荘」は、久住山の懐深く、「阿蘇くじゅう国立公園」内にある秘湯です。泉質は硫黄冷鉱泉で内湯は加温、野天（ここでは露天と言わない）の湯は、自然湧出の冷泉です。深い渓谷にある白濁（実際は青緑がかっている）のお湯と滝の風景がすばらしく、実に野趣に富んだ温泉です。虫や落ち葉もお湯に飛んできます。野天風呂は板切れ一枚で男女の風呂に分かれていますが、先ではつながっています。しかし混浴ではないとのこと（ややこしいですね）。実際には、板の下からチラチラ……、猿に似た動物が見えたような気がしました。

硫黄臭が強く、飲むと強い炭酸と苦辛味がします。アトピーや虫刺されなど皮膚病に特に効能があるほか、肥満、痛風、糖尿などにもいいらしい。温泉成分が濃く皮膚をビリビリ刺激するほんものの温泉です。浴後もかなり刺激感が残っていました。

これだけの濃い成分の温泉は、霧島の新湯温泉や別府の保養ランドのコロイド湯くらいでしょうか。以前は、久住登山客や地元の農家の人が皮膚病の治療に来ていたらしいのですが、最近は秘湯人気でお客さんも多いよう

です。

つぎは熊本県産山《うぶやま》村にある「産山温泉奥阿蘇の宿やまなみ」の湯です。産山は池山水源という日本百名水に選ばれた湧き水が有名ですが、温泉もヌルツルで湯の花が舞うなかなかの優れものです。玄関には「日本秘湯を守る会」の提灯が下がっていました。

「かぼちゃの湯」に入りましたが、石をくりぬいた形がちょうどカボチャの形をしていて、床はヌルツルですべりそうでした。

食事は山菜や豆腐、肥後牛、だんご汁もおいしかったですが、漬物が二十種類以上から自由に選んで好きなだけ食べることができます。これは楽しいポイントですね。

お土産に産山村の雑貨屋さんで、昔風の超かためのお豆腐と大きな揚げを買いました。

奥に滝がある赤川荘の野天風呂

《温泉データ・評価》
【温泉名】赤川温泉赤川荘
【住　所】大分県竹田市久住町赤川4008－1
【ＴＥＬ】0974－76－0081
【泉　質】含二酸化炭素・硫黄・カルシウム・硫酸塩冷鉱泉　20度
【営　業】9：00－19：00　【定休日】無休
【風　呂】内湯、露天
【入浴料】500円
【駐車場】下の公園駐車場数40台
【評　価】
施設設備度：4　アクセス度：3
源泉かけ流し度：5　清潔度：3
サービス・気配り度：3　風情・雰囲気度：5
肌にやさしい度：3　湯っくりホックリ度：4
近くのオススメスポット：くじゅう花公園、久住山
【満足度】★★★★☆　(4.5)

【温泉名】産山温泉奥阿蘇の宿やまなみ
【住　所】熊本県阿蘇郡産山村田尻254－3
【ＴＥＬ】0967－25－2414
【泉　質】アルカリ性単純温泉　45.1度　pH9.1
【営　業】7：00－22：00
【定休日】無休
【風　呂】内湯　【入浴料】500円
【駐車場】10台程度
【満足度】★★★★（4.0）

51 内牧温泉町湯めぐり

阿蘇を代表する内牧温泉「町湯」という公衆浴場めぐりが楽しめます

「源泉」の総数各県別ランキングトップは大分（源泉数約五〇五三）で、ダントツ一位。二位は鹿児島（源泉数約二八一九）で、熊本は五位（源泉数約一四一二）です。まさに九州は温泉王国です。そんな全国五位熊本県の中でも、阿蘇地域にはその半数の源泉があり、さらに内牧温泉は一〇〇を超えているそうです。

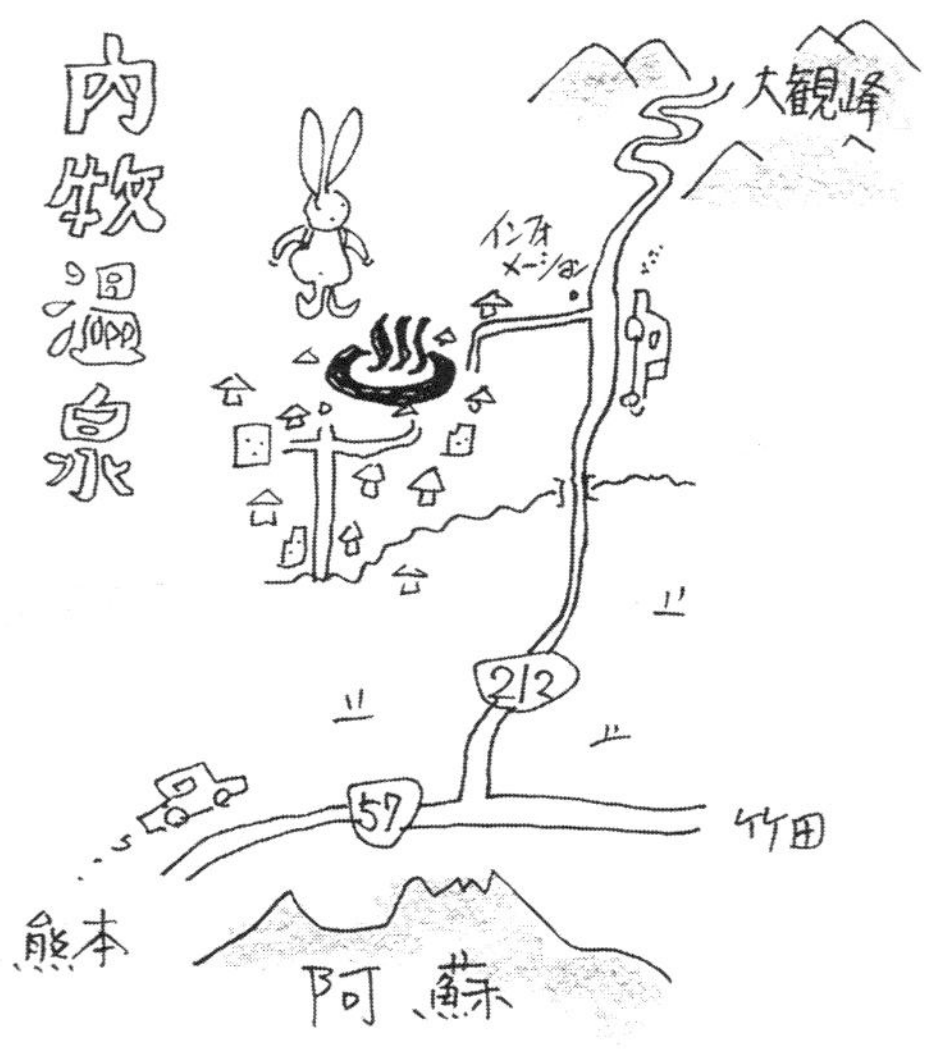

内牧温泉の旅館、ホテル二十数軒のすべての源泉が異なり、多くがかけ流しです。また「町湯」と呼ばれる公衆浴場九軒のすべてが源泉をもち、泉質が異なるかけ流しの温泉というだけに、内牧は全国屈指の温泉天国ということができます。

阿蘇の外輪山《がいりんざん》の麓にある内牧温泉の町湯めぐりは、泡付きがすごい薬師湯、スベスベの新穂湯など九つの町湯のすべてが、源泉も湯質も異なるかけ流しという、湯めぐり好きには天国のようなところです。しかも手づくりマップ片手にすべてを歩いてめぐれるというから圧巻です。途中には造り酒屋さんなどもあります。月の兎もはりきって町湯めぐりにでかけましたが、さすがに五湯でダウンしました。

ここでは共同湯の代表格として「田町温泉」を紹介します。町湯めぐりをしていてケバイ外装の小屋を発見しましたが、行き方がわからず民家の軒先を通ってたどり着きました（実はちゃんと別の入り口がありました）。

無人の共同湯で、入り口で一〇〇円を箱に入れて中に入ります。室内は狭く鄙びた感じで湯船が二つあります。

無人の共同浴場田町温泉

身体を洗って入ろうとすると先客から「オイッ、兄ちゃん、下の湯から入らんかい」と叱られました。「あちゃー、スイマセーン」とあわてて入り直しました。どちらが上の湯かもよくわからず空いている湯に入ってました。共同湯にはちゃんと入湯のルールがあります。

それにしてもこの田町温泉はぬるめのいいお湯です。いかにも温泉地の共同湯って感じが好ましいです。それにしても、あの外装のケバイ色彩と、中の渋さのコントラストがなんとも印象的でした。

二〇〇九年九月現在、十六時からの営業に変更しているとのことです。

《温泉データ・評価》
【温泉名】田町温泉
【住　所】熊本県阿蘇郡阿蘇町内牧
【ＴＥＬ】0967－32－1164
【泉　質】含石膏苦味芒硝泉　46.4度
【営　業】16：00－21：30
【定休日】無休
【風　呂】内湯
【入浴料】100円
【駐車場】なし（近くに公共駐車場有）
【評　価】
施設設備度：3　アクセス度：3
源泉かけ流し度：5　清潔度：3
サービス・気配り度：4
風情・雰囲気度：4
肌にやさしい度：4
湯っくりホックリ度：4
見どころ食べどころ：バラ園、カドリードミニオン、たかな飯
【満足度】★★★★（4.0）

52 垂玉温泉山口旅館

滝の湯もいいですが、旅館の内湯のすばらしさには「温泉の品格」を感じます

山口旅館の内湯「天の湯」

「垂玉《たるたま》温泉山口旅館」は南阿蘇の一軒温泉です。二百メートル上ったところに混浴泥湯で知られる「地獄温泉清風荘」があるので、厳密には一軒温泉といっていいかわかりませんが、阿蘇の美しい自然に囲まれた風情あふれる一級の温泉旅館です。

宿のすぐ手前の金龍の滝壺にある「滝の湯」は混浴の露天風呂で、宿泊者専用です。内湯の「天の湯」と萱葺き露天の「かじかの湯」は立ち寄りも入湯できます。

豊富な湯量と優しい泉質に恵まれ、古くから癒しの名湯として文人墨客の来訪も多く、北原白秋、吉井勇、与謝野鉄幹ら「五足の靴」の一行や野口雨情も足跡を残しています。

秋の紅葉は山から山へ阿蘇の垂玉よいながめ　雨情

もちろん源泉かけ流しの湯です。「滝の湯」は金龍山から流れ落ちる金龍の滝壺にあり、やや緑がかったやわらかいお湯があふれています。岩は金色に変色しています。湯口付近は白い大きな湯の花が広がっては消えていきます。

混浴ですが女性は湯浴み着をつけて入ります。男性はスッポンポンです。これは逆差別ではないでしょうか。もっとも月の兎が湯浴み着をつけて入るのもどうかと思いますが。

半露天風呂の「かじかの湯」も樽桶風呂や石切り風呂の趣が大変よくて素晴らしいのですが、私が一番感動したのは、内湯の「天の湯」です。真四角な浴室の窓側半分の三角形が湯船です。外は緑濃い阿蘇の森です。石の外縁と木の内縁が造るなんとも言えない「湯船の品格」とでもいいましょうか、周囲の自然とお湯が一体となった造形の美を感じます。もちろんお湯は硫黄臭があふれ、鉱物成分が少ないので刺激が少なくて、子どもさんやお年寄りにも優しい、肌触りのよいお湯です。柔らかくて癖がないので、病後の疲労回復や療養など癒しには最適の温泉です。

これほどに、お湯と湯船が品良くマッチした温泉にめぐりあったことはありませんでした。

金龍の滝壺にある「滝の湯」

《温泉データ・評価》
【温泉名】垂玉温泉山口旅館
【住　所】熊本県阿蘇郡南阿蘇村河陽2331
【ＴＥＬ】0967－67－0006
【泉　質】単純硫化水素泉・55度
【営　業】11：00－15：00
【定休日】無休
【風　呂】内湯、露天、滝の湯（宿泊者専用）
【入浴料】600円
【駐車場】20台以上
【評　価】
施設設備度：4　アクセス度：3
源泉かけ流し度：5　清潔度：4
サービス・気配り度：4
風情・雰囲気度：5
肌にやさしい度：4
湯っくりホックリ度：5
見どころ食べどころ：すずめ地獄（泥湯）
【満足度】★★★★☆（4.5）

53 蘇峰温泉ゆうやけ

湯船から見る山の端に入る夕日が
紅く染まっていく光景に心癒されます
バリアフリーの温泉なんです

南阿蘇の田園を吹く風がとても気持ちいいです。車を白水水源の方に走らせていると、「とっておきのイチゴ園」の美味しそうな看板があります。いくつかあるイチゴ園の一つに入ってみました。品種は紅ほっぺだそうです。可愛いネーミングですね。ここのイチゴで作ったシャーベットの三種盛りをいただきました。マーブルとミルフィーユとミルクの三種類です。ミルフィーユが特に美味しかったですよ。

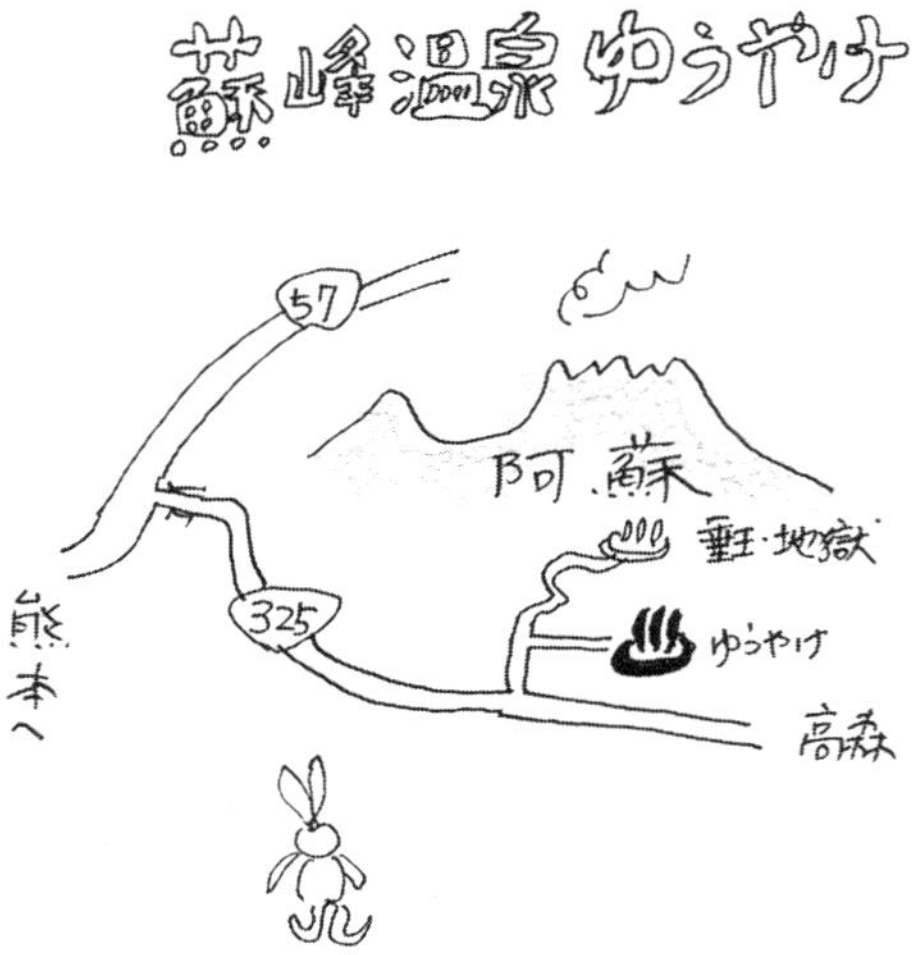

　さて、デザートをいただいた後は、白水水源、一心行の桜の横をすり抜け、いいお湯で今日は締めたいところです。地元の温泉友からとっておきの地元オススメの情報をいただいてた、旧長陽村袴野区にある「蘇峰温泉ゆうやけ」です。地獄温泉の上り口から少し入った集落の中、大きいイチョウの木の下にあります。

　ここは、カルシウム・ナトリウム・マグネシウム・炭酸水素・硫酸塩泉という複雑な成分の温泉です。五八・二度。さらりとした温泉ですが少し鉄分の入ったような味がします。色は黄緑です。動脈硬化やアトピー、リウマチなどに効果があるそうです。窓からは阿蘇外輪山のやまなみが鮮やかです。夕焼け時は、ほんとうにきれいでしょうね。

ここの家族湯は、バリアフリーの設備が整っているということですので入ってみました。洗い場と浴室、それに脱衣所との段差をなくし、パイプ手すりなども完備されていて、お年寄りや身体の不自由な方の入浴にも安心のいい温泉です。もちろん駐車場と浴室との段差もありません。四人まで入浴可。ただし七十五歳以上の方のお一人での入浴はできないそうです。家族や介護の人のスペースを確保した広さと工夫のある浴室です。

南阿蘇は素晴らしい。でもやっぱりただの田舎です。でも、そこがいいです。また行きたいです。

水が美味しいところには、いいお豆腐とお蕎麦があるはずです。それに温泉も、南阿蘇には、まだまだいいお湯がたくさんありそうです。

浴室から阿蘇外輪山を望む

《温泉データ・評価》
【温泉名】蘇峰温泉ゆうやけ
【住　所】熊本県阿蘇郡南阿蘇村河陽2489－２
【ＴＥＬ】0967－67－4126
【泉　質】カルシウム・ナトリウム・マグネシウム
　炭酸水素・硫酸塩泉　ラドン含　58.2度
【営　業】10：00－19：00
【定休日】火曜日
【風　呂】内湯　家族湯２　バリアフリー
【入浴料】400円
【駐車場】５－６台
【評　価】
　施設設備度：４　アクセス度：３
　源泉かけ流し度：４　清潔度：４
　サービス・気配り度：３
　風情・雰囲気度：４
　肌にやさしい度：４
　湯っくりホックリ度：４
【満足度】★★★☆（3.5）

54 南阿蘇の温泉

とってもおしゃれな南阿蘇です
直線と曲線をイメージした木造の湯船は
広く開放的で美しいです

俵山から南阿蘇の久木野《くぎの》に下りて来ました。このあたり、しばらく来ない間にレストラン、蕎麦屋、工房、骨董店などすっかりおしゃれなリゾート地に変貌してます。黒地に白文字の看板ラッシュは、まるで黒川か湯布院か

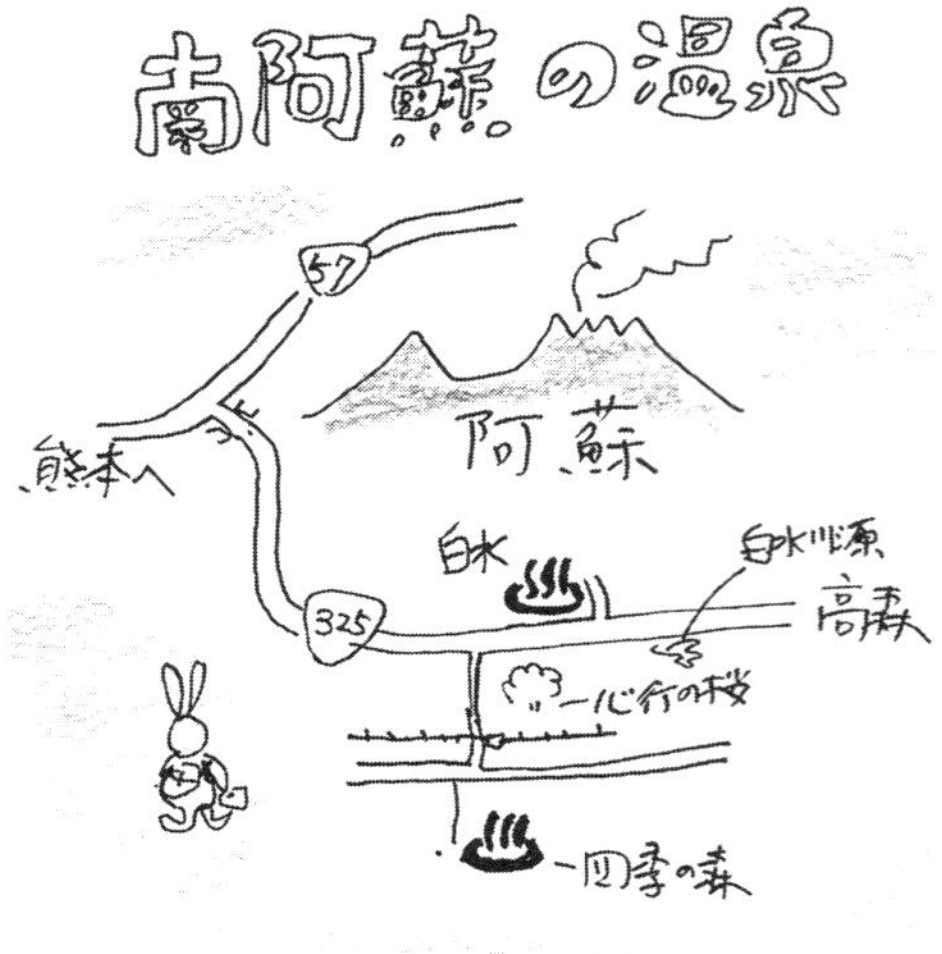

と見まごうばかりです。

お昼は「そば道場」ぐらいしかないだろうと十年前の知識できたらとんでもないです。なにを食べようか迷ってしまうぐらい、いろんなお店があります。

「グランツムート」というパン工房でイートインしました。しっかりした生地のフランスパンとベーコンの燻製サンドが美味しかったですよ。トマトジュースをつけました。それにしても、ここのお水の美味しさは抜群です。近くの湧水のお水だそうです。おかわりしました。

腹ごしらえがすんだら、やっぱり温泉です。パン工房のおばさんのオススメの湯は、「四季の森温泉」です。ナトリウム炭酸水素塩泉。三八・五度。ちょっと塩素臭が鼻をつきますが、かなりのヌルツル感があります。広い窓は明るく開放的です。

それにしても、浴室からの阿蘇の眺めは最高です。ほ

う、と見惚れてしまいます。お風呂上りはポカポカです。入浴後のたんぼの中を車は白水へ走ります。ここからもきれいな山が見えます。

白川水源の近くにある「阿蘇白水温泉瑠璃」にやってきました。木造の大きな木組みが印象的な、大きく開放的な建物です。ここの「こづみの湯」の天井は曲線を描く高く太い十二角形の木組みで作られています。稲藁積みをイメージしたそうです。休憩所も売店もこちらは直線的な高い天井の木組みです。床も板張りで温かい感じで広くて清潔感があります。

大きな木組みの阿蘇白水温泉瑠璃

少し硫黄臭がするスベスベ感がする良いお湯が特徴です。露天を吹く初秋の風が気持ちよかったです。

売店で売っていたピーマン、十五個ぐらい入ってたったの一〇五円です。こちらの農家も気前がいいですね。もちろん買って帰りました。

《温泉データ・評価》
【温泉名】阿蘇白水温泉瑠璃
【住　所】熊本県阿蘇郡南阿蘇村一関
【ＴＥＬ】0967－62－9999
【泉　質】ナトリウム－炭酸水素塩泉　56.1度　pH7.1
【営　業】８：00－22：00　宿泊　休憩所
【定休日】第４水曜日
【風　呂】内湯３　露天１　家族湯３
【入浴料】300円
【駐車場】広い
【評　価】
施設設備度：４ アクセス度：４
源泉かけ流し度：５　清潔度：５
サービス・気配り度：４
風情・雰囲気度：４
肌にやさしい度：４
湯っくりホックリ度：４
見どころ食べどころ：一心行の桜、白水水源
【満足度】★★★★（4.0）

入浴の作法

「温泉に入るときは、女性は左足からそっと」、などということはありませんが、温泉に入る際にはそれなりの心得、マナーがあります。小林市の神の郷（紀乃島館）の浴室に掲示してあった「正しい温泉の作法」をもとに改めて「入浴の作法」をまとめてみました。

月の兎の「入浴の作法十カ条」です。

一、「裸」で入る。あたりまえです。水着など邪道ですが、混浴では女性は目隠しになるものは必要かと。

二、「下湯」を使う（入る前にちゃんと洗ってから）。特に下半身。

三、「跳ね湯」をしない（周りに飛ばさないように低い姿勢でかかり湯をする）。女性のかかり湯姿は美しい。

四、「隠す」こと（たとえ、自信があっても　笑）。

五、「静かに」目をつぶり湯につかる（お湯と皮膚が一体化することを昔は「極楽」といったそうです）。

六、「大声を出したり泳いだり」しない（特に子ども）。

七、「タオル」は湯につけない。

八、「危険なこと」をしない（走る、飲酒酩酊、タバコ）。

九、「借り桶」はもとに戻す（桶の独占はしない）。

十、「楽しくゆっくり入る」。あくまで温泉が主、清潔は従です（石鹸を使用できない温泉もあります）。

最近はみんなでお風呂に入る習慣がないので、つい周りへの気配り、思いやりを忘れがちです。共同湯でのあいさつ、会釈などは、日本人が持っていたみんなで暮らす知恵、「和」の心みたいなものだと思います。限られた資源、空間を共有していくエコマナーです。

去年、別府の竹瓦温泉の朝湯で、常連と思しき衆が、「ほら、そこの兄ちゃん、洗ってから入らんか！」と、ビシッとやってました。また、阿蘇内牧温泉の共同湯では、月の兎も「後から入るなら、下の湯の方から入らんね」と言われました。マナーを守りながら、温泉仲間と仲良くなるというのが裸の付き合いの理想なのでしょう。

誰かが言っていました、「温泉は自由、平等、博愛」ですって。納得。

日田往還の温泉

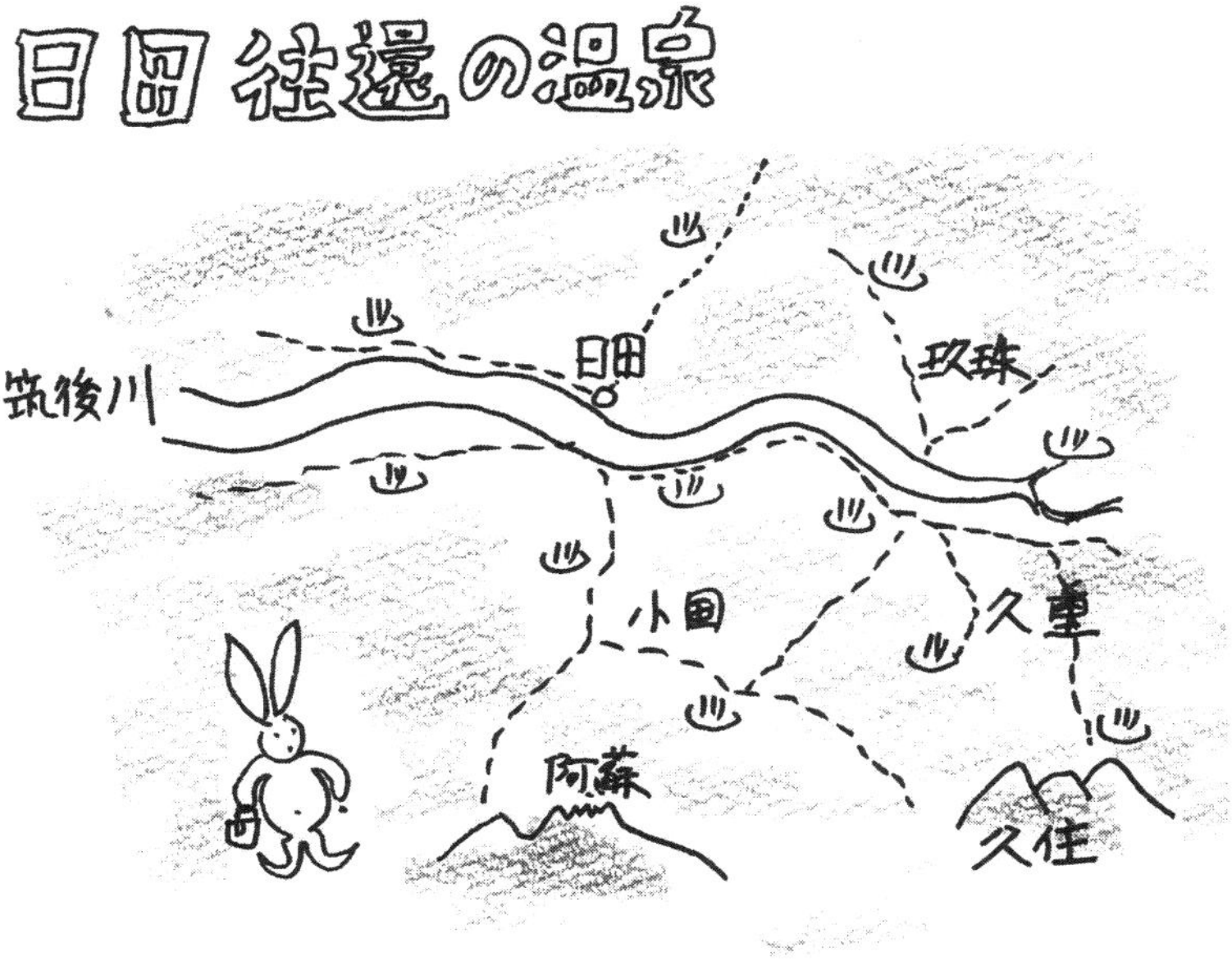

阿蘇、久住など、九州山地の尾根の周辺にはいくつもの温泉があり、九州の代表的な観光地となっています。

このエリアは、別府から湯布院、阿蘇に抜ける温泉帯と、天瀬《あまがせ》から九重、長湯へと繋がる温泉帯の交わる、九州の温泉のクロスロードエリアです。

このエリアには、全国的に人気がある黒川温泉、小国《おぐに》から九重にまたがる湧蓋山《わいたさん》温泉郷、玖珠《くす》を挟んでモール泉の散在する耶馬溪《やばけい》などがあり、多種多様の温泉天国九州の華ともいうべきところです。

歴史的には、江戸時代に九州の大名のお目付け役である日田代官所が置かれた日田市を中心として、九州各地を結ぶ「日田往還」のエリアと重なります。福岡や北九州方面からのこのあたりの温泉へのアクセスは、やはり日田が基点になります。

55 湧蓋山温泉郷岳の湯

山里に湯けむりがたなびき、鄙びた温泉地の雰囲気が満ちています

最近の九州で一番人気の湧蓋山《わいたさん》温泉郷にある岳《たけ》の湯《ゆ》は、集落の各地から湯煙がたなびく、いかにも山里の鄙びた温泉地の雰囲気が満ちています。道路標識には「湯煙につき点灯注意」と書かれています。立ち上る噴気の間を車が走る、ほんとうに素晴らしい山の温泉風景です。しかし、ここのお湯は厳密には「温泉」ではなく、蒸気を液化させた「造成泉」と呼ばれるものです。地下から湧き上がる蒸気のエネルギーは凄く、調理は蒸気でします。

岳の湯のどんづまりにある村の雑貨屋「白地商店」で入湯料を払って、湯煙の中の急な坂を上ったところにあるのが「岳の湯共同浴場」です。

板戸に札が下がっていて「開いています」と「入浴中」が裏表になっていて、入浴するときはこれを「入浴中」にします。中には男女別の脱衣所がありますが、露天風呂は一つです。円形の湯船は広くて気持ちがいいです。中央の噴水みたいなところからお湯が出ています。とりたてて特徴はありませんが、遠くの山も見渡せて空に最も近い温泉のような、開放的な気持ちがするお湯です。正確には共同湯ではなくて「白地商店貸切湯」というべきかも。

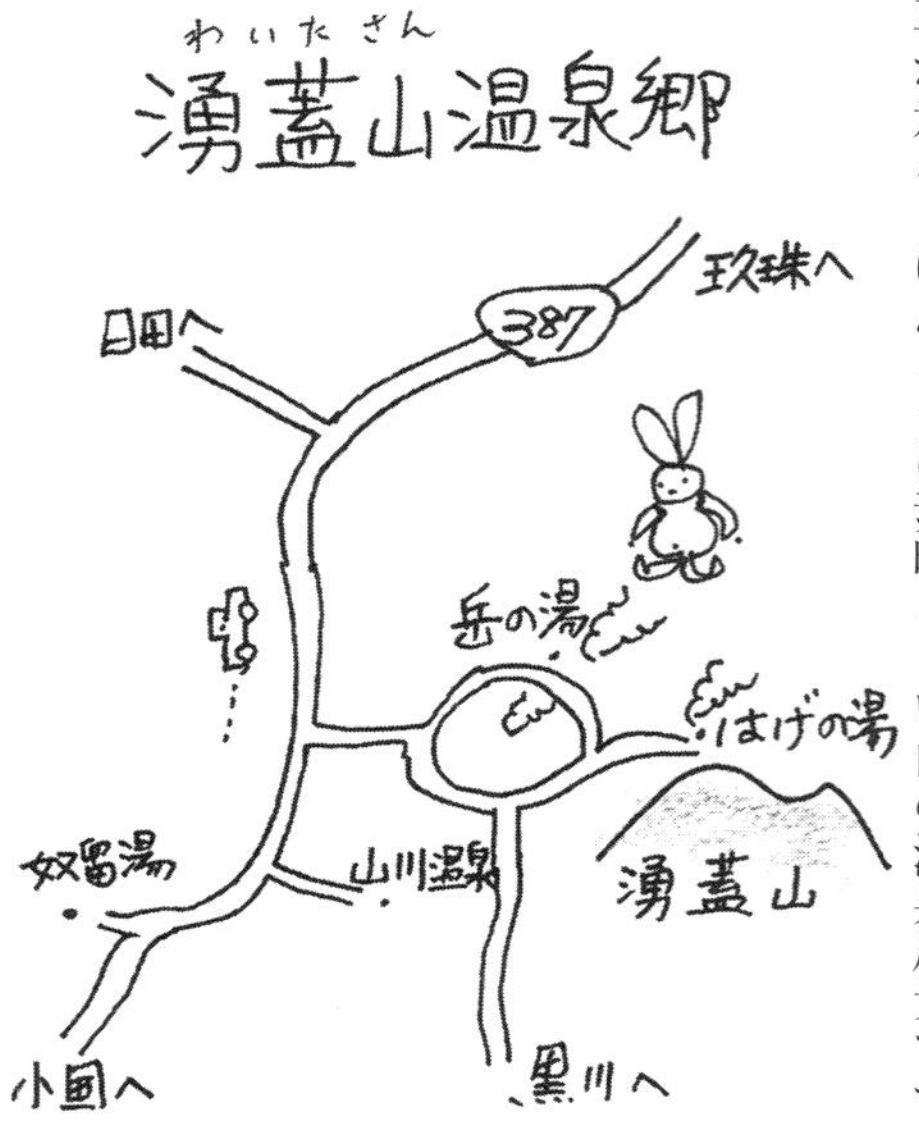

岳の湯のふんだんな蒸気で野菜や卵を蒸して食べることができますが、鶏を丸ごと蒸して食べる「地獄蒸し」が名物です。一度お試しあれ。

すぐ近くには「豊礼《ほうれい》の湯」があり、鮮やかな青湯があります。ここの青湯にどっぷりつかって、湧蓋山を眺めていれば外界の憂さなど吹き飛んでしまいます。女性好みの青湯は別府、湯布院などにも見られますが、ここ豊礼の湯ではきれいな青湯に入れます。山の清浄な空気の下で素敵なお友達と青湯に入って山を眺める、ロマンチックですねー。

豊礼の湯では、野菜やお肉などの食材を持ち込めば蒸気で蒸していただくことができます。

蒸気で蒸し調理します

《温泉データ・評価》
【温泉名】岳の湯共同浴場
【住　所】熊本県阿蘇郡小国町西里岳湯
【ＴＥＬ】0967－46－4533（白地商店）
【泉　質】単純泉
【営　業】８：00－20：00
【入浴料】200円
【駐車場】なし　【定休日】不定休　【風　呂】露天１
【満足度】★★★★（4.0）

【温泉名】岳の湯豊礼の湯
【住　所】熊本県阿蘇郡小国町西里2917
【ＴＥＬ】0967－46－5525
【泉　質】ナトリウム－塩化物泉　95.7度　pH8.53
【営　業】８：00－20：00　【定休日】無休
【風　呂】露天１　24時間営業の家族湯４
【入浴料】500円　【駐車場】広い
【評　価】
施設設備度：３　アクセス度：３　源泉かけ流し度：５
清潔度：４　サービス・気配り度：４
風情・雰囲気度：５　肌にやさしい度：４
湯っくりホックリ度：５
見どころ食べどころ：地獄蒸し
【満足度】★★★★☆（4.5）

56 日平温泉きんこんかん・山川温泉ホタルの里

山川温泉ホタルの里は川沿いの静かな共同湯

熊本県小国町の山川温泉のちょい奥にあるのが、「貸別荘きんこんかん」です。「大人の階段」を降りたら、「日平温泉源流の湯きんこんかん」があります。大人の階段はあまりに急なので、子どもやお年寄りは用心してくださいという意味で名前がついたようですね。この階段には「十回往復すると二キロやせます」と書いてあります。遊び心が楽しいですね。

谷川に面した崖の上に、戸建の半露天の風呂小屋が二棟あります。小さい滝や杉林の眺めがいい、なかなか野趣に富んだいい温泉です。浴室の壁には、阿羅こんしんという画家の、仏画みたいな可愛い絵が一面に描かれています。和み系の絵です。

ここのお湯は鉄さび色に濁っており、ふと気がつくと膝やお尻、足などが茶色に染まっていました。湯船の底に溜まっていた鉄分がついたものです。あがる時は丁寧に流さないといけません。タオルも茶色に染まってしまいました。

きんこんかんから少し下った川のそばに、地区の共同湯の「山川温泉ホタルの里温泉」があります。以前あった建物が大水で流されたのを再建されたそうです。入り口で男女別の入浴料金を箱に入れる仕組みです。以前は

山川温泉ホタルの里温泉の浴室から

地区のおばあちゃんが座っていた記憶があります。ここのお湯も隣の奴留湯《ぬるゆ》地区の共同湯に負けないぐらいの素晴らしいお湯です。山川のほうがやや熱めでしょうか。

硫黄臭も泡付きもあります。川の向こうの田んぼが見える分だけ、こちらの方が開放感があります。

小国はのどかな山里のやわらかい陽だまりが感じられ、命の洗濯ができるすばらしい場所です。近くの涌蓋山《わいたさん》の山麓にはげの湯、岳の湯、山川温泉などいい温泉が散在しています。小国郷は、俗化していないノンビリした雰囲気があって、月の兎も大好きなエリアです。

《温泉データ・評価》
【温泉名】日平温泉源流の湯きんこんかん
【住　所】熊本県阿蘇郡小国町字日平1435－３
【ＴＥＬ】0967－46－5678
【泉　質】鉄泉
【営　業】８：00－23：00　キャンプ場
【定休日】水曜日
【風　呂】露天風呂２　【入浴料】500円
【駐車場】10台程度
【評　価】
施設設備度：３　アクセス度：３
源泉かけ流し度：４　清潔度：３
サービス・気配り度：３　風情・雰囲気度：４
肌にやさしい度：４　湯っくりホックリ度：４
【満足度】★★★☆（3.5）

【温泉名】山川温泉ホタルの里温泉
【住　所】熊本県阿蘇郡小国町　【ＴＥＬ】無人
【泉　質】含硫黄－ナトリウム－カルシウム（含硫化水素型）44.2度
【営　業】８：00－22：00（隣の公民館は2000円で宿泊も可）【定休日】無休　【風　呂】内湯１
【入浴料】300円　【駐車場】10台
【評　価】
施設設備度：４　アクセス度：４
源泉かけ流し度：５　清潔度：４
サービス・気配り度：３　風情・雰囲気度：４
肌にやさしい度：４　湯っくりホックリ度：５
【満足度】★★★★（4.0）

57 奴留湯温泉

無人の共同湯に静かにひたっていると
厳かな時間と空間の流れを体験できます

ここのお湯は自噴の源泉かけ流しの、ぬるめのお湯です。月の兎の★5つの超オススメ温泉です。拳二つほどの丸石が底に敷き詰められていて、底からスー、プクッ、ポカリとお湯が泡となって静かに湧いてきます。湯船の縁からお湯があふれ、サー、ザーとかけ流れる湯量はかなりのものです。洗い場の床にはうっすらと白い湯の花が積もっていて、その上を歩くと足跡がつきます。

奴留湯温泉共同浴場の入り口

体を伸ばしてお湯にじっとつかっていると、世間の些事のすべてを洗い流してくれるような不思議な気持ちになります。ここでは厳かな神秘的な時間と空間を体験できます。

奴留湯《ぬるゆ》は熊本県阿蘇郡小国町北里にある、山間の小さな集落の名前です。国道387号から少し入った旧道沿いの集落のなかに地区の共同湯「奴留湯温泉共同浴場」があって、その湯質の素晴らしさと素朴な雰囲気が最近温泉マニアの注目するところとなり、かなり知られるようになってきました。

足もとから湯が湧く内湯

江戸時代に細川のお殿様が湯治に来て、お供の奴《やっこ》さんたちがここのお湯に留まっていたから奴留湯《ぬるゆ》の名前がついたと、浴場の壁の説明書きにありました。

無人ですから入湯料二〇〇円は入り口の箱に入れます。日曜の昼過ぎに三十分間入っていただけなのに、その硫黄臭が肌にまとわりついて離れずに、帰りの車の中だけでなく、なんと火曜日の朝まで、手や顔の付近にまだ硫黄の香りが残っているという凄さです。

奴留湯に来たとき必ず立ち寄るのが、近くにある農家の古い蔵を活用したカフェレストラン「蔵ｃａｆｅ＆ぎゃらりぃ野いばらの実」です。メニューは阿蘇ハヤシライス、はみカリィ（お店のママはるみさんのカレーという意味だそうです）、コーヒー、紅茶、ケーキなどです。今回は手づくりの野いばらランチ（一三〇〇円）をいただきました。気さくな姉妹が旅の話し相手をしてくれます。

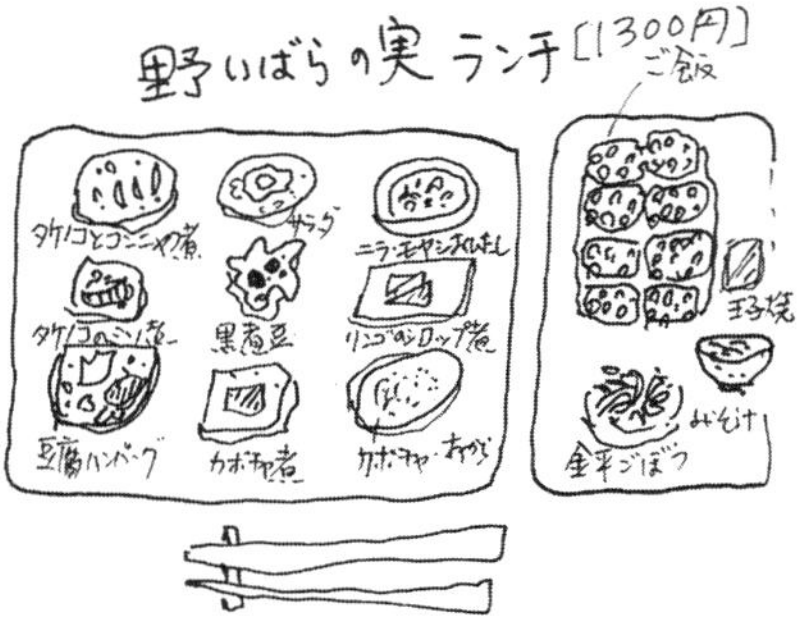

《温泉データ・評価》
【温泉名】奴留湯温泉共同浴場
【住　所】熊本県阿蘇郡小国町北里2248
【ＴＥＬ】無人
【泉　質】硫黄泉　38度
【営　業】24時間
【定休日】無休
【風　呂】内湯
【入浴料】200円
【駐車場】10台程度
【評　価】
施設設備度：4　アクセス度：4
源泉かけ流し度：5　清潔度：4
サービス・気配り度：3　風情・雰囲気度：5
肌にやさしい度：5　湯っくりホックリ度：5
見どころ食べどころ：蔵cafe＆ぎゃらりぃ野いばらの実、小国町雑貨屋みつやす（パンもうどんも美味しい）
【満足度】★★★★★（5.0）

58 黒川温泉旅館山河

人気の黒川温泉めぐりは露天風呂めぐりの手形が便利です

梅雨の中休みを利用して、黒川温泉の露天風呂に行きました。小国から林道を抜け田原温泉から森の中の旧道を進むと、右手に「黒川温泉旅館山河《さんが》」の入り口が見えます。山河は黒川を代表する名旅館です。

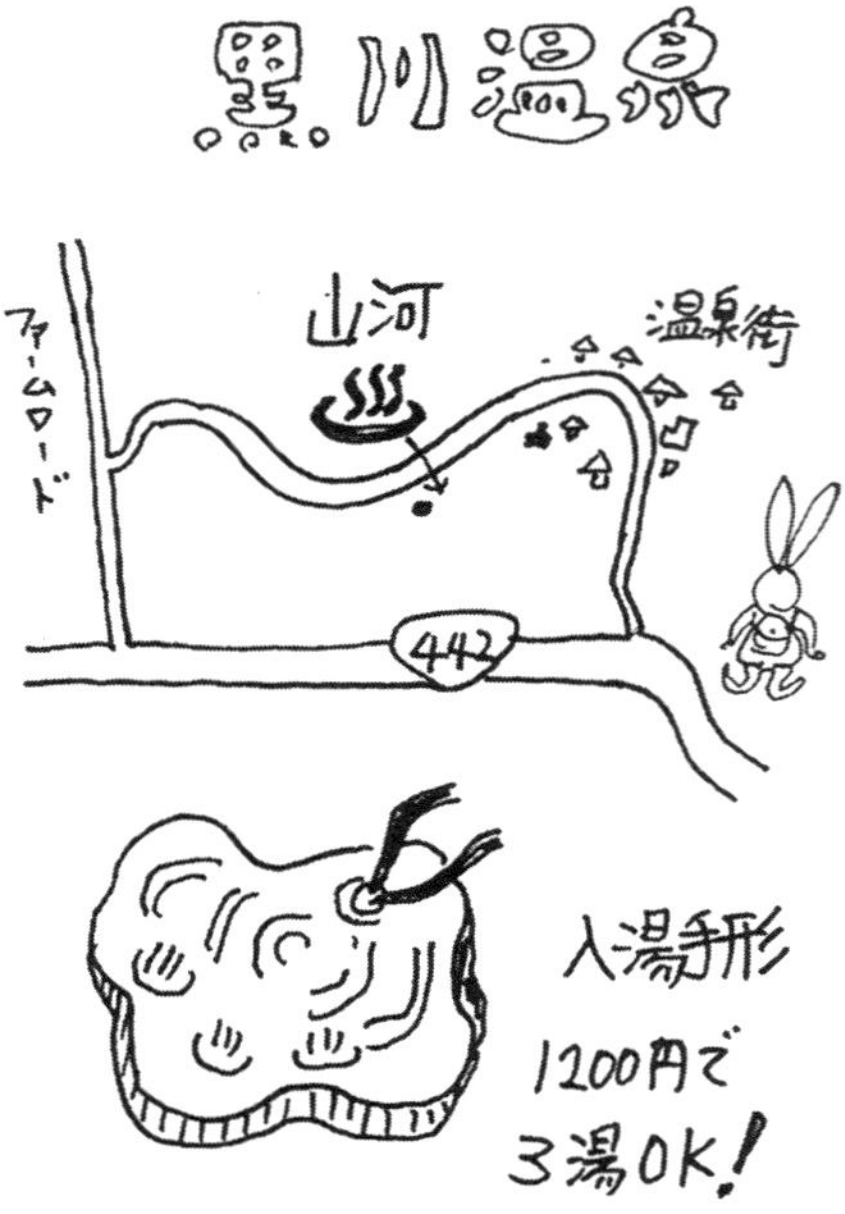

ここで黒川温泉露天風呂巡りの手形をゲット。この手形で黒川温泉の旅館の露天風呂ならどこでも三カ所入れます。通常なら一カ所五〇〇円ですからかなりオトクです。六カ月有効というのも嬉しいです。

さて、さっそく山河の露天風呂「もやいの湯」に入ります。混浴露天風呂となっていますが、別に女性専用露天風呂がありますので、女性とおもやいの湯とはなかなかなりません。深い木立に囲まれた露天風呂は、黒川らしい雰囲気のある岩風呂で、薄青色のお湯がとてもきれいです。大分から来たというおじさんが、一人ゆっくりと手足を伸ばしていました。湯船には木の枝、葉、それに赤い虫の屍骸なども浮いていますが気になるほどではありません。木漏れ陽のなかの広い露天風呂はなかなか野趣に富んでいて、吹く風がとても気持ち良いです。

露天風呂の後は本館の反対側にある内湯「薬師の湯」

に入りました。ほの暗い室内には大きな切り石の岩風呂がしつらえてあり、こちらは露天とは泉質が異なるようで、鉄分の匂いがします。灯りはついていますが、こちらは目が慣れるまでしばらく待ちます。ほの暗い雰囲気が昔の湯治場の雰囲気を醸し出してくれています。

旅館山河の露天風呂「もやいの湯」は、きれいな薄青色のお湯

お湯に入った感想ですが、確かに周囲も建物も雰囲気はありますが、湯質にそれほどの特徴的なものがあるとは思えません。それにもかかわらず、熊本の辺境の小さい温泉郷が、なぜ今日本一の人気がある温泉になったか？　露天風呂めぐりの手形もその一つですが、大ブレイクの理由を探してみたいと思います。

浴後には、国道442号沿いにあるカフェ・シェルでおいしいランチ&ケーキをいただきました。黒川にはおしゃれな雰囲気のお店が多くあります。

《温泉データ・評価》
【温泉名】黒川温泉旅館山河
【住　所】熊本県阿蘇郡南小国町黒川温泉
【ＴＥＬ】0967－44－0906
【泉　質】含石膏食塩硫化水素泉
【営　業】８：30－21：00
【定休日】無休
【入浴料】湯めぐり手形（３湯で1200円）
【駐車場】20台
【風　呂】内湯　混浴露天風呂　女性露天風呂（他に家族湯）
【評　価】
施設設備度：４　アクセス度：４
源泉かけ流し度：４　清潔度：４
サービス・気配り度：５
風情・雰囲気度：４
肌にやさしい度：４
湯っくりホックリ度：４
見どころ食べどころ：カフェ・シェルのランチ、ケーキ
【満足度】★★★★（4.0）

59 奥黒川温泉耕きちの湯

風情ある湯船には
硫黄臭と白い湯の花が沈殿する
黒川随一の湯質です

今回は友人のリクエストに応えて、「いい硫黄泉を訪ねる」というテーマの湯めぐり旅に、奥阿蘇方面へ行ってきました。

大分道の玖珠ＩＣでおり、３８７号を壁湯～宝泉寺～

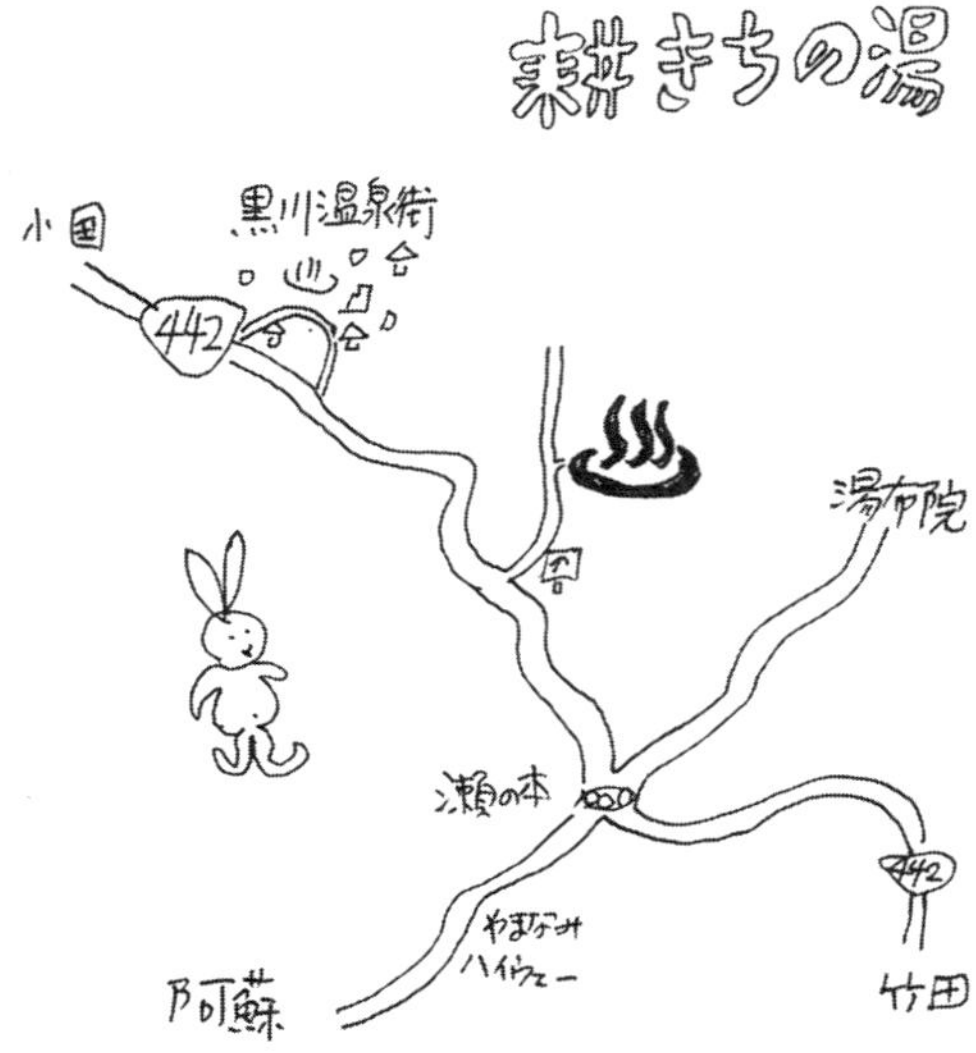

川底と川沿いを九重の名だたる温泉を横目に見ながら、車は大分県から熊本県小国へ。さて、いよいよこの日のメインテーマの「硫黄泉」のある奥黒川の「黒川温泉耕きち＆耕きちの湯」に到着しました。

湯質的にはこれといって特色がない黒川温泉にあって、耕きちの湯は異色の硫黄泉です。黒川の温泉街から少し瀬の本よりです。駐車場で車のドアを開けるなり硫黄臭が漂います。おー。これは期待できます。

木造の湯船には、この日の一番風呂ということで、真っ白な湯の花が沈殿していて、足をいれると大きな湯の花の乱舞が見れました。まるで神々しいドラマの舞台にでもいるかのような感動を覚えます。

木桶の湯口から溢れてくるお湯は、硫黄臭とともにやさしく包み込むような柔らかい肌触りです。つかっていると、じんわりほっこり温かさが体中にしみわたっていくのがわかります。湯船の底にゆっくりと「兎」という字を書いてみましたら、そこだけ湯の花が消えていきます。

ここの浴室は群馬県水上温泉の名湯「法師温泉」を彷《ほう》彿《ふつ》とさせるような、木のぬくもりが伝わる品格のある造りです。浴室の丸いアーチ型の窓からは九重高原の涼しい風が吹いてきます。

一番風呂の特権を独り占めにして満喫していたら、外窓からおばちゃんがひょっこり顔を出して、「お湯加減はいかがですか」と声をかけます。せっかくの夢見心地がいっぺんに吹き飛んでしまいました。

おばちゃんったら、驚かすんじゃないよ（笑）。

耕きちの湯は立ち寄り専門の温泉ですので、黒川に泊まられた折にはどうぞ。帰りは、やまなみハイウェイから阿蘇、57号を経由し、九州道で帰ってきました。阿蘇で友人の好物「柿の葉寿司」をお土産に買いました。この柿の葉寿司はとても美味いですよ。

《温泉データ・評価》
【温泉名】黒川温泉耕きち＆耕きちの湯
【住　所】熊本県阿蘇郡南小国町黒川温泉
【ＴＥＬ】0967－44－0840
【泉　質】単純硫黄泉　90度
【営　業】９：00－17：00
【定休日】第３水曜日（他の水曜不定休）
【風　呂】内湯２
【入浴料】400円
【駐車場】有
【評　価】
　施設設備度：４　アクセス度：４
　源泉かけ流し度：５
　清潔度：４
　サービス・気配り度：４
　風情・雰囲気度：４
　肌にやさしい度：５
　湯っくりホックリ度：５
【満足度】★★★★（4.0）

60 川底温泉蛍川荘

昔、菅公が開いたといわれる川底温泉
丸い玉石が敷かれ、
足下から温泉が自然湧出しています

九重には「九重九湯」といって名湯が数多く存在しています。マップの九湯以外にも温泉があります。今回、なかなか良い温泉に出合いました。大分県九重町の「川底温泉蛍川荘《けいせんそう》」です。

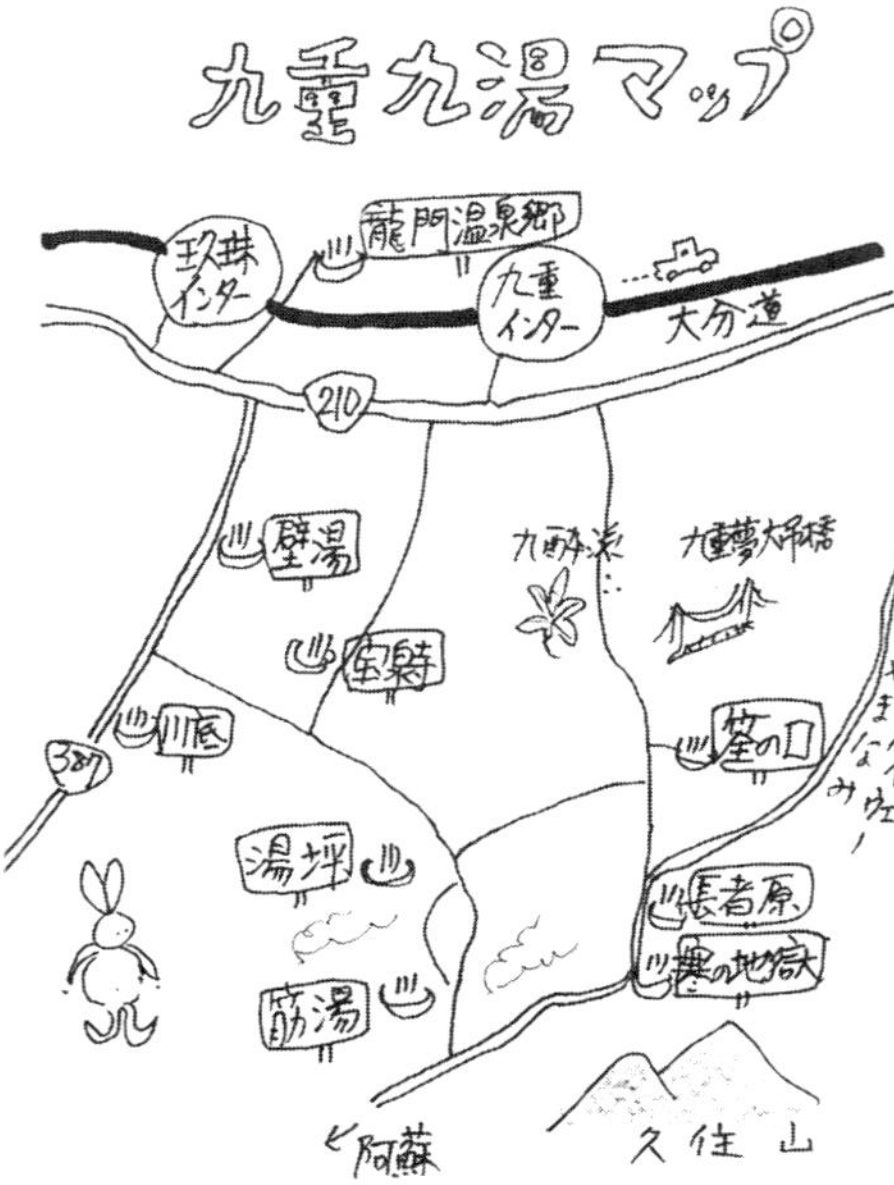

名前の通り道路より下の、川底と同じ高さに湯小屋があります。お隣の混浴露天で有名な「壁湯」と並んで、九重九湯の一つに数えられる名湯です。

ここの最大の特徴は、広い共同風呂の浴室の造作と風情にあると思います。安政三（一八五六）年に作られた湯小屋の三槽の湯船は順にぬるい、普通、熱いに分かれ、それぞれ切り傷・美白、リウマチ・神経痛、うちみ・婦人病と効能が異なります。

浴槽には玉石が敷かれ底から温泉が湧出している、まぎれもないほんものの温泉です。湯川内温泉や★5の奴留湯温泉などと同じく、自然湧出のところはどこも床に丸石を敷き詰めていますね。湯質は単純泉、透明で無味無臭のいいお湯です。

その昔、菅原道真公が開いたといわれる歴史ある川底温泉は、人気の黒川温泉や湧蓋山温泉郷に向かう川の上

川底温泉蛍川荘

の国道を走るマイカーに忘れ去られているかのように、ひっそり佇んでいます。昔の温泉場の風情がよく残るこの湯槽は混浴ですが、月の兎が入っている間、とうとう一人の女性来訪者もなく貸し切りでした。帰りに、浴後のほてりを川風でさましていたら、この宿のおばあちゃんがポツリと言いました。「ここは、ひまやけん」と。

今、この川底温泉に行けば、素晴らしい温泉文化遺産のような湯船で、ゆっくりといい温泉と時間が楽しめます。それにきっと天神さんのご利益もあるかもしれませんよ。

すぐ近くの壁湯温泉福元屋の露天風呂は、川添いにある岩壁のぬるめの混浴風呂です。国道からも見れる（見られる）、野趣溢れる温泉です。

《温泉データ・評価》
【温泉名】川底温泉蛍川荘
【住　所】大分県玖珠郡九重町菅原1453
【ＴＥＬ】0973－78－8234
【泉　質】ナトリウム－塩化物泉　88.3度　pH6.7
【営　業】８：00－21：00
【定休日】無休
【風　呂】内湯
【入浴料】500円
【駐車場】５台程度
【評　価】
　施設設備度：４
　アクセス度：４
　源泉かけ流し度：５　清潔度：４
　サービス・気配り度：４
　風情・雰囲気度：５
　肌にやさしい度：４
　湯っくりホックリ度：４
【満足度】★★★★（4.0）

61 菅原の湯

あっ、こんなところに温泉が！ おじさん手づくりの温泉が進行中です

先日、小国の帰りに九重町の「菅原《すがわら》の湯」に立ち寄りました。ここは、たぶん温泉情報誌にはまだ載っていないかも。387号の小国から川底温泉に行く手前、右手に大きな鳥居があり、それをくぐると菅原集落です。ここは菅原道真公ゆかりといわれている菅原天満宮があります。集落の先の雑木林の中に菅原の湯の入り口があります。

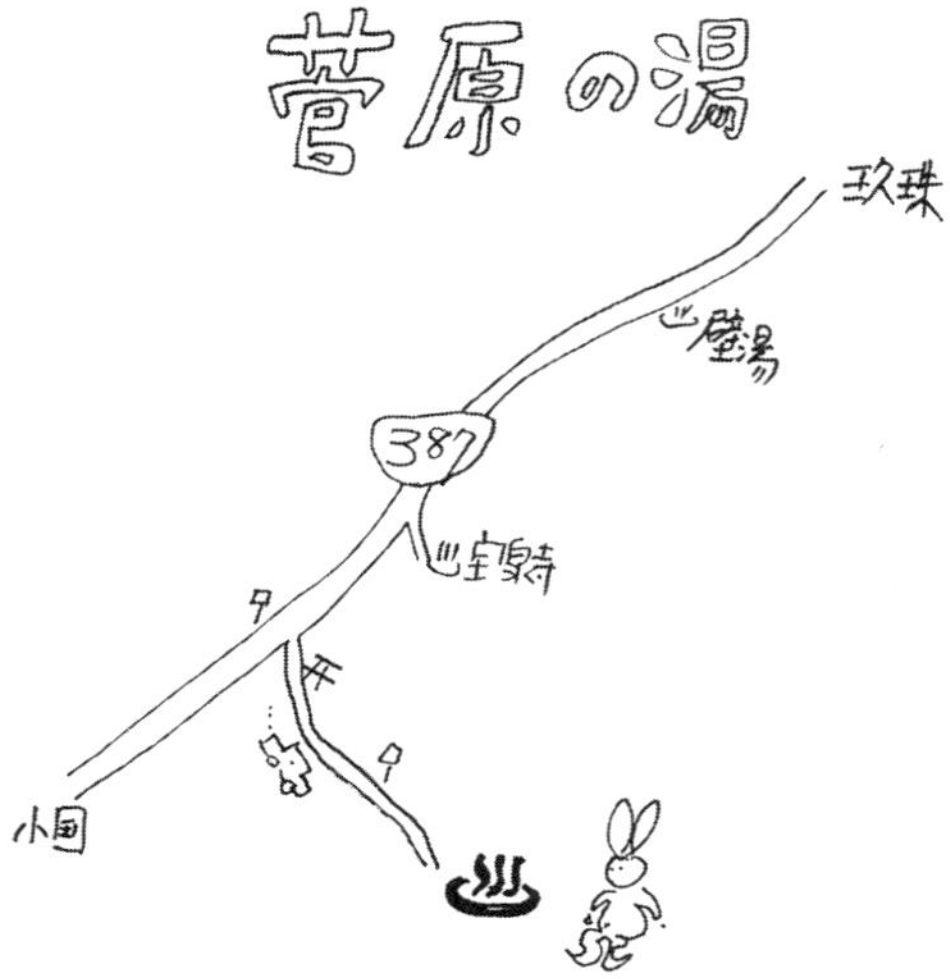

雑木の林がよさげな佇まいですが、少し荒れた雑然とした感じがします。営業中とありますので中に入っていくと〝温泉受付〟の看板と鐘があります。ふーん、コレを鳴らせばいいのかなと思ったとき、後ろの建物からおじさんがヌーと出てきて、「まあ、あがってコーヒーでも飲んでいかんね。ただ温泉入ってさっと帰るんじゃ味気なかろうもん」と。少し嫌な予感もしましたが、ここまできて断るのもなんです。郷に入りてはおじさんに従えです。

暗い農家風の民家の広い居間にはおじさんが一人。炬燵が二つ。部屋の中は雑然としています。天井はむき出しの大きな湾曲した梁がめぐっています。コーヒーはセ

ルフでインスタントコーヒをやかんのお湯で入れます。おじさんは勝手に焼酎をチビチビやっています。私にもしきりに焼酎をすすめてくれます。

なんじゃここは？　えらいとこに来てしまいました。おじさんの人柄は悪くないようなのですが、話し相手をさせられるとは。それから、一人暮らしのおじさんの身の上話やら、障がい者支援施設をつくる苦労話や夢・理

想をたんとお聞きしてから、やっと温泉にはいることができました。五〇〇円。

おじさんが九年がかりで手づくりしたという温泉です。一部営業を開始されたそうですが、現在も建設を進行中とのことです。単純泉のお湯もなかなかいいですし、雑木林の雰囲気もあります。岩を配置した露天風呂も広いし。野趣溢れるなかなかいい風情の温泉です。

次回訪れるときには、どんな温泉になっているのか楽しみです。

《温泉データ・評価》
【温泉名】菅原の湯
【住　所】大分県玖珠郡九重町菅原3203
【ＴＥＬ】0973－73－2858
【泉　質】単純温泉　58.3度　pH8.7
【営　業】11：00－20：00
【定休日】無休
【風　呂】露天１　家族湯
【入浴料】500円
【駐車場】入り口あたりに適当に
【評　価】
　施設設備度：３
　アクセス度：３
　源泉かけ流し度：４　清潔度：３
　サービス・気配り度：４
　風情・雰囲気度：４
　肌にやさしい度：４
　湯っくりホックリ度：４
【満足度】★★★☆（3.5）

62 筌の口温泉

九重夢大吊橋の近くにある地区の共同湯
赤茶色のお湯に身体もタオルも染まります

最近九州の新観光名所になった九重夢大吊り橋のすぐ近くにあるのが「筌《うけ》の口《くち》温泉共同浴場」です。でも、ここばかりは周辺の観光ラッシュをよそに入湯客も少なく、鄙びた共同湯の雰囲気は昔のままです。

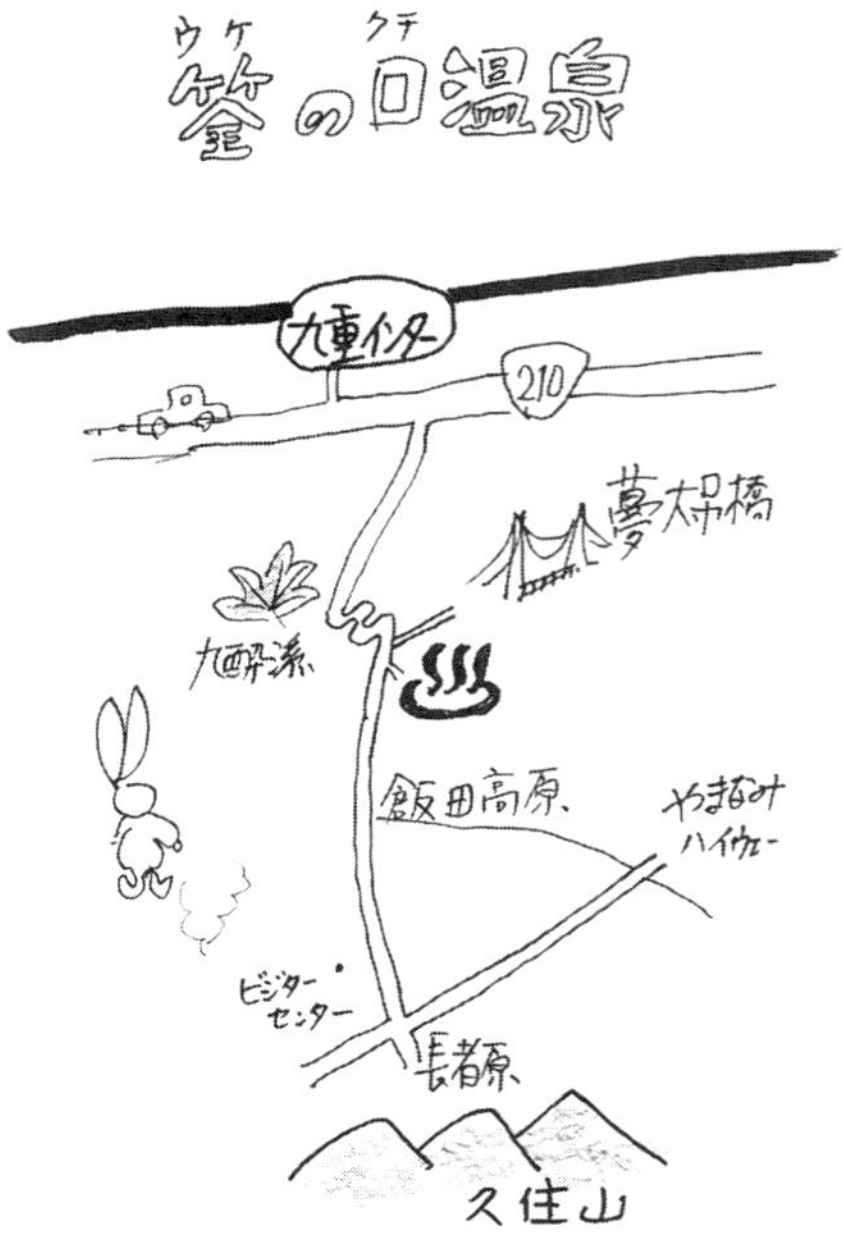

この共同湯に最初に入ったのはもう二十年以上も前になるでしょうか、今は廃業してしまいましたが、川端康成ゆかりの「旅館小野屋」に泊まったときです。

当時小野屋と共同湯は棟続きで直接行けました。その時には、湯につけたタオルが茶色に濁ったのにほんとうに驚いたものです。共同湯の入り口にはお地蔵様がまつられていて、賽銭箱に入湯代を入れて入りました。現在は受付にちゃんと係の人がいて料金を受け取ります。

その後も幾度となく訪れた大好きな温泉ですが、その名旅館小野屋も今はなく、湯小屋は新しく改築されました。それでも湯船と硫黄臭漂う風情は、昔のままで変わりません。

湯船は黄色く着色し、縁から洗い場にかけては析出物が沈殿してカルデラのような造形を作っています。硫黄臭はもちろんですが、ちょっと金属的な匂いが混じっています。飲泉もできますが、鉄分が強くて飲めたものではありません。

この温泉は温泉成分の濃さが実感できます。寒い時につかると、お湯が冷えた足にジンジンしびれたように効いてきて、それがジワーと全身が温まっていくのが気持ちいいです。お湯につかった部分だけが真っ赤になります。

共同湯から出て、坂を上がった橋の袂の雑貨屋の前に佇むと、渓谷を渡る風がとても気持ちいいです。昔ながらの山の秘湯そのままの風情です。

共同湯の隣にある「旅館新清館」もなかなかいいお湯です。林のなかの露天風呂の濁り湯（混浴）はなかなか風情があります。別に女性用の露天風呂もありますので、わざわざ混浴露天風呂に入りに来る人もいないようですが。

すぐ近くには、同じ区営の「第二筌の口温泉」や「山里の湯」があり、同じ性質の温泉です。

《温泉データ・評価》
【温泉名】筌の口温泉共同浴場
【住　所】大分県玖珠郡九重町筌の口温泉
【ＴＥＬ】0973－76－3150
【泉　質】炭酸水素塩・塩化物・硫酸塩泉　48.5度
【営　業】24時間
【風　呂】内湯
【入浴料】200円
【駐車場】有料
【評　価】
　施設設備度：4
　アクセス度：4
　源泉かけ流し度：5　清潔度：4
　サービス・気配り度：4
　風情・雰囲気度：4
　肌にやさしい度：4
　湯っくりホックリ度：5
　見どころ食べどころ：九重夢大吊り橋
【満足度】★★★★☆（4.5）

63 湯坪温泉里やど月の家

連休ぐらい日帰りではなく、山のお宿に宿泊してゆっくり温泉を楽しみたいものです。でもお金はあまりないので、一万円以下で極上の源泉かけ流しのホンモノの温泉と美味しい料理を楽しみたい。そんな欲張りな願いを叶えてくれたのが「湯坪温泉里やど月の家」です。

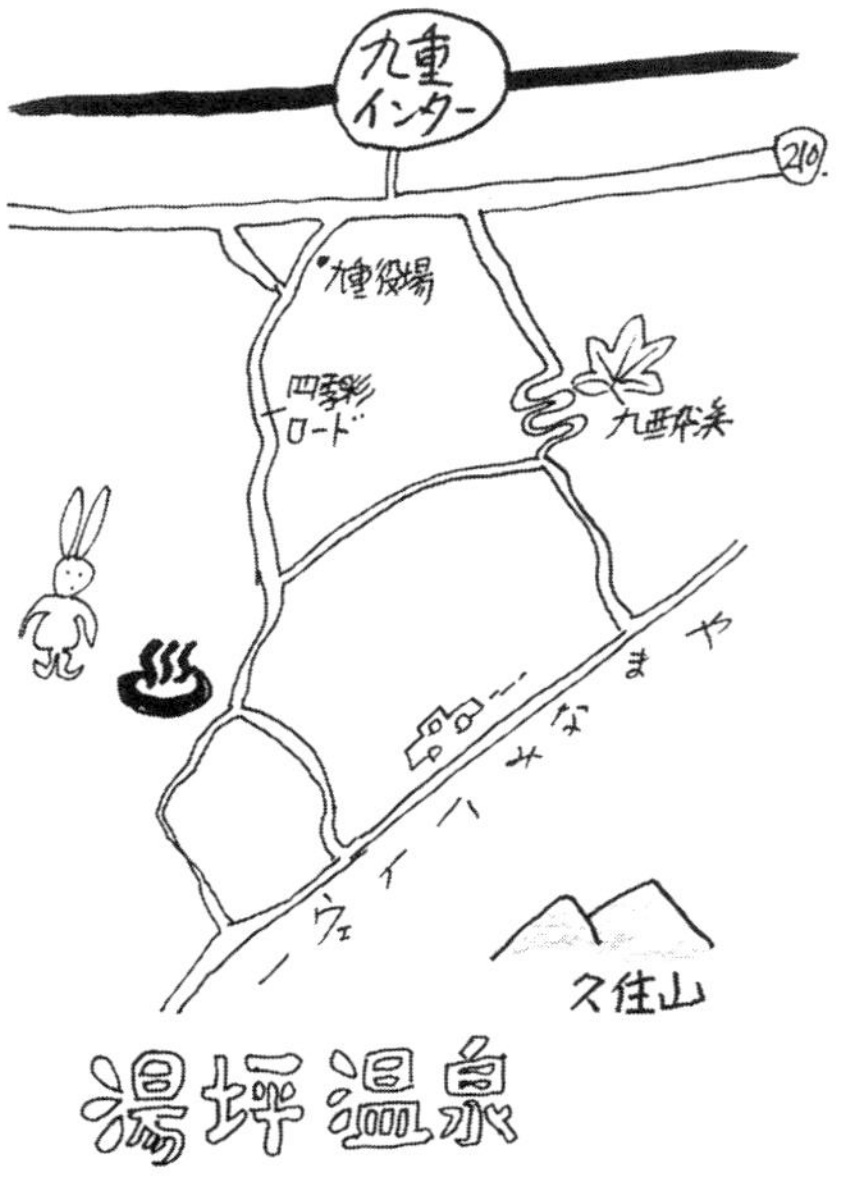

カナカナとヒグラシの声がうるさくも、夜が更けると静寂だけが支配する山の宿です

九重高原の臍《へそ》みたいな奥まった谷沿いの集落は、観光ルートから外れて民宿が数軒だけ散在する山の温泉です。旅館月の家は通る車もなく、朝夕はカナカナカナとヒグラシのうるさいほどの鳴き声が、夜も更けると静寂だけが支配する小さい山の宿です。

湯坪とはよく言ったものです。この周りを高い山に囲まれた谷あいの、それこそ坪にはまったように、集落の温泉には温泉街も小洒落た飲食店もカフェも土産品店もないのです。温泉につかってご飯を食べたら、長い夜を部屋で過ごすしかありません。持参した文庫本を布団に寝転んで読んだら一気に二百頁は読んでしまいました。

お湯はといえば、ちょっと熱いのを除けばいいお湯でしたし、古民家風の母屋でいただく料理は量もほどよくリーズナブルでした。半露天の「月明かりの湯」から見る九重の山並みのきれいなこと。夜の山影をじっくり見る機会なんて、今までついぞなかったようです。

それにしてもこの旅館は、お部屋にも湯船にも、お宿のいたるとこに月と兎がデザインしてあって、まるで「月の兎温泉」とネーミングしたほうがいいようなお宿でした。まるで私のために……。この偶然には驚いてしまいました。というわけで上機嫌な月の兎ですが、温泉の評価は4と身びいきはなしです（笑）。

この湯坪温泉には、今回泊まった月の家のような旅館も何軒かありますが、おおかたは地域の農家の女将さんたちがやっている民宿です。どの民宿も食べきれないぐらいのお料理が出されるときいたことがあります。宿の近くには「河原湯」という共同湯もありましたが、なんせ月夜の晩に散歩するにはここは静か過ぎました。朝になると、またヒグラシがカナカナカナとうるさく鳴き始めます。

《温泉データ・評価》
【温泉名】湯坪温泉里やど月の家
【住　所】大分県九重町大字湯坪947
【ＴＥＬ】0973－79－2695
【泉　質】単純泉
【効　能】神経痛　筋肉痛　打ち身　疲労回復など
【営　業】宿泊５室
【定休日】なし
【風　呂】内湯２　半露天１
【入浴料】宿泊のため不明
【駐車場】５台
【評　価】
施設設備度：４　アクセス度：３
源泉かけ流し度：４　清潔度：４
サービス・気配り度：４　風情・雰囲気度：４
肌にやさしい度：４
湯っくりホックリ度：４
見どころ食べどころ：地熱発電所
【満足度】★★★★（4.0）

64 耶馬溪なかま温泉

「泉質主義」を掲げる
ヌルツル感では大分一の共同湯です

大分県の奥耶馬溪の「なかま温泉」です。ここは山国町（合併して中津市）中摩《なかま》地区の十四戸で運営する小さな共同湯ですが、キャッチフレーズに大きく「泉質主義」を掲げるお湯自慢の温泉です。ここのヌルツル感はまさに本物の温泉という感じです。アルカリ性単純泉の肌にやさしい美肌の湯です。大分でもめったにない温泉だと思います。ややぬるめの温度は月の兎好みです。飲んでも効くそうです。すぐ隣が国道２１２号の「道の駅山国」なので、歩いてすぐ立ち寄れます。

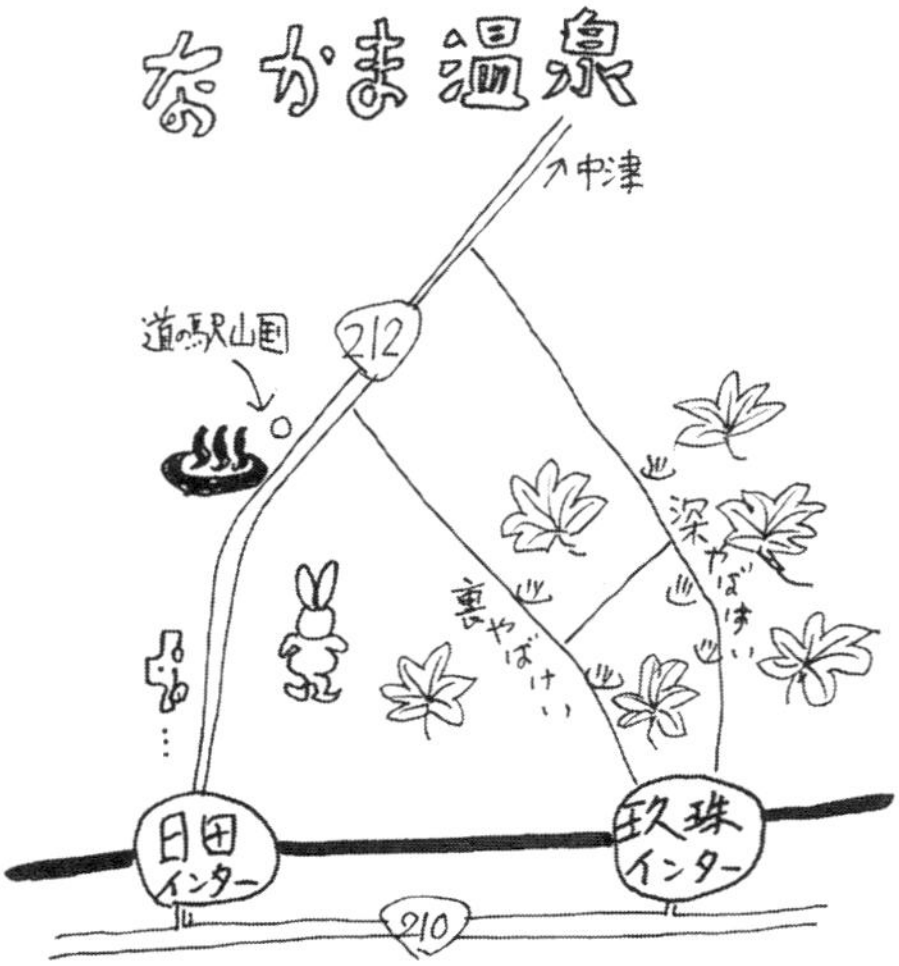

なかま温泉はお寺さんの参道沿いにあり、男性用の「河童の湯」と女性用の「ホタルの湯」に分かれています。入り口には地区のおばちゃんが交替で店番をしています。湯小屋は木製の簡易な造りですが、湯船は石づくりのしっかりしたものです。

湯船には常連らしい先客三、四人がいらしてました。お湯にじっと身を沈めておじさんたちの話に聞き耳を立てますと、「最近、山国は中津市と合併して入湯税がかかるようになり、この温泉も一五〇円が倍の三〇〇円になった」とか、話しています。

毛むくじゃらのごついおじさんたちがセコイことを言うなあと思いつつ、黙ってつかっていました。その時周りの様子にはっと気づきました。月の兎以外の入浴している人はすべて髭をはやしていました。こういうのも珍しいことです。大分は髭をはやした人が多いのでしょうか。ここは河童の湯ではなく、髭おやじの湯ということにしましょうか（笑）。

帰りには受け付けでおばちゃんが、美味しいお水と漬物をサービスしてくれました。受付のおばちゃんに、「なんでここは『なかま温泉』なの？」ときいたら「なかまやけん」という答えが返ってきました。温泉仲間？それとも中摩地区のなかま？　かな。

このなかま温泉は二〇〇八年に同じ場所に同じ浴槽の大きさで改築されました。料金は四〇〇円に上がったという話でした。大分では有数の極上の単純泉です。

《温泉データ・評価》
【温泉名】なかま温泉
【住　所】大分県中津市山国町中摩
【ＴＥＬ】0979－62－2655
【泉　質】単純温泉　38.5度
【営　業】11：00－21：00
【定休日】無休
【風　呂】内湯
【入浴料】400円
【駐車場】有
【評　価】
施設設備度：４　アクセス度：４
源泉かけ流し度：４　清潔度：４
サービス・気配り度：４
風情・雰囲気度：４
肌にやさしい度：４
湯っくりホックリ度：４
見どころ食べどころ：耶馬溪
【満足度】★★★★（4.0）

65 上恵良温泉

安心院の鏝絵と石橋を見た帰りに寄りました
素朴な石風呂にはモール泉

大分県の院内《いんない》・安心院《あじむ》は、別府や湯布院と山一つ隔てたところです。観光地としての派手さはありませんが、なかなか捨てがたいすばらしい魅力がたくさんあります。

安心院に鏝絵《こてえ》を見に行った帰りに、院内町の山里にある一軒温泉「上恵良《かみえら》温泉」に立ち寄りました。古い農業倉庫みたいな建物です。お風呂は総天然杉と川石を利用した天然岩風呂です。大浴場（三〇〇円）もありますが、大きい家族湯がたったの五〇〇円増しで貸切利用きるということでしたので、家族湯に入りました。

たしかに広くていいお湯でノンビリできましたが、壁板のケバイ色と天井のビニールスレート屋根は安普請というか、せっかくの渓谷の自然に恵まれたお風呂が〝艶消し〟というものです。いっそ取っ払って露天の方がすっきりしてよかったかもしれませんね（笑）。

お湯は、天然かけ流しの温泉です。耶馬渓周辺の温泉に多い、いわゆる植物性の〝モール泉〟（弱アルカリ単純泉）で、薄緑の黄金色をした、柔らかな感触のするしっとりしたいい温泉です。通りをはさんで酒屋兼雑貨屋が温泉休憩所を兼ねていて、一日ここでゆっくりするにはいいかもしれません。

この日は、安心院の鏝絵と院内の古い石橋をめぐり、歩きづめで足が疲れましたので、疲れとりにはとってもいい温泉でした。

ここ安心院や院内は鏝絵といい石橋といい、世間遺産、環境遺産がよく残っている地域です。またこのあたりは水がきれいなようで、オオサンショウウオの生息地やホタルの名所もあります。そのほか自然の〝隠れ避暑地〟としてお勧めの岳切《たっきり》渓谷もすぐ近くにあります。

昼食には、すっぽんのスープと雑炊をいただきました。あっさりした食感で美味しかったですよ。コラーゲンもしっかりとりました。

《温泉データ・評価》
【温泉名】上恵良温泉
【住　所】大分県宇佐市院内町上恵良780
【ＴＥＬ】0978－42－5875
【泉　質】単純温泉　50.6度　pH8.2
【営　業】９：30－21：30
【定休日】無休
【風　呂】内湯２　水風呂　サウナ
【入浴料】内湯300円　家族湯350円
【駐車場】10台程度
【評　価】
施設設備度：３　アクセス度：３
源泉かけ流し度：４　清潔度：３
サービス・気配り度：３
風情・雰囲気度：４　肌にやさしい度：４
湯っくりホックリ度：４
見どころ食べどころ：安心院ワイン、すっぽん料理、鏝絵
【満足度】★★★☆（3.5）

66 下河内温泉

"日本の正しい山村"の風景のような集落の共同湯はシンプルな湯船です

大分県は日本有数の温泉県です。ここ耶馬溪の温泉もまとまった温泉街こそ見られませんが、谷あいの村々に

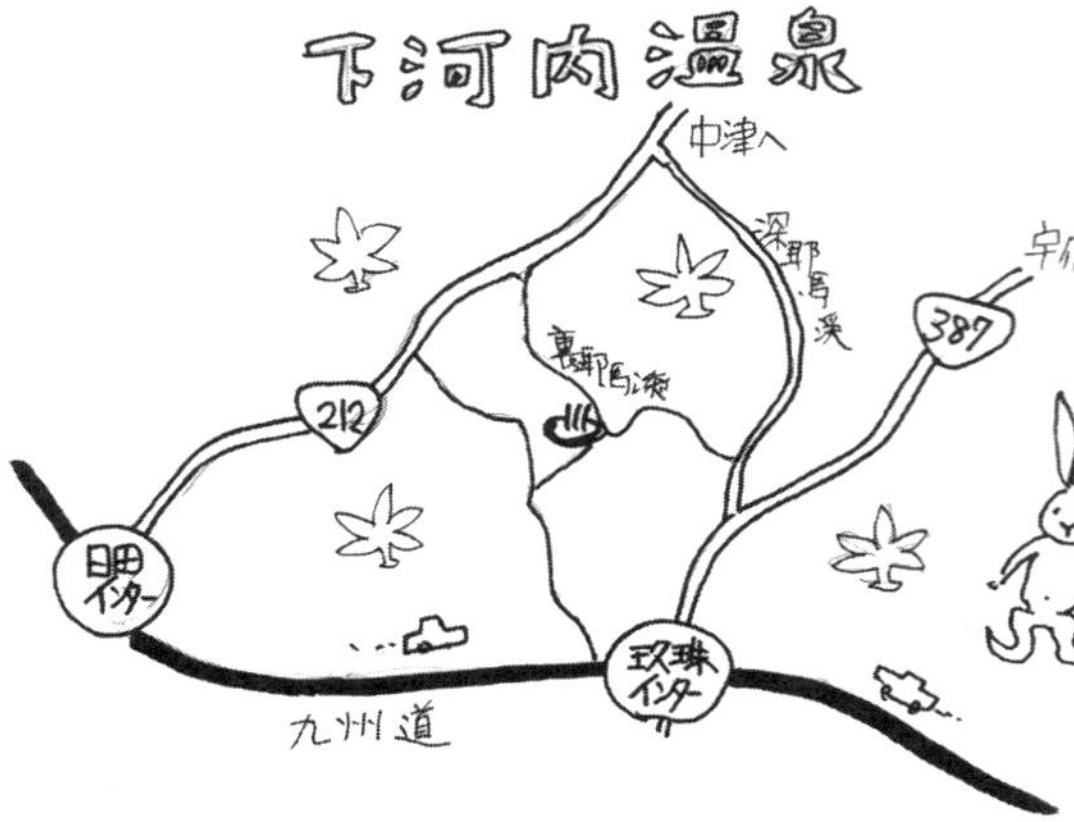

散在する温泉はそれぞれに源泉をもつ、極上の温泉エリアです。モール泉を中心に単純泉はすばらしいものがあり、谷から谷へ温泉を探して巡るのも楽しいものです。

玖珠《くす》町の裏耶馬溪の山あいの鄙びた一軒温泉が「下河《しもか》内《わち》温泉」です。景勝地「立羽田《たちはた》の景」を過ぎた谷あいの小さい集落の橋のたもとに「大衆温泉」「かけ流しの湯」という看板の下河内温泉があり、地区の共同湯のようなよさげな雰囲気の温泉です。

温泉の入り口通路の筵《むしろ》には小豆が干されていました。木槌で叩いて豆の殻を割るのでしょう。来年のお正月のぜんざいにでも使うのでしょうか。向かいの民家の縁側でおばあちゃんがノンビリ一人で受付しています。ここでおばあちゃんに入湯料を払います。

湯船はいたってシンプルなつくりです。湯質はこの辺りによくある単純泉で茶色のモール泉です。やわらかく

て肌理《きめ》こまかい、身体の芯まで温まる良いお湯です。ここでも貸し切り独り占めです。入湯料三〇〇円。

一人だったので室内の電球もつけないまま入浴しました。ほの暗い静かな浴室に湯船から溢れ流れるお湯の音がザザー、ザザーと繰り返し流れています。湯船にゆっくりつかって目を閉じると、お湯の温かさがジンワリと身体を包みます。いいお湯です。

設備や用品はこれといって何もありませんが、何もいりません。温泉めぐりをしていると、こういった山里の鄙びた風景に出合います。それも湯めぐり紀行の楽しみです。

山あいの一軒温泉、下河内温泉

《温泉データ・評価》
【温泉名】下河内温泉
【住　所】大分県玖珠郡玖珠町古後下河内565－1
【ＴＥＬ】0973－74－2045
【泉　質】単純温泉
【営　業】９：00－21：00
【定休日】無休
【風　呂】内湯
【入浴料】300円
【駐車場】有
【評　価】
　施設設備度：３
　アクセス度：３
　源泉かけ流し度：５　　清潔度：４
　サービス・気配り度：４
　風情・雰囲気度：４
　肌にやさしい度：４
　湯っくりホックリ度：４
【満足度】★★★★（4.0）

67 若山温泉・折戸温泉

耶馬渓の露天風呂が野趣に富む若山温泉
ドクッドクッと噴き出す湯量が凄い折戸温泉

春の深耶馬渓は紅葉の頃の混雑が嘘のような静けさです。その分、渋滞混雑もなくゆっくり新緑を愛でながらの温泉ドライブが楽しめます。

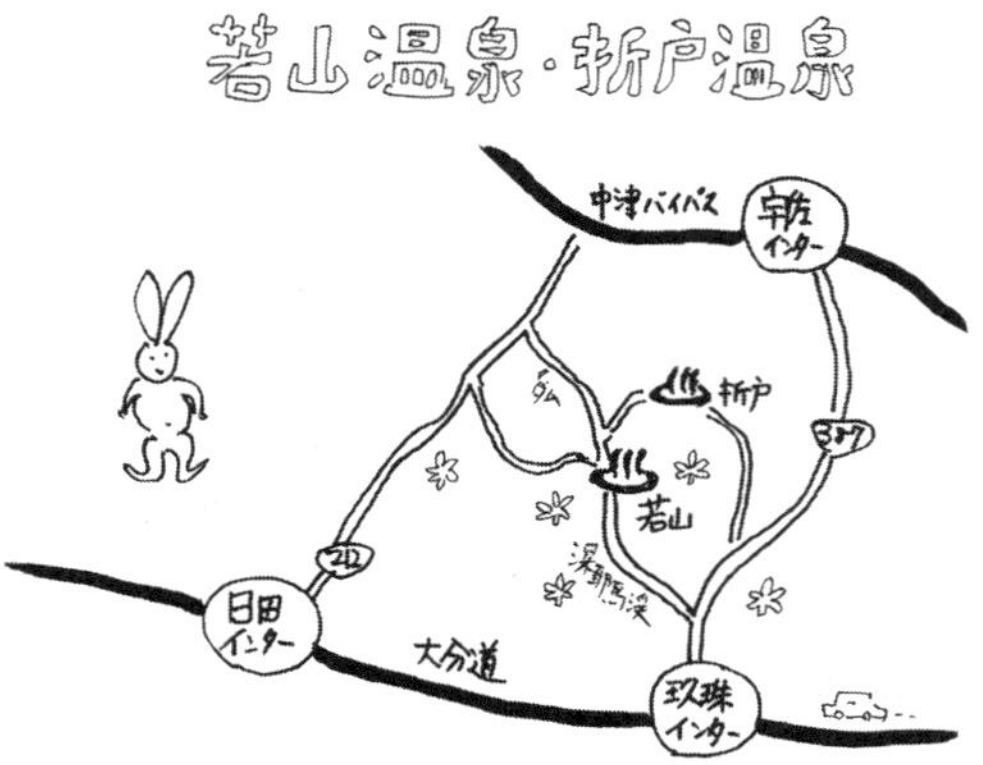

「若山温泉」は深耶馬渓の国道沿いの普通のお土産屋兼民宿の裏手にある露天風呂です。渓谷沿いの田んぼの先の谷あいに、ぽつんとした湯小屋が道路からも見えて、新緑の中で印象的です。田植えがすんだ田んぼの水に写る湯小屋の風情がなんとも良さげですね。温泉と田んぼ、この風景を見るだけでもほっと癒されますね。お土産屋で温泉に入れますかと問うと、内湯もありますが、混浴の露天もありますという返事でした。できればこの季節です。露天を楽しみたいもの。それで先客もなしとのこと。淡い期待も秘めてお店の裏手にある湯小屋の露天風呂へ。民宿の裏手には渓谷の奇岩と新緑がきれいな深耶馬渓の川沿いの露天風呂の小屋が立っています。湯船の奥に男女別の脱衣所があります。お風呂では裸になっても脱衣場は形ばかりの覆いがないといけませんし、手荷物もあります。

長方形の石風呂には黒っぽい茶色のモール泉があふれています。もちろん源泉かけ流しです。とっても肌に柔らかです。このツルツル感がたまりません。聞こえるのは渓谷の瀬音と爽やかな風の音、それに鶯の鳴き声だけです。こんな贅沢がたった三〇〇円で満喫できるなんて、温泉紀行冥利ですね。心待ちにしていましたが、最後まで絶景の混浴露天に美女の人影はありませんでした……。最高気分の別天地、新緑の耶馬溪露天風呂でした。月の兎の若葉の季節のオススメの露天温泉です。

「折戸温泉」は深耶馬溪の谷あいの一軒温泉です。お世辞にもきれいな施設とは言えませんが、源泉かけ流しの湯質湯量はすばらしいものがあり、特に湯口から間欠に注がれるドバッドバッとした湯量の豊富さには驚かされます。

このあたりは春の新緑、秋の紅葉と渓谷美がすばらしいところです。

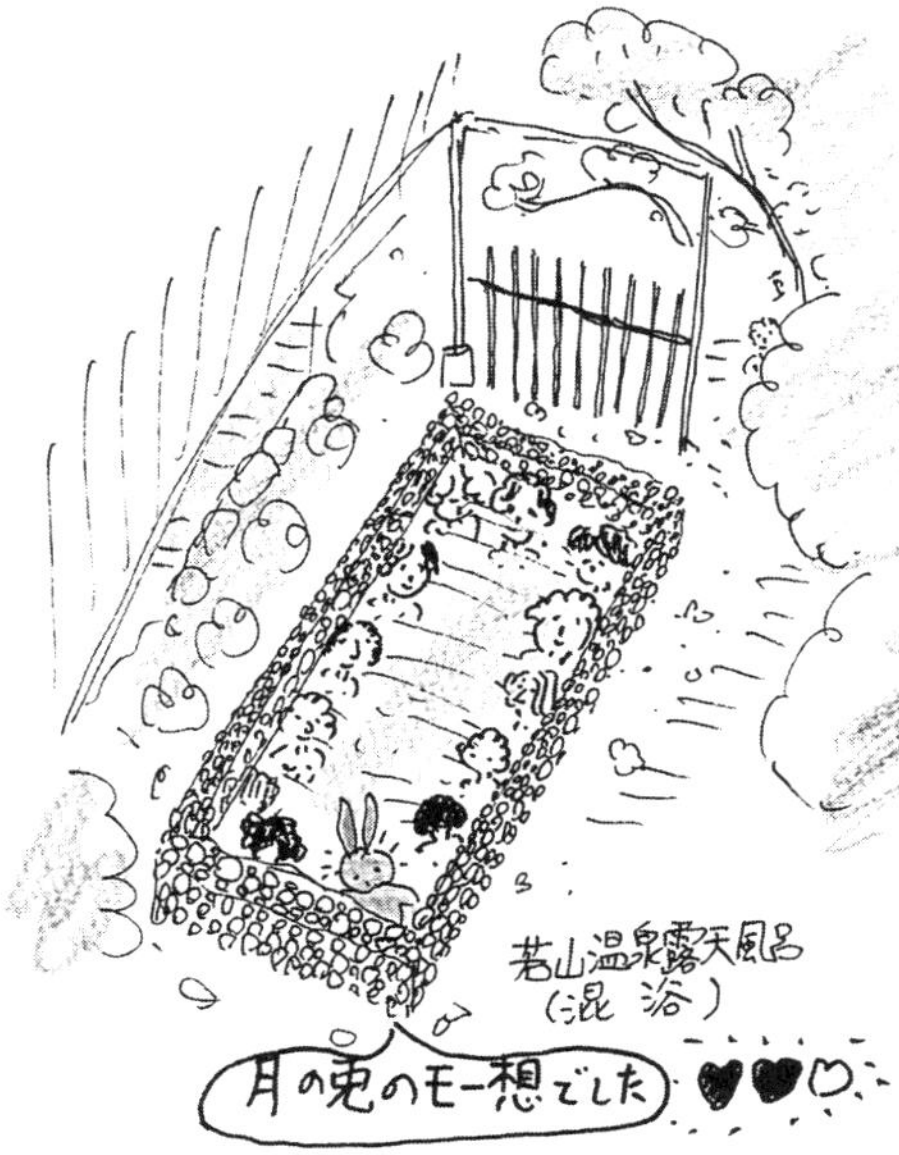

《温泉データ・評価》
【温泉名】若山温泉
【住　所】大分県中津市耶馬溪町深耶馬3263
【ＴＥＬ】0979－55－2063
【泉　質】単純泉　【営　業】10：30－20：00　お土産・食事
【定休日】無休　【風　呂】内湯１　露天風呂１（混浴）
【入浴料】300円　【駐車場】有
【満足度】★★★★（4.0）

【温泉名】折戸温泉
【住　所】大分県中津市耶馬溪町深耶馬折戸
【ＴＥＬ】0979－55－2258
【泉　質】単純泉　44.8度　pH8.4
【営　業】10：00－22：00　【定休日】無休
【風　呂】内湯　【入浴料】200円　【駐車場】有
【評　価】
施設設備度：３　アクセス度：４　源泉かけ流し度：５
清潔度：３　サービス・気配り度：４
風情・雰囲気度：４　肌にやさしい度：４
湯っくりホックリ度：５
見どころ食べどころ：深耶馬溪
【満足度】★★★★（4.0）

68 天瀬温泉山荘天水

天ヶ瀬から林の中を少し上ると
白い滝が見える
絶景の露天風呂があります

天ヶ瀬というと、筑後川沿いにはりついた温泉街をイメージしますが、少し支流の渓谷沿いや五馬《いつま》高原などの別荘地や集落にもいい温泉があります。

筑後川沿いの天ヶ瀬の温泉街から少し山に走って小さな川を渡ったところにある、広大な敷地の雑木林のなかの「天瀬温泉山荘天水」はまさに黒川温泉風の佇まいというより、もっとスケールが大きい森の中の旅館です。

ここは女性にとても人気の隠れ宿です。内湯、家族風呂もありますが、天水で見逃せないお風呂は、受付棟から雑木林をしばらく登って歩いたところにある露天風呂「滝観庵《たきみあん》」です。谷の崖淵にある風雅な露天風呂からは、木々の向こうの渓谷の対面にある白い滝が見えます。この滝を眺めながら入る露天風呂は何ものにもかえがたい趣きがあり、現代人の疲れた心と体の癒しになっています。女性に人気があるはずです。お風呂あがりに川が見える母屋のラウンジでいただくコーヒーはまた格別です。

天ヶ瀬にはバラ生産農家の巨大なバラ園があるので、見学しました。いろんな種類の色や形のバラがあって、ハウスの中はバラの香りに満ちています。

月の兎はこういう花の香りに弱く、強い香りは苦手で、

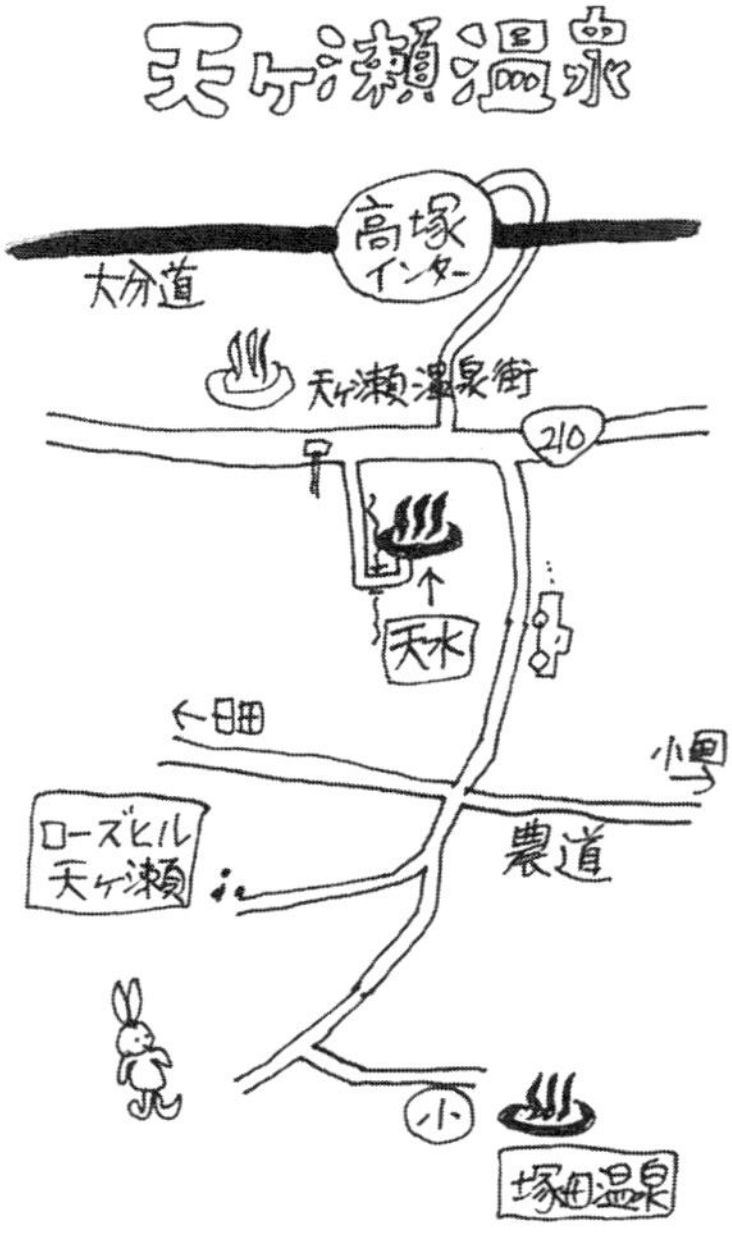

天瀬温泉山荘天水の玄関

頭がクラクラしてきます。バラ園の人に聞いたら、香りにも強香、中香、微香とあるそうです（女性も強烈なオーラのある〝美人〟より、ちょっと控え目なぐらいの方が好きです）。

バラの名前もいろいろおもしろいのがあって楽しかったです。マザーズデイや希望、ほかに、ヘンリー・フォンダ、ケーリー・グラント、ロロ・ブリジーダなんて俳優さんの名前のもありました。チンチン（イタリア語で乾杯という意味だとか）というのもなんだかおっかしいですよね。

バラ園のすぐ近くに「塚田温泉センター」という地区の共同湯を見つけて入ってきました。源泉かけ流しのいいお湯の貸切状態を堪能しました。

こちらは薄い茶色のお湯で、独特のヌルツル感もあり微かに硫黄臭がしていました。温泉とバラの日々、いいなー。空気も良いし、こういうところに住んでる人は、絶対長生きしますよね。

いいなー、こんなの。

《温泉データ・評価》
【温泉名】天瀬温泉山荘天水
【住　所】大分県日田市天瀬町桜竹601
【ＴＥＬ】0973－57－2424
【泉　質】単純泉　【定休日】無休　【入浴料】500円
【営　業】入湯10：00－17：00　【駐車場】有
【風　呂】内湯２　露天２　家族風呂５
（滝観庵の露天風呂のみ利用可）
【評　価】
施設設備度：４　アクセス度：４　源泉かけ流し度：４
清潔度：４　サービス・気配り度：５
風情・雰囲気度：５　肌にやさしい度：４
湯っくりホックリ度：４
見どころ食べどころ：天瀬ローズガーデン
【満足度】★★★★（4.0）

【温泉名】塚田温泉センター
【住　所】大分県日田市天瀬町塚田898－１
【ＴＥＬ】0973－57－3444
【泉　質】単純泉　【営　業】13：00～21：00
【風　呂】内湯　【入浴料】150円　【駐車場】有
【満足度】★★★☆（3.5）

69 アサダ温泉ひまわりの湯

浴室のドアを開けたら小さい檜の湯船が一つに洗い場が一つ。サラサラとかけ流しの茶緑色のお湯があふれています。

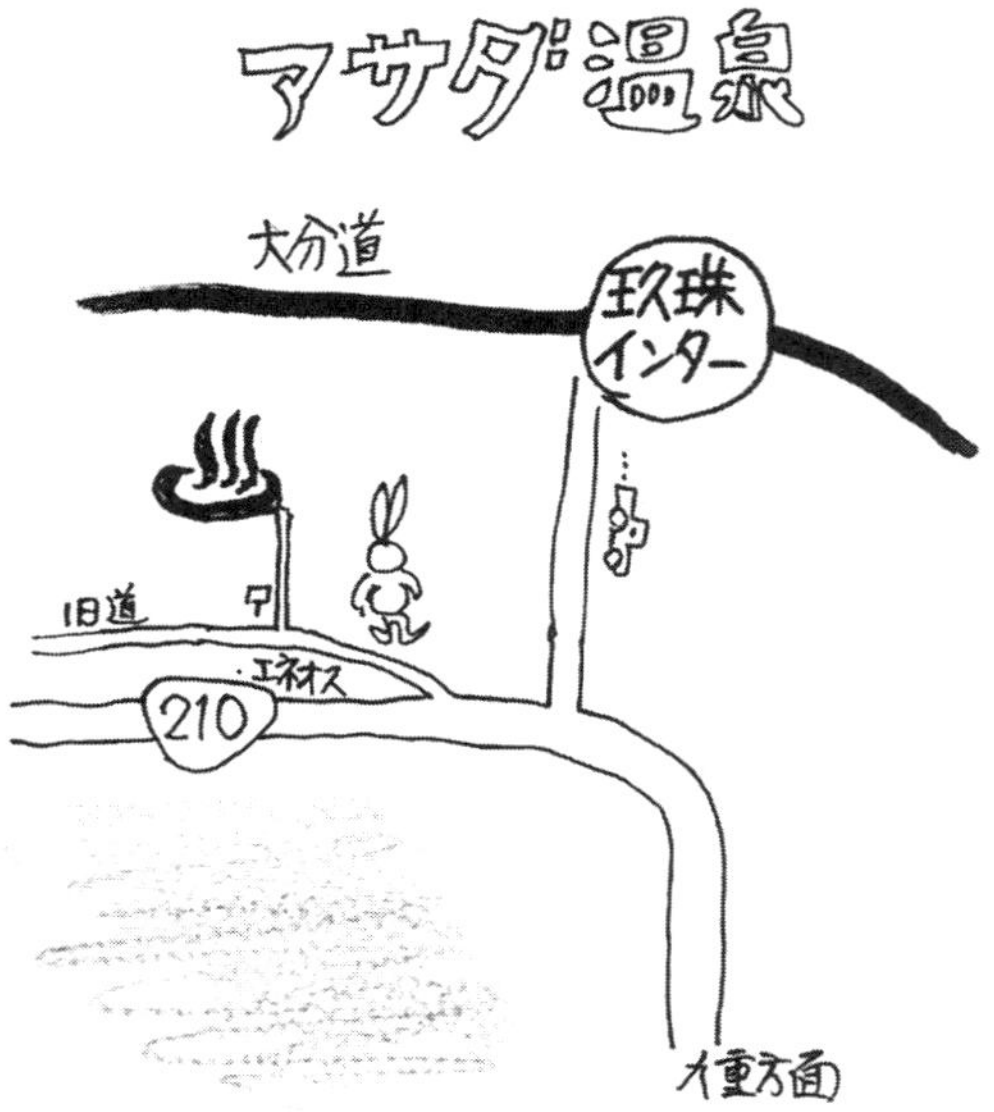

いいな〜こんな小さい町中の温泉 やさしいモール泉があふれています

湯船にはちょうど良い感じで、緑色の縁取りができています。思わずにっこり。お湯は肌にやさしいツルツル。こんなよさげなモール泉を貸切で独り占めできるなんて幸せです。

浴室の貼紙に手書きで「循環式ではありません　ごらんのとおり　お湯があふれ出てているでしょう　温泉一〇〇%　かけ流しです」だって。

ハイ、わかっていますよ。

大分県玖珠町の２１０号旧道から住宅地の中を入った奥、アパートに隠れるように「アサダ温泉ひまわりの湯」の静かな佇まいです。

入り口の券売機の前に立つと六十代ぐらいのおばさんの「いらっしゃいませ」のテープの声が流れます。券は下の箱に入れます。三〇〇円です。貼紙で「男女の入り口をお間違えないように」だって、わざと間違えたりするのがいるのかな。帰りには「ありがとうございました。またのお越しを」と同じおばさんの声。

ハイ、また立ち寄らしてもらいますよ、こんな良い温泉ですもの。でも、テープの声、せめて三十代の艶のあるお姉さんにしていただけませんか（笑）。

この温泉の持ち主の浅田さんが六十歳の記念に、それまでの人生に感謝する思いから温泉を掘り、皆さんの健康を願って提供してくださってるとのことです。ありがたく入湯させていただきました。感謝！

温泉の帰りしな、近くに、小体《こてい》なお菓子屋さんを見つけました。餡子かし屋「いわした」さんと書いてあります。餡子の販売もなさっているのでしょうか。水ようかんを買って帰りましたが、この湯上がりの水ようかん、餡の美味しかったことといったらありませんでした。

テープの声が迎えてくれる

《温泉データ・評価》
【温泉名】アサダ温泉ひまわりの湯
【住　所】大分県玖珠郡玖珠町大字塚脇441－2
【ＴＥＬ】無人
【泉　質】単純温泉　47度
【営　業】10：00－23：00
【定休日】無休
【風　呂】内湯
【入浴料】300円
【駐車場】５台ぐらい
【評　価】
施設設備度：４　アクセス度：４
源泉かけ流し度：４　清潔度：４
サービス・気配り度：４
風情・雰囲気度：４
肌にやさしい度：４
湯っくりホックリ度：４
見どころ食べどころ：餡子かし屋いわした
【満足度】★★★★（4.0）

究極の温泉旅館の料理

究極の温泉旅館の料理とはなんでしょうか。

たいてい、宴会の料理や旅館の料理は懐石コースと決まっています。三点盛り、汁物、刺身、焼き物、煮物、揚げ物……がお膳に彩り鮮やかに盛られ、これでもかと並ぶ。宿の高級、上下はあっても基本はこれです。

固形燃料を燃やしてつくる小鍋や陶板焼きも定番です。湯布院で出される豊後牛とか嬉野温泉の佐賀牛の陶板焼きとかです。グルメなオバサマたちは、ちまちま色々ならぶと、「まあ、きれい」とか「いろいろ食べれて嬉しい」とお喜びになるかもしれませんが、酒飲みにとっては、懐石、コース料理ほどつまらないものはありません。

酒飲みは、お決まりの懐石コースでちまちま色々なんか食べたくないのです。旅館は、早く仕事を終えたいから早く客が食べ終わることしか考えていません。こちらはといえば、ゆっくり好みの肴でお酒を飲みたいし、温泉につかり浴衣がけで、自分のペースで宴会するという楽しみは捨てがたいものがあります。

そこで、月の兎の究極の温泉旅館とは、まず仲居さんがお品書きを持ってきて、こちらはお好みで注文する方法です。好きなものを単品で選べる。その地方の旬の食材なんか選べたら最高です。

「今朝、浜であがった魚がおすすめです。刺身でも煮付けにしても美味しいですよ」「豆腐は近所の豆腐屋で作った自家製ですよ。揚げたての油揚げをおろし生姜でいかがですか」「山菜は今日家のものが山に入って採ってきたばかりですよ」

要するに、居酒屋です。美味しい地酒やワイン、焼酎なども揃っていて、もちろんお値段も明記。この料理と品書きを見ながら、夜の更けるまで心ゆくまで愉しむ。飲みつかれたら布団も敷いてある。ごろり。途中でお風呂に入り、また飲み直す。

「あのー、ここは何時までいいですか?」

「どうぞ、ごゆっくり心ゆくまでお楽しみください」

美人の女将がにっこり微笑む。こんな居酒屋風の、いい温泉旅館ないのだろうか。

人吉街道（肥薩の道）の温泉

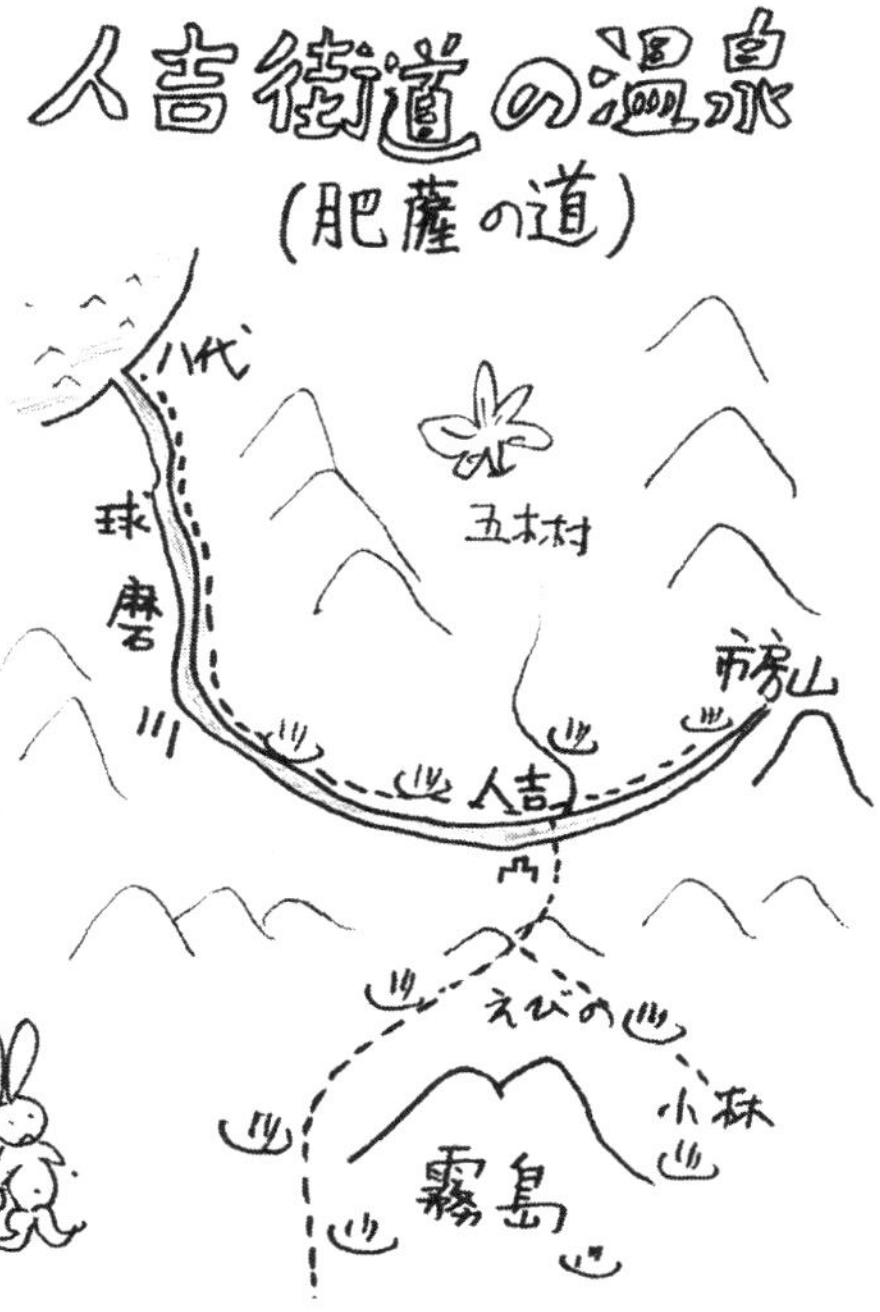

熊本県南部の八代から球磨・人吉地方へ、さらに人吉から霧島を経て鹿児島に至る「人吉街道」は、旧肥薩線（八代〜人吉〜吉松〜隼人）・吉都線（吉松〜都城）の沿線です。八代から人吉間の球磨川沿いは川線と呼ばれ、人吉盆地から加久藤、吉松、霧島は山線とも呼ばれています。大畑《おおば》駅では全国的にもここだけの、ループの中にスイッチバックがある方式が見られます。

人吉球磨盆地は周囲を山に囲まれた閉ざされた地域で、中世から幕末まで相良藩が約七百年間変わらずに統治してきました。独特の風土と文化が守られてきた地域です。一方、加久藤峠を越えた宮崎県えびの、小林地方は鹿児島県と接した旧薩摩領で、文化的にも鹿児島との共通性が濃いところです。

熊本県の人吉温泉、宮崎県の京町温泉、そして鹿児島県の霧島温泉・妙見温泉など三県にまたがる内陸の温泉ですが、名湯・秘湯が散在するエリアです。

70 人吉温泉たから湯

この旅館の浴室の上品さは格別です
入浴とは上品な仕草だったのですね

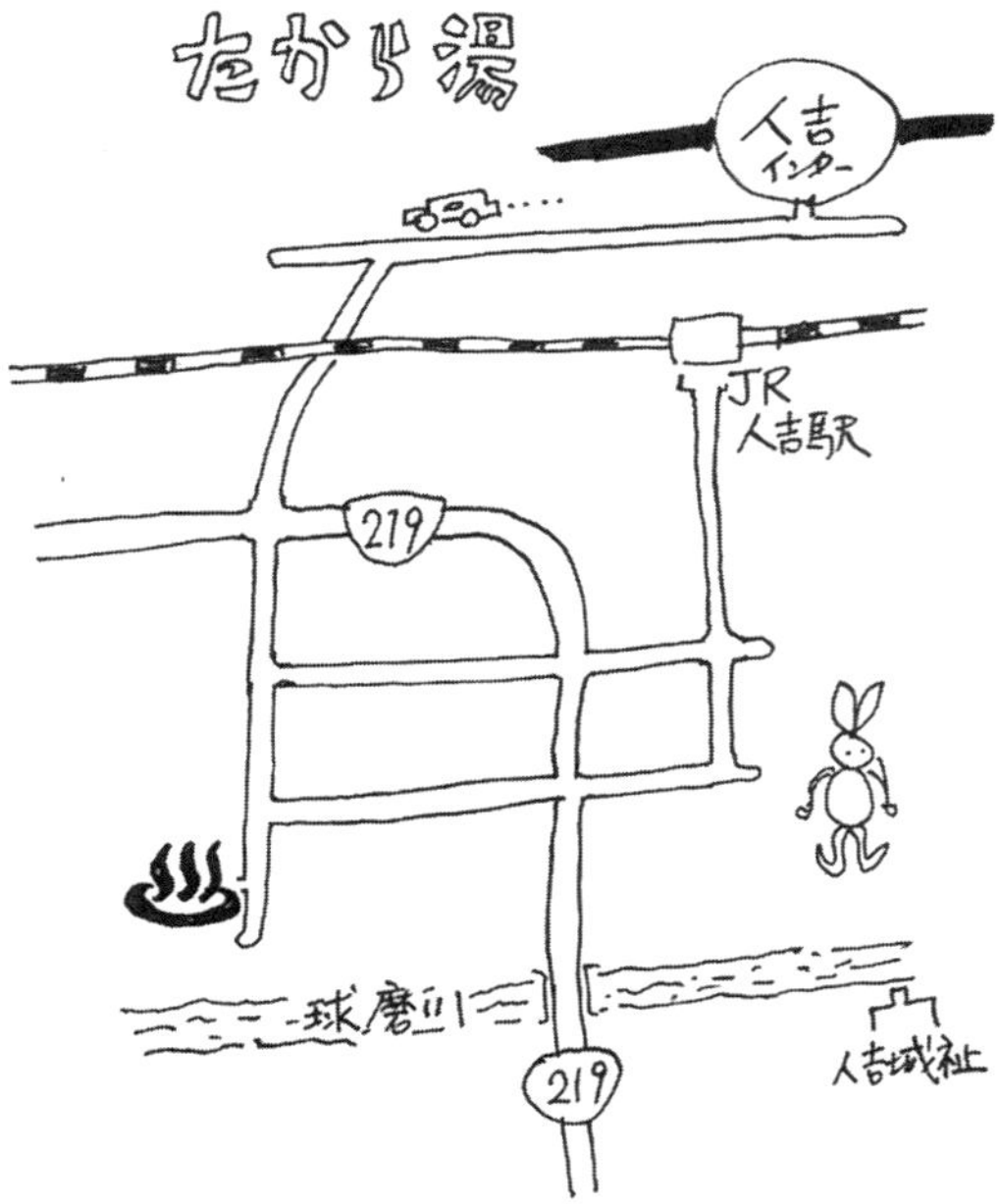

人吉の温泉は良い温泉ばかりで、いつもどこにしようかと迷うのですが、湯質なら「華まき」、レトロな雰囲気なら「新温泉」か「元湯」、湯船の格調なら「たから湯」というところでしょうか。

今回は「人吉温泉旅館たから湯」に宿泊しました。小さくて古い旅館ですが、明治、大正と続く公衆浴場の雰囲気を大切にした浴室の造りや、和のセンス抜群の旅館の雰囲気も非常に品が良くて、女性に人気がある温泉旅館というのもうなずけます。

浴室は宿の一階中央正面にありますが、浴槽は地下に下りていく構造になっています。清潔感がありますし、浴室全体の調和と言うか雰囲気は絶品で、惚れぼれしてしまいます。湯質そのものは熱めで、ヌルツルで柔らかい湯触りでほっこり温まるいいお湯です。こんな品のいい雰囲気のなかで入浴を独り占めできるなんて幸せ、贅沢です。

食事は季節の旬のものがゆっくりていねいに出されてきます。けっして豪華ではありませんが、品よく美味し

旅館たから湯の外観と地下に降りて行く構造の浴室

いです。器もすべて特注の品を使用するなど、こだわりが感じられます。夜だけの小さなバーも開いていてゆっくりできます。レトロなセンスが光る温泉旅館です。立ち寄りもできますが、一日五組だけの予約しか取らないご宿泊をお勧めします。

たから湯旅館のすぐ近くにあるのが「しらさぎの湯」です。ここは川魚料理店がやっている立ち寄り湯です。浴室に入ると、「やったー」日曜というのにここも貸切状態です。黄緑色のヌルツルしたとても良いお湯です。私好みのぬるめのお湯です。ちょっと古びた木の湯船は一メートル弱ぐらいの深さで、立っても腰までお湯があります。ゆっくりつかって旅の余韻に浸っていました。ナトリウム―炭酸水素塩・塩化物泉です。入浴料は二〇〇円。

美味しいご飯を食べて、いいお湯に入れば、当然眠たくなります。帰りの一人運転はつらいけど、途中休憩を取りながらゆっくり帰りました。

【温泉名】人吉温泉旅館たから湯
【住　所】熊本県人吉市温泉町2482
【ＴＥＬ】0966－23－4951
【泉　質】ナトリウム－炭酸水素塩・塩化物泉　46.0度
　pH7.83　自然湧出
【営　業】８：00－22：00
【定休日】無休
【風　呂】内湯　家族風呂
【入浴料】500円
【駐車場】有
【評　価】
　施設設備度：５　アクセス度：４
　源泉かけ流し度：５　清潔度：５
　サービス・気配り度：４　風情・雰囲気度：４
　肌にやさしい度：４
　湯っくりホックリ度：５
　見どころ食べどころ：川辺川の天然やまめ、うなぎ料理、
　　中世仏教美術
【満足度】★★★★☆（4.5）

駅から5分の商店街にある

71 人吉温泉新温泉

レトロな公衆浴場の佇まいは
時間が停止したようです
古くても「新温泉」です

人吉温泉の「公衆温泉新温泉」です。JR人吉駅近くの商店街から一歩入った裏路地にある、レトロな雰囲気の古い建物がよさげな感じの銭湯です。古くても名前は新温泉です。

番台には、いかにも品のいいおばあさんが座っています。別に見られているわけではないのですが、脱衣するのが少し恥ずかしい気持ちがしました。

湯船も超レトロなつくりです。湯船は熱いのとぬるいのと二つがあり、熱めの方がやや深くなっています。もう片方の湯船は湯質は同じですが、ぬるめで浅く寝そべって入れるようになっています。黒い色のお湯はやわらかく上質で、とても気持ちよかったです。

新温泉の2つの湯船

脱衣場には、古風な体重計、身長測定器、ぶら下がり健康器が並んでいて、なんだか時間が止まった学校の保健室のような懐かしい雰囲気です。

脱衣場の壁には一九九五年の人吉の観光ポスターが貼ってあります。福岡のテレビ番組

うれしくなる新温泉

で〝チャリンコグルメ〟のリポーターとして人気の村仲ともみさんが、新温泉の前のベンチに、デビュー当時のふっくらした顔に浴衣で座っています。ポスターで村仲さんが座っていたベンチが男湯の脱衣場においてあったので、兎も村仲さんと同じ格好で座ってみました。なんだかちょっといい気分になりました。

新温泉から細くくねくねした裏路地を奥のほうに少し歩くと、「思いつきの店」という鉄鍋餃子の名店があります。年老いたご夫婦がつくる餃子は野菜の具がたっぷり入っていてとても美味しく人気があります。昼間お店にうかがっても、電話予約の分を作るのに手一杯で、お店では食べることがなかなかできません。夜になってやっと食べることができます。この餃子屋さんも新温泉も、人吉の裏町のレトロな雰囲気と情緒を残す風情のある風景です。

《温泉データ・評価》
【温泉名】公衆温泉新温泉
【住　所】熊本県人吉市紺屋町80－２
【ＴＥＬ】0966－22－2020
【泉　質】アルカリ性単純泉　黒色
【営　業】13：00－22：00
【定休日】無休
【風　呂】内湯２
【入浴料】300円
【駐車場】有
【評　価】
施設設備度：３　アクセス度：４
源泉かけ流し度：４　清潔度：４
サービス・気配り度：４　風情・雰囲気度：５
肌にやさしい度：４
湯っくりホックリ度：４
見どころ食べどころ：青井阿蘇神社、人吉城址、餃子思いつきの店
【満足度】★★★★（4.0）

72 人吉温泉華まき温泉

泡、泡、泡。超スベスベ
いつまでも浸っていたい田園の楽園です

人吉温泉のすごいところは、温泉旅館以外にも古い公衆浴場などが二十五湯もあって、市民の生活の中に温泉が根付いていることです。中心街からちょっとはずれた郊外の農村部にも、素晴らしい泉質の温泉が散在しています。

その代表的な温泉が「華まき温泉」です。ここは、炭酸泉としては九州の温泉では最高の湯質です。きめ細やかな粒子の泡が肌・体毛にまとわりつくさまは、本当にすごいとしか言いようがありません。大分県の長湯のラムネ温泉や七里田温泉の下ん湯も負けていません。

しかもここのお湯は、ある程度の温かさがあります。泡付きの炭酸泉はラムネ温泉などでは三〇度くらいのぬるいところが多いのですが、ここは三七、八度くらいでしょうか。ゆっくり時間をかけて入ることができる最適の温度です。しかも、肌にまとわり着いた泡がヌルツル、

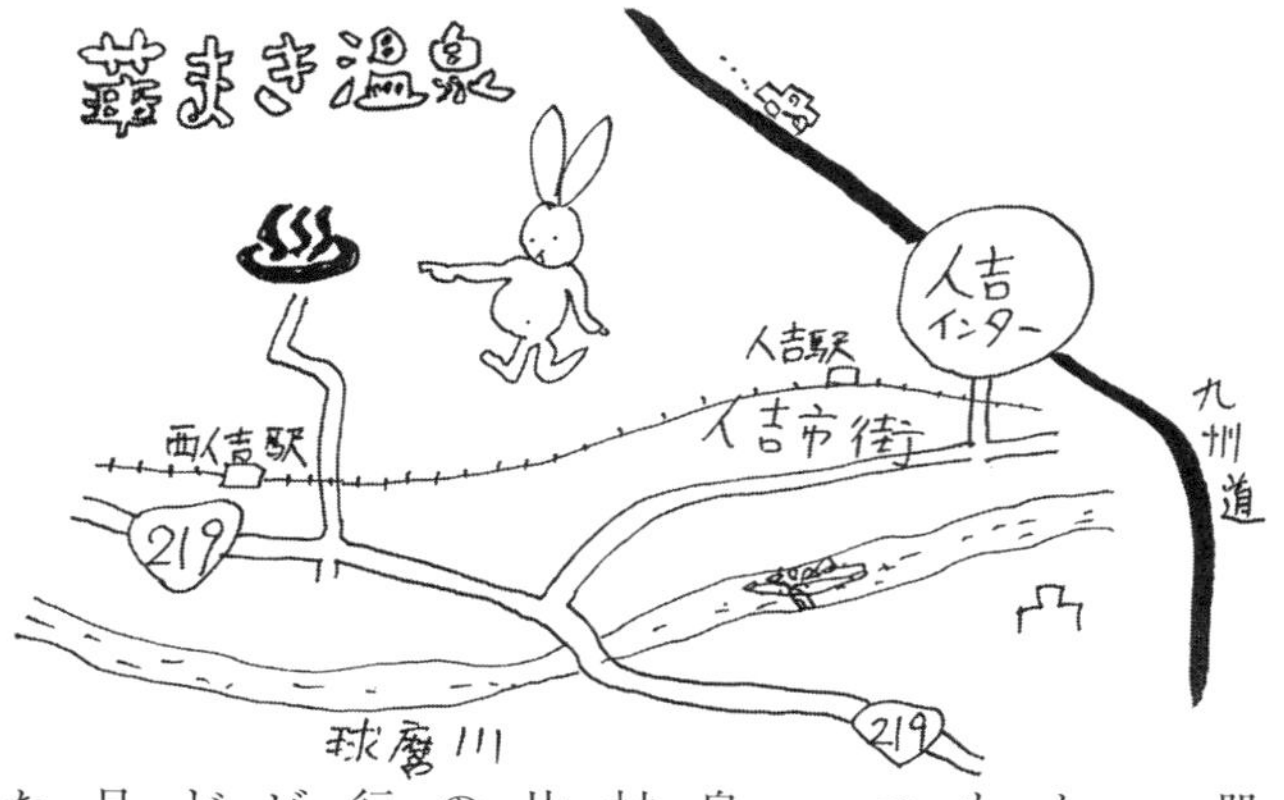

肌はスベスベです。

こんな温泉に入った経験は初めてです。もちろん評価は★5つです。

こんな超一級の温泉が、人吉郊外の農村集落を深く入った片隅にあります。この温泉へは大型車は行けません。カーナビでも行き着けるかどうかわかりません。月の兎も最初に行った時など、集落の周

華まき温泉の入り口と湯船

りをぐるぐる何度も同じところを回ったものです。

村の共同湯ではなく、近年個人で温泉を始められたそうです。温泉施設は小さく家族的です。施設の前にゲートボール場のような駐車場があります。施設には演歌が流れています。小さな内湯と家族湯、それに軽食を出してくれる休憩所がある程度です。

あまりの気持ち良さにずっとつかっていたい気がしましたが、休憩所で、湯上りにメロンの蜜かけ氷をいただいて帰りました。このかき氷の肌理《きめ》細やかさといったらありませんでした。まるでここのお湯の泡付きのようです。

二〇〇九年秋、再訪したら食事は休止しているそうですが、再開の予定だとか。来年のかき氷が楽しみです。素朴ですが緑濃い田園の楽園温泉です。

温泉データ・評価》
【温泉名】人吉温泉華まき温泉
【住　所】熊本県人吉市下原田町嵯峨里1518
【ＴＥＬ】0966－22－6981
【泉　質】ナトリウム－炭酸水素塩泉　34.9度　pH8.31
【営　業】10：00－22：30
【定休日】無休
【風　呂】内湯　家族湯
【入浴料】300円　家族湯1500円
【駐車場】有
【評　価】
施設設備度：4　アクセス度：3
源泉かけ流し度：5　清潔度：4
サービス・気配り度：3
風情・雰囲気度：4
肌にやさしい度：5
湯っくりホックリ度：5
見どころ食べどころ：球磨川下り
【満足度】★★★★★（5.0）

73 湯山温泉市房観光ホテル

九州の脊梁山脈に抱かれた
静かな温泉

人吉・球磨盆地を訪ねるには何通りかのルートがあります。熊本方面からだと八代から球磨川沿いの219号を深い緑の川と青い山を見ながら入るのが普通です。そのほか五家荘、五木からの山越えルート。鹿児島方面からだと大口筋からの薩摩街道、えびの市からの加久藤越えルート。それに椎葉村や西米良村からの九州山地の尾根を越える道などです。

球磨川の急流沿いを上って人吉盆地につくと、山の中にこんなに広く開けた平野があるのかと驚きますが、その人吉からさらに奥の湯前へ進むと、豊かな平野が続くのでさらに驚かされます。きっと江戸幕府の目付けの役人たちも、ここまでチェックできたかどうかわかりませんね。

山麓地帯を通る広域農道のフルーツロードを一路人吉盆地の最奥、球磨川源流にある水上村の湯山温泉を目指します。熊本と宮崎県境にそびえる名峰市房山《いちふさやま》（一七二二メートル）は、冬には雪を冠してとてもきれいです。山の向こうは日向の秘境、椎葉村や西米良村です。その麓に湧くのが山岳温泉の湯山温泉です。ここは、静かな山の温泉です。

温泉街には旅館・民宿が数軒ありますが、「湯山温泉市房観光ホテル」の内湯に入湯しました。誰もいない浴室は二槽にわかれています。ややぬるめとやや熱めです。なれるとやや熱めぐらいがちょうどいいくらいに思えてきます。冷えた身体にジンワリと温かさが伝わっていきます。ヌルツルの透明感のあるいいお湯です。肌にやさしい美肌の湯です。

窓から見える雄大な市房山を見ながら、貸切状態をいいことに浴槽内スクワットをピチャパチャ、ピチャパチャ五十回やってから後はゆっくりつかりました。これでドライブの疲れも取れました。

以前湯山温泉の元湯にお邪魔したことがありました。石や木の湯船の雰囲気はありましたが、お湯はこの観光ホテルのほうがベターです。

すっかり温まったところで、お約束のあさぎり町へ下ります。途中の湯前町の産直販売所で売ってる下村婦人会のお漬物が湯前のお土産です。この婦人会は産直販売の草分け的な存在として有名です。

《温泉データ・評価》
【温泉名】湯山温泉市房観光ホテル
【住　所】熊本県球磨郡水上村湯山357
【ＴＥＬ】0966－46－0234
【泉　質】弱アルカリ性単純硫黄温泉　35.5度　pH7.52
【営　業】15：00－21：00
【定休日】不定休
【風　呂】内湯
【入浴料】500円
【駐車場】有
【評　価】
　施設設備度：3　アクセス度：3
　源泉かけ流し度：4　清潔度：3
　サービス・気配り度：3
　風情・雰囲気度：4
　肌にやさしい度：4
　湯っくりホックリ度：4
　見どころ食べどころ：市房山、水上ダムの桜
【満足度】★★★★（4.0）

74 あさぎり紀行

球磨川沿いに開けたあさぎり町の地元のいこいの温泉です

あさぎり町は五つの町が合併してできた新しい町だそうです。南北の山地の間をほぼ東西に球磨川が流れており、川の両側には広い平野が広がっています。

白髪岳の麓にある谷水薬師という古いお寺や白髪神社を町の人に案内していただきました。古い歴史のある町ですね。その後、「ヘルシーランド薬師温泉」に入湯。ヌルツルのいいお湯でしたが、塩素臭が少し気になりました。ミストサウナなどもあり地元の方で賑わっていました。隣接の農産物加工所では、ベーコンやハム、豆乳がとても美味しそうでした。武家屋敷の雰囲気が残る麓馬場ではグリーンツーリズムをやっている「ゆっくりサボッテンさん」こと、馬場家のてっちゃんの美味しいトマトをいただきました。

泊まりは、農家民宿「后寿慶《こじゅけい》の森」でした。まわりは田んぼ、里山、竹林などです。屋敷も広く、本宅、民宿

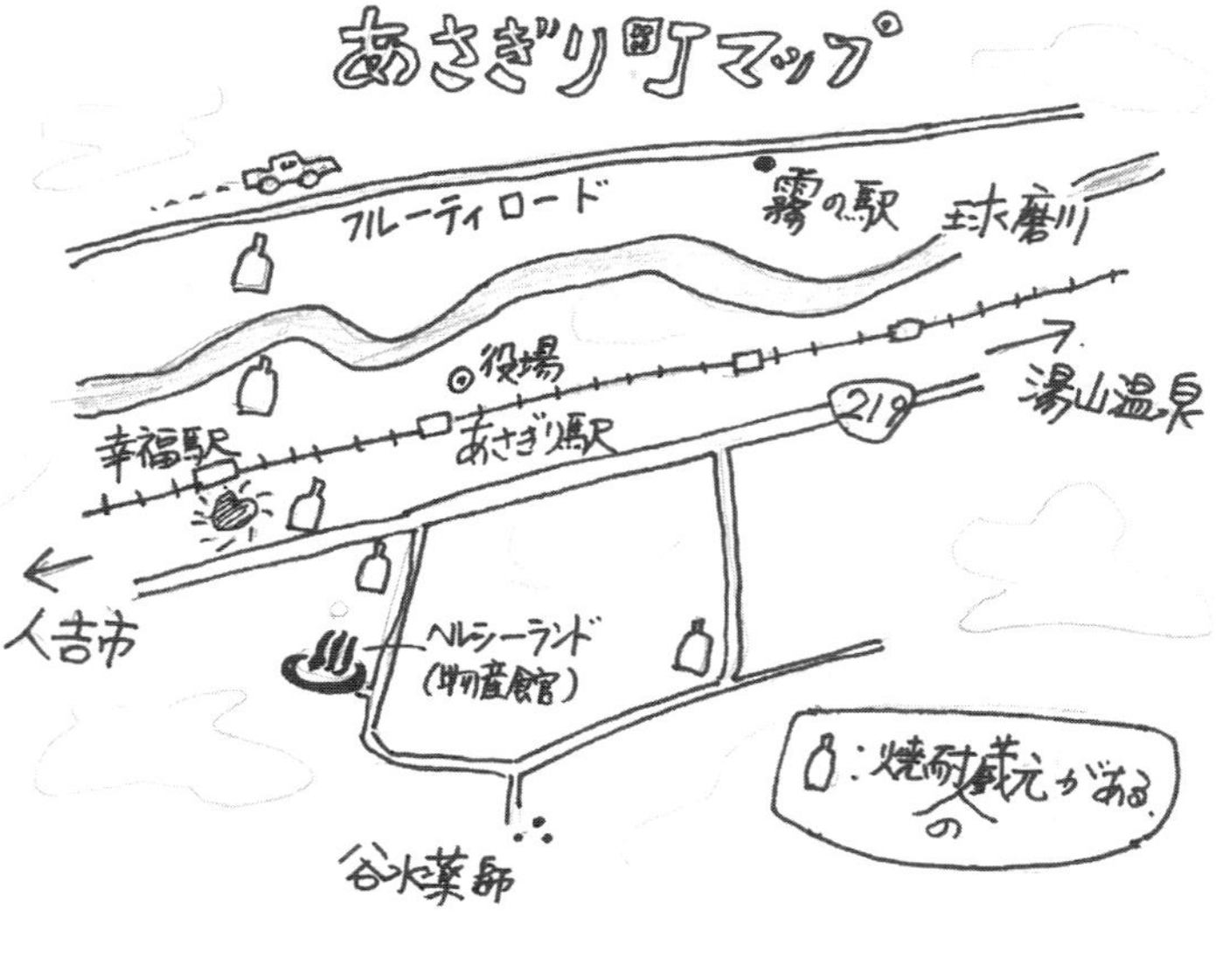

棟、馬小屋、蔵、それに犬小屋二つなどが散在しています。

　宿の半纏《はんてん》を着せてもらいご機嫌になって、夜遅くまでご主人夫婦と焼酎の生《き》を猪口《ちょく》でやりとりして、楽しい時間を過ごしました。お酒のおつまみは、ゆべし、大根の煮物、それに初物の竹の子の刺身でした。裏の竹林で見つけた奥様が、明日の味噌汁の具にしようと思っていたのを急遽刺身にしていただき、酢味噌でいただきました。これがまた焼酎にあいますと。こういうの、農家民宿冥利っていうのでしょうね。

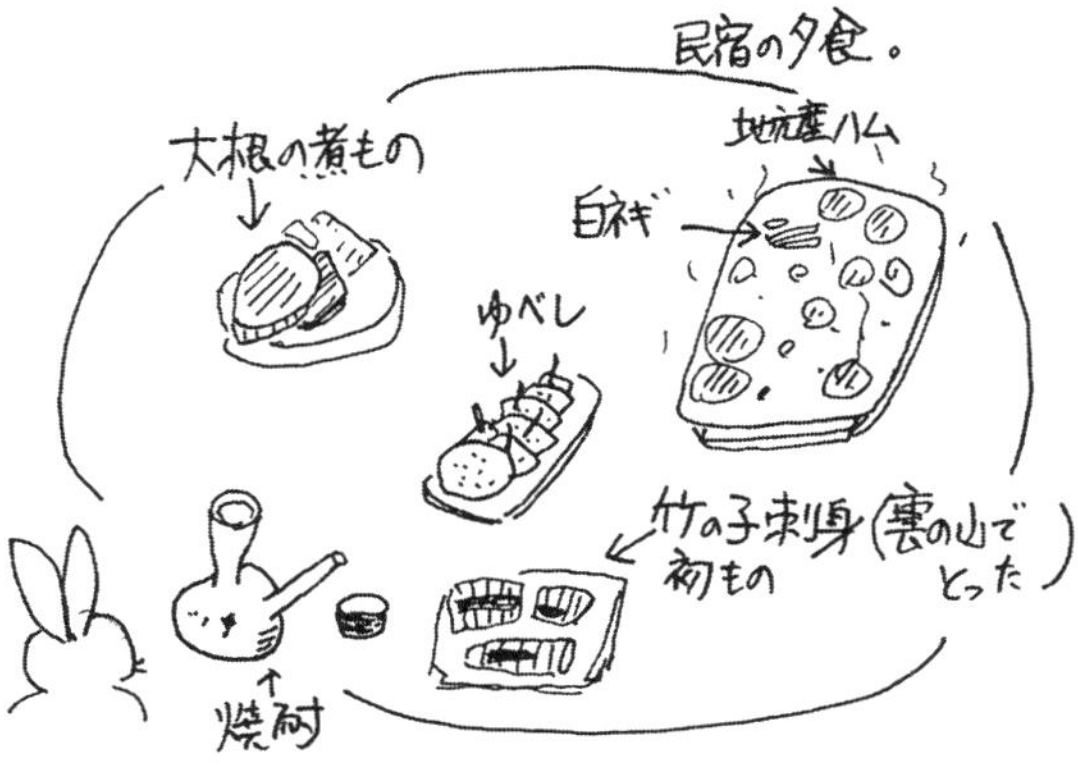

　朝ごはんは、地元産のハム、自家製の椎茸、白ねぎなどを焼いていただきました。しっかり肉がつまったハムの歯応えと、白ねぎの甘さが際立っていました。また、玉子ご飯や椎茸のお味噌汁もとても美味しかったです。

　ご夫婦の温かい人柄に、まるで親戚の家に来たような気持ちになりました。また、いつか訪ねてみたいあさぎり町です。

《温泉データ・評価》
【温泉名】ヘルシーランド薬師温泉
【住　所】熊本県球磨郡あさぎり町上北1874番地
【ＴＥＬ】0966－47－0755
【泉　質】弱アルカリ性低張性温泉　単純アルカリ硫黄泉
【営　業】10：00－22：00
【定休日】第２・４月曜日
【風　呂】内湯
【入浴料】300円　70歳以上中学生以下200円
【駐車場】有
【評　価】
　施設設備度：３　アクセス度：３
　源泉かけ流し度：３　清潔度：３
　サービス・気配り度：３
　風情・雰囲気度：３
　肌にやさしい度：４
　湯っくりホックリ度：４
　見どころ食べどころ：おかどめ幸福駅、併設の物産館
【満足度】★★★（3.0）

75 神の郷温泉

ゴボッ、ゴボッ、
毎分一トン以上のお湯がかけ流しです
もーこれは大洪水ですね

宮崎の温泉と言えば、九州で一番高いところ（一二〇〇メートル）にある眺めのよい「えびの高原市営露天風呂」に行こうと、思い込んでいた月の兎が浅はかでした。霧がかかって視界が良くない中を高原まで上ったのに、

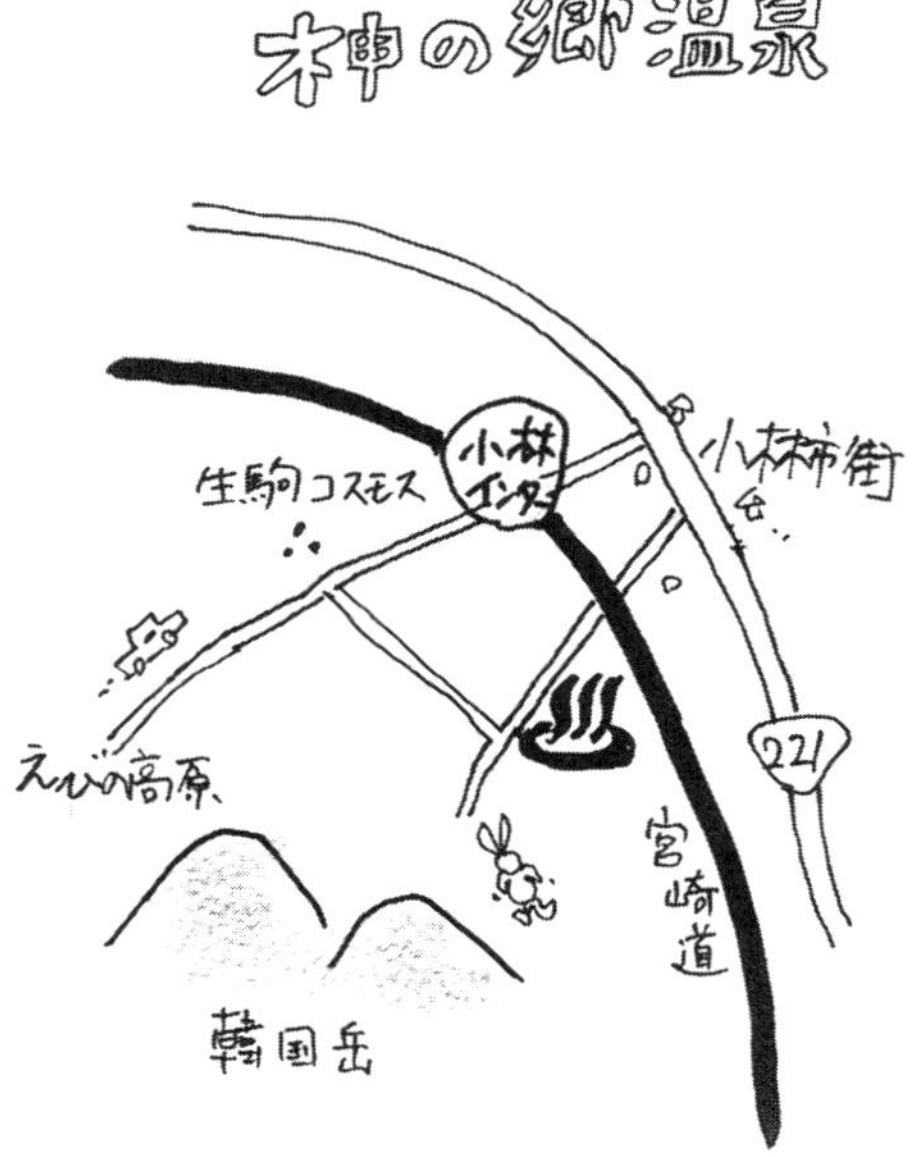

湯温の低下のため休業しているそうです。残念です。自然のものはこれがありますよね。事前チェックを怠りました。反省。でも、途中の生駒高原のコスモスはほぼ満開でしたので、立ち寄って写真に収めてきました。

泊まりは、小林市の北霧島温泉郷「紀乃島温泉紀乃島館」（温泉名は「恵の湯神《かん》の郷《ごう》温泉」に変更）という大きな施設です。

畑や杉の木立に囲まれた複合温泉施設です。立ち寄り湯のほかにグランドゴルフ場やログハウス、大小宴会場などもあります。高校・大学、企業などの陸上部が合宿に使用しているとのこと。玄関には各校の色紙がところ狭しと貼ってありました。小林は駅伝のメッカなのです。

ここのお湯はすごいです。何がすごいか？　湯量が日本一！　毎分一・五トンです。もちろん源泉かけ流し。

あふれているなんてもんじゃない。これは大洪水です。それに、日本の国の始まりである霧島にある由緒正しい温泉です！　紀の島の「紀」は紀元節の紀だそうです。浴室には、四つの貼り紙があります。温泉の由緒、温泉の成分分析、温泉の効能、そして正しい温泉の作法十カ条の四つです。

広い総ヒノキの浴室にあふれるお湯の量は半端ではありません。数年でヒノキの床に析出物の川ができています。湯口からの湯量はまさに洪水です。質量ともにため息が出る温泉です。すばらしいです。夕食の品数が多すぎるとか、食材に手間感がないなんてとてもいえません。それにしても、夕食にいただいた宮崎の釜揚げうどんはうまかったなあ。

神の郷温泉の玄関

《温泉データ・評価》
【温泉名】恵の湯神の郷温泉（旧紀乃島館）
【住　所】宮崎県小林市大字細野5273－19
【ＴＥＬ】0984－23－2006
【泉　質】ナトリウム･マグネシウム･カカルシウム－炭酸水素塩泉
【営　業】７：00－22：00
【定休日】無休
【風　呂】内湯　露天　その他宿泊者用
【入浴料】500円
【駐車場】広い
【評　価】
施設設備度：５　アクセス度：４
源泉かけ流し度：５　清潔度：４
サービス・気配り度：３　風情・雰囲気度：４
肌にやさしい度：４
湯っくりホックリ度：４
見どころ食べどころ：生駒高原コスモス
【満足度】★★★★☆（4.5）

76 栗野岳温泉

一箇所に四つもの源泉がある栗野岳温泉南州館、おすすめは白濁、硫黄臭の竹の湯でしょうか

絶好の温泉日和になった昨日、宮崎県えびの市の京町温泉をすぎて、いつの間にか車は鹿児島県に入っていました。薩摩の湯巡り旅は湧水町の般若寺温泉からスタートです。

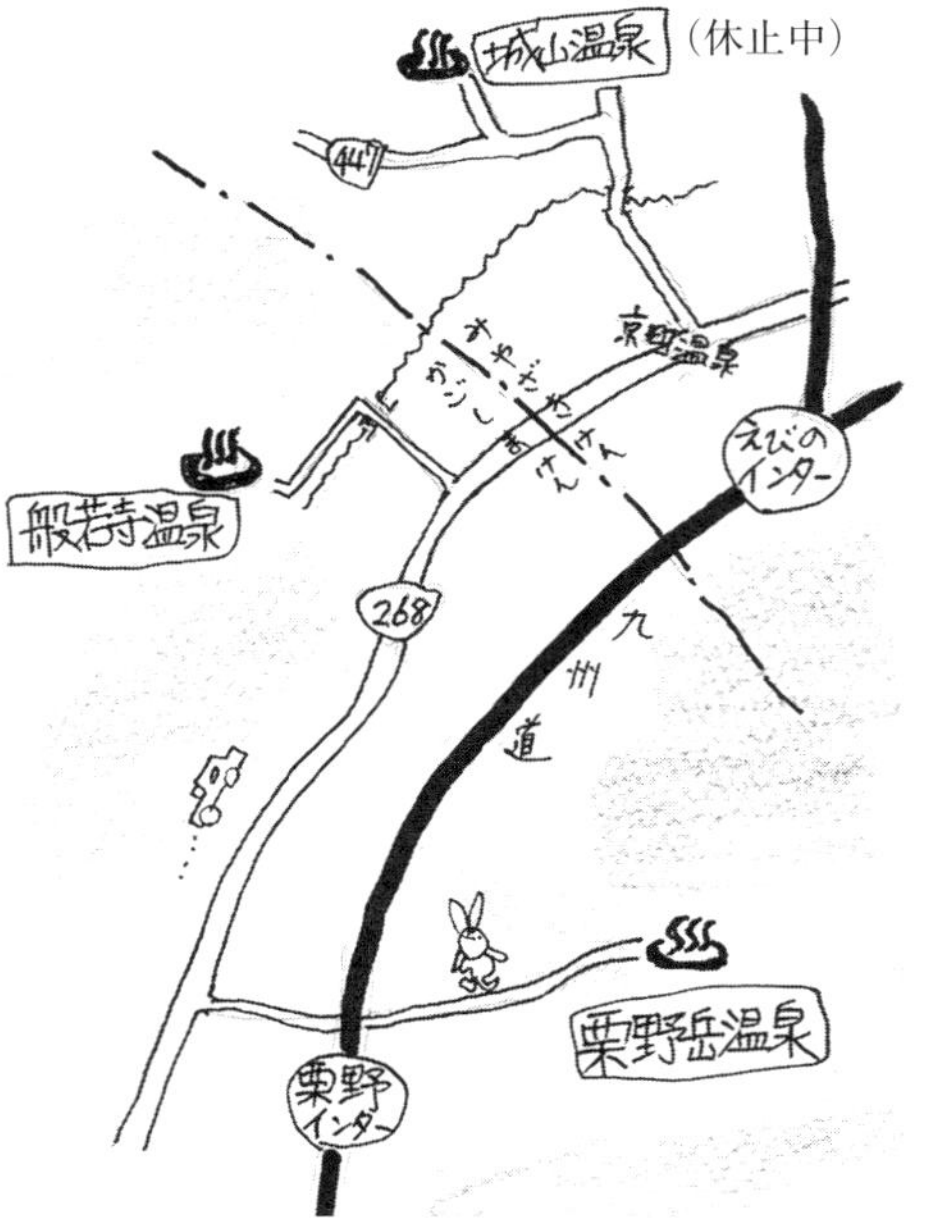

このあたりはポツポツと田園地帯に小さな温泉が散在しています。国道沿いの「能勢ラーメン」でちょっとニンニクがきいたラーメンをいただきました。そこのオバサンのオススメのお湯ということで、国道から少し入った田んぼの中の「般若寺《はんにゃじ》温泉」へ。

小さな橋を渡ったところにあるのが般若寺温泉です。看板のご夫婦の微笑ましいこと。お湯は少し濁った色合いで湯の花も少しあります。蒸し湯もありますが、私はあのしゃがんで狭いところに入る閉所感が嫌いですのでノーサンキューです。神経痛やヘルニアに効くそうです。お年よりがノンビリ通うような、ここは田んぼの中の陽だまりのような、のんびりしたいい温泉でした。

つぎに西郷さんの秘湯といわれる「栗野岳温泉南州館」の竹の湯（泥湯）、桜湯（白濁の硫黄泉）に入りました。霧島の西の山中にある一軒温泉が栗野岳温泉南州

館です。受付で「一湯三〇〇円、二湯五〇〇円、三湯六〇〇円」と言われましたので、内湯の二つ、「竹の湯」と「桜湯」に入ることにしました。

まずは竹の湯に入ります。先客が数名。四角い湯船は泥湯で足下が滑りやすくなっています。壁の向こう側の奥の浴室は打たせ湯になっています。先客がいろいろお湯の入り方とか教えてくれます。この竹の湯はなかなかディープな感じで効能がありそうです。お湯は泥色ですが思いのほかあっさりしています。

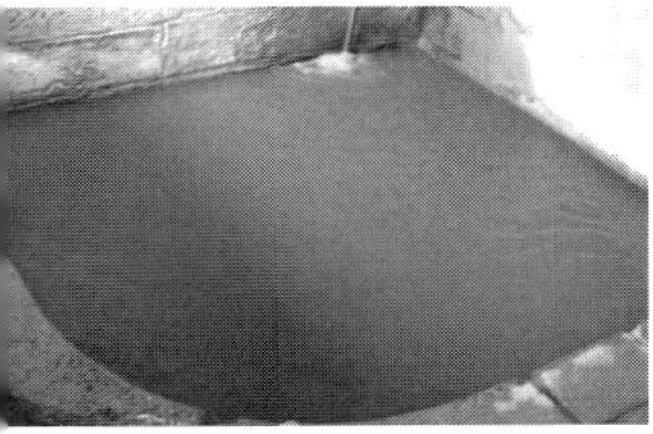

栗野岳温泉南州館の
竹の湯外観と桜湯

つぎは別棟の桜湯です。ここの湯船は品のある造りですね。地方の共同湯には湯船に品格というか風格を感じさせるものがあります。そういう湯船でいいお湯につかっていると、自然の恵みに心から感謝したくなります。栗野岳温泉にはこの二つのほかに、蒸し湯と飲用のラムネ湯があります。四つもの源泉を持つところも珍しいですね。月の兎のオススメは竹、桜の順に入ることです。ここは宿泊もできます。名物料理は鶏の地獄蒸しです。

《温泉データ・評価》
【温泉名】栗野岳温泉南州館
【住　所】鹿児島県姶良郡湧水町栗野町木場6357
【ＴＥＬ】0995－74－3511
【泉　質】明礬緑ばん泉（桜湯）　硫黄泉（竹の湯）　ラジウム泉（蒸し湯）　ラムネ泉（飲用）
【営　業】９：00－21：00
【定休日】無休
【風　呂】内湯２　蒸し湯１
【入浴料】１湯300円　２湯500円　３湯600円
【駐車場】有
【評　価】
施設設備度：４　アクセス度：４
源泉かけ流し度：５　清潔度：３
サービス・気配り度：３
風情・雰囲気度：５
肌にやさしい度：４
湯っくりホックリ度：４
【満足度】★★★★☆（4.5）

77 新湯温泉新燃荘

山の空気と乳白のお湯の硫黄の匂い
この温泉で体験する「神秘的悦楽」とは？

神々の山として多くの言い伝えが残る霧島連山、その火山パワーは多くの温泉を生み出していますが、今回は、霧島の一番北側に位置する「新湯《しんゆ》温泉国民宿舎新燃荘」です。

新燃岳《しんもえだけ》登山やトレッキングの起点となる新湯温泉は、赤松の森に囲まれた硫黄谷と呼ばれる急峻な谷あいにある、小さな秘湯の一軒宿です。標高九二〇メートル。全国秘湯番付の西の大関です。

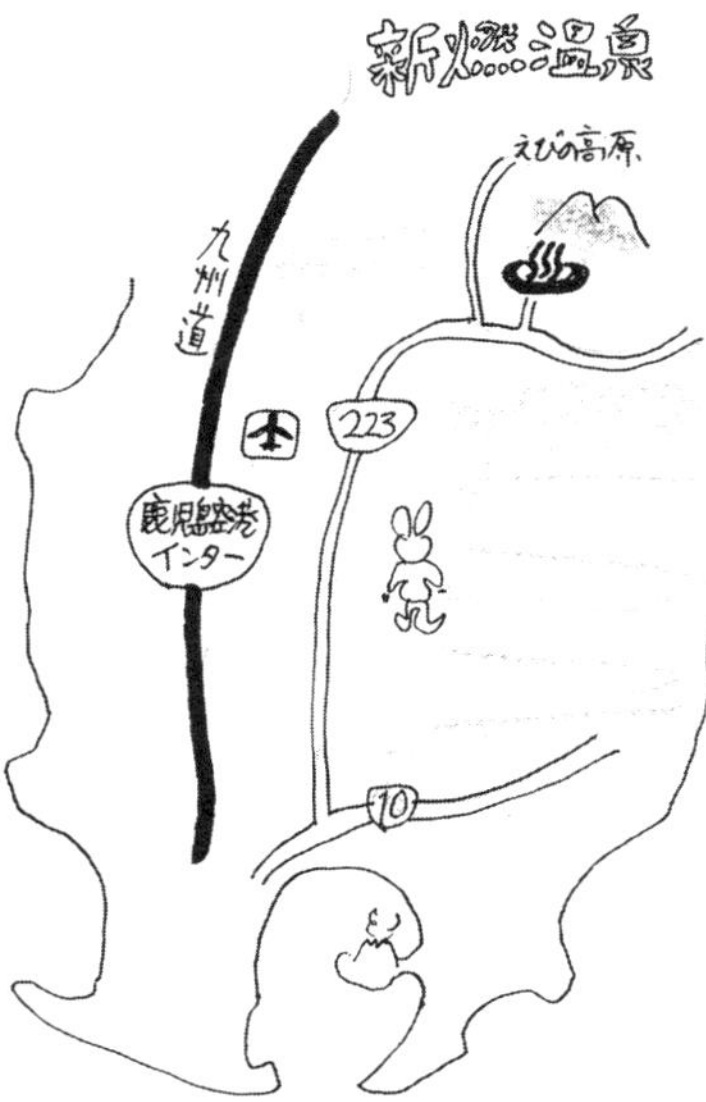

宿には湯治棟と旅館棟、それに浴室棟がありますが、今回は日帰り入浴です。乳白色の硫黄臭が強いお湯は、特に硫化水素を含みアトピー、水虫など皮膚病に特効があると評判で、ここを最後の頼みの綱に、遠くから療養に来る人も多いとか。

浴室は一般用の男女別の浴場、治療専用の浴場のほかに、混浴の露天風呂があります。混浴の露天のほうがややぬるめで、私にはちょうどいいくらいの湯加減でした。妙齢のご婦人がバスタオルを巻いて入ってこられましたが、これってルール違反ではないのかな（笑）。

内湯のほうでは、熊本の温泉通のおじさんと、福岡から来たバイクのお兄ちゃんと私の三人で、温泉談義に花を咲かせました。三人の結論として、ここは九州一の白

混浴露天風呂とツガの大木をくりぬいた風呂

濁湯であり、これに匹敵できるのは久住・赤川温泉ぐらいということでした。

　私には、ここの効能パワーのほうがダントツのような気がします。ガンに効くということで有名な秋田の玉川温泉に比肩するいい温泉だと思います。

　こざっぱりした湯上り感と、いつまでもポカポカして湯冷めしないのが特徴です。私は湯上り後一時間近くも汗が止まらずにいました。湯からあがった後に、汗拭きにタオル二枚も使いました。

　浴室内の貼り紙には、この湯は「心の癒しにも効き、神秘的悦楽の感覚を体験できる」とあります。

「神秘的悦楽」とはどういう感覚なのかよくわかりませんが、山奥の清浄な空気と乳白のお湯の強力な匂いとパワーに包まれていると、体も心も別天地に引き込まれているような、そんな感じもしてきます。

　この新燃温泉は最高です。一度は行って入浴する価値があります。

《温泉データ・評価》
【温泉名】新湯温泉国民宿舎新燃荘
【住　所】鹿児島県霧島市牧園町高千穂3968
【ＴＥＬ】0995－78－2255
【泉　質】硫化水素泉　43－68度
【営　業】８：00－20：00　宿泊　自炊　休憩所
【定休日】無休
【風　呂】内湯２　混浴露天
【入浴料】500円
【駐車場】有
【評　価】
　施設設備度：３　アクセス度：３
　源泉かけ流し度：５　清潔度：３
　サービス・気配り度：３
　風情・雰囲気度：５
　肌にやさしい度：４
　湯っくりホックリ度：５
　見どころ食べどころ：えびの高原
【満足度】★★★★☆（4.5）

78 妙見温泉おりはし旅館

妙見温泉で最も古い宿
もちろん源泉一〇〇%のかけ流しです

「妙見温泉おりはし旅館」は、広い敷地内に古い本館、離れ、別館山水荘、それに湯治棟もありますが、なんと言っても源泉が三つもあるお湯が売りの旅館です。

お風呂の数だけでもそれぞれの建物の内湯のほかに、露天風呂、きず湯、竹の湯、藤の湯、それに立ち寄りができる梅の湯もあります。山水荘の横にあるきず湯は三三度とぬるめですが、すぐ隣の竹の湯が少し熱めの湯となっています。正方形の建物を対角線で二つの三角形に男女別の浴室に分け、その三角形をさらに二つの三角形に分けて一方をきず湯、もう一方を竹の湯としています。

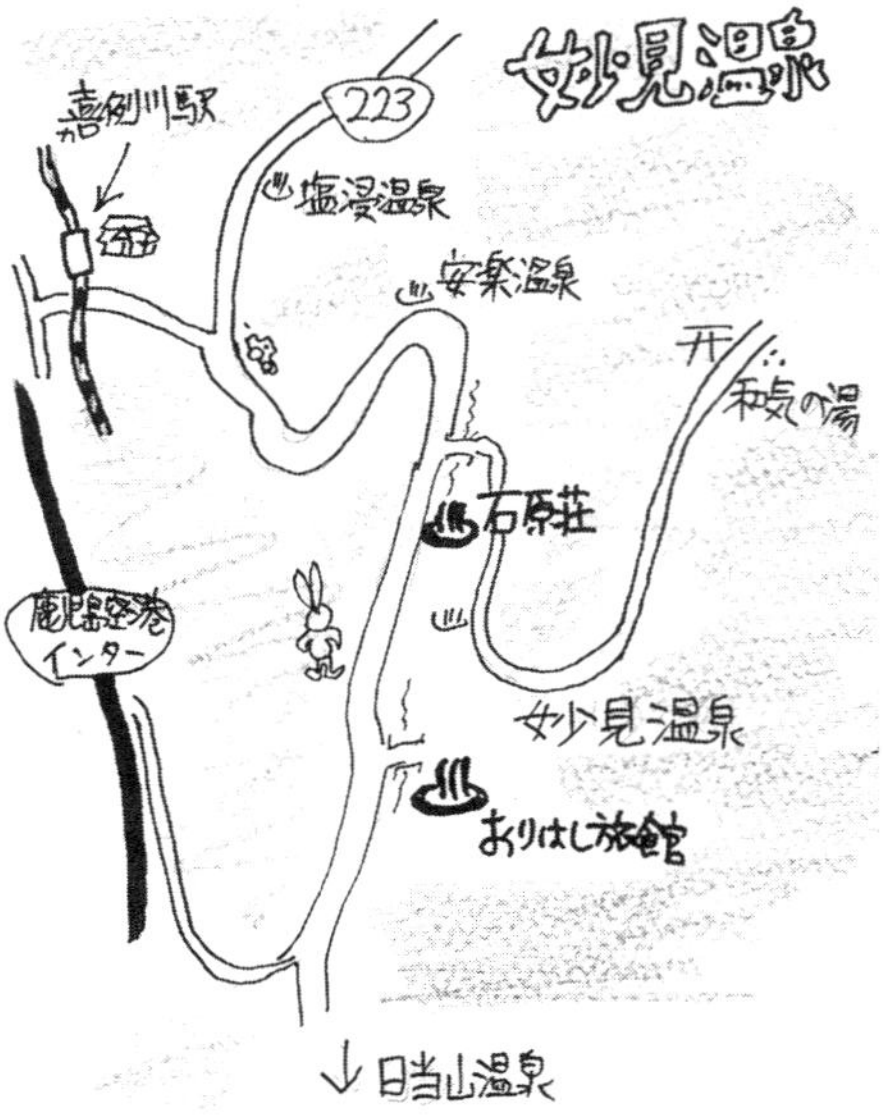

藤の湯は畳二畳ぐらいの半露天の貸切湯ですが、湯船の上を藤棚が覆っていますので、春の藤の花が咲く頃に入るとさぞ風情があることでしょう。露天風呂は天降川《あもりがわ》のせせらぎを聞きながらゆっくり楽しめる、広くて気持ちがいいお風呂です。

おりはし旅館は妙見温泉ではもっとも歴史のある旅館ですが、すぐ近くの「雅叙園」や「石原荘」のような高級志向でなく、温泉をゆっくり静かに楽しむにはこちらをオススメします。食事は山里の食材を使ったシンプルなもので、お部屋の設備やサービスもけっして豪華ではありません。売店も喫茶室も玄関ロビーもないけど、温泉だけはふんだんに楽しめます。

妙見温泉の近くを車でブーラブラしていたら、町角に酒蔵を見つけました。佐藤酒造と書いてあります。

おりはし旅館の貸切露天藤の湯

焼酎のことは詳しくない月の兎でも、超人気の「佐藤」の名声は知っています。また地元では「佐藤」が買えないことも聞いて知っています。プレミアがつくほどのお酒は地元のおじさんたちの間ではどうなんでしょうか。

佐藤酒造の地元向けバージョンの焼酎が、佐藤酒造の裏通りの小さな酒屋に売っていました。その名もずばり「さつま」です。もちろんこちらにも「佐藤」と同じように、白と黒がありました。お土産に「白さつま」を買って帰りました。

《温泉データ・評価》

【温泉名】妙見温泉おりはし旅館

【住　所】鹿児島県霧島市牧園町下中津川2234

【ＴＥＬ】0995－77－2104

【泉　質】ナトリウム・マグネシウム・カルシウム－炭酸水素塩泉　41.0度　pH6.4　キズ湯：ナトリウム・マグネシウム・カルシウム－炭酸水素塩泉　33度

【営　業】９：00－17：00

【定休日】無休

【風　呂】内湯　露天

【入浴料】500円　【駐車場】有

【評　価】

施設設備度：４　アクセス度：４　源泉かけ流し度：５

清潔度：４　サービス・気配り度：４

風情・雰囲気度：４　肌にやさしい度：４

湯っくりホックリ度：５

見どころ食べどころ：和気の湯、坂本竜馬新婚旅行の地（塩浸温泉）

【満足度】★★★★☆（4.5）

79 妙見温泉石原荘

源泉のこだわり、料理のこだわり、もてなしのこだわりに感動します。

「妙見温泉石原荘」は、自噴湧出、四つの源泉を有する天然温泉かけ流しの名旅館です。温泉番付で西の張出横綱だけのことはあります。一万坪の広大な敷地にある温泉は湯質、湯量、湯船、サービスなどどれも素晴らしかったです。大浴場「天降殿《あもりでん》」も天降川沿いの眺めがよい落ち着いたいい雰囲気があります。その先の川原を降りたところに露天風呂がありますが、こちらは混浴です。

石原荘の天降殿

そのほかに家族湯もあります。

この旅館のレストラン「石蔵」の落ち着いた雰囲気（内装は現代美術館みたいです）、料理（和風料亭風）、サービス（高級ホテルなみ）はどれをとっても一級品です（年末でしたが、お値段も入湯込み五千円と安くはないです。それも、お願いして年末料金より二千円引いてもらったものです）。関西風の薄味ですが、食材を生かした素晴らしい料理に舌鼓を打ちました。

天降川の向こう側には、これまた名旅館の評価が高い「雅叙園」があります。ここは古い農家を移築した離れ形式の旅館で数回宿泊したことがありますが、現在立ち寄り湯はされていません。この近くには雅叙園と同じ経営の「天空の森」という広大な温泉リゾート施設ができているようですが、お高いそうです。

天降川沿いには、安楽、塩浸、妙見などの温泉がありますが、近くには嘉例川《かれいがわ》駅という肥薩線の駅があります。明治時代に建築された古い木造の駅舎の佇まいが、旅行く人の郷愁を誘い人気を集めています。プラットホームや、待合室の古い木製の長イスをぼんやりと眺めているだけで、なぜか落ち着きます。

妙見温泉から少し山に入ったところに和気清麻呂《わけのきよまろ》を祀った和気神社がありますが、そこに行く途中の谷川の狭い道を降りたところに「和気の湯」という野湯があります。囲いも脱衣場もない露天風呂です。

当日はポカポカ陽気で、誰もいなかったら入ろうかと思いましたが、カップルが二組いらしたので手だけつかって帰りました。とてもぬるかったです。

《温泉データ・評価》
【温泉名】妙見温泉石原荘
【住　所】鹿児島県霧島市隼人町妙見温泉
【ＴＥＬ】0995－77－2111
【泉　質】ナトリウム・カルシウム・マグネシウム－炭酸水素塩泉　45.4度
【営　業】旅館　レストラン石蔵
【定休日】無休
【風　呂】内湯　露天風呂
【入浴料】1200円
【駐車場】有
【評　価】
施設設備度：4　アクセス度：4
源泉かけ流し度：5　清潔度：4
サービス・気配り度：4　風情・雰囲気度：4
肌にやさしい度：4　湯っくりホックリ度：4
見どころ食べどころ：熊襲の穴、坂本龍馬新婚旅行の地
【満足度】★★★★☆（4.5）

80 湯之谷温泉湯之谷山荘

硫黄臭とラムネ泉が同時に堪能できます 湯の花が乱舞する様は贅沢の極みです

最高の硫黄泉の湯治温泉です。月の兎もこんな濃い温泉初めてです。しかも、硫黄泉と硫黄炭酸泉の二つの源泉があり、両方が同時に楽しめます。

内湯の檜造りの浴室には異なる三つの木の浴槽があります。一つは熱めの硫黄泉、白濁です。十人は入れる大きさです。二つ目はぬるめ（二九度とか）の炭酸泉。こちらは二人が入るくらいの正方形の小さい湯船です。三つ目は、一つ目と二つ目の硫黄と炭酸の両方の湯船からお湯を引いた、いわばミックス湯です。大きさは中くらい。温度はややぬるめ。この湯船にはふんだんに白い湯の花が乱舞していました。壁には湯の花持ち帰り禁止の貼り紙もありました。

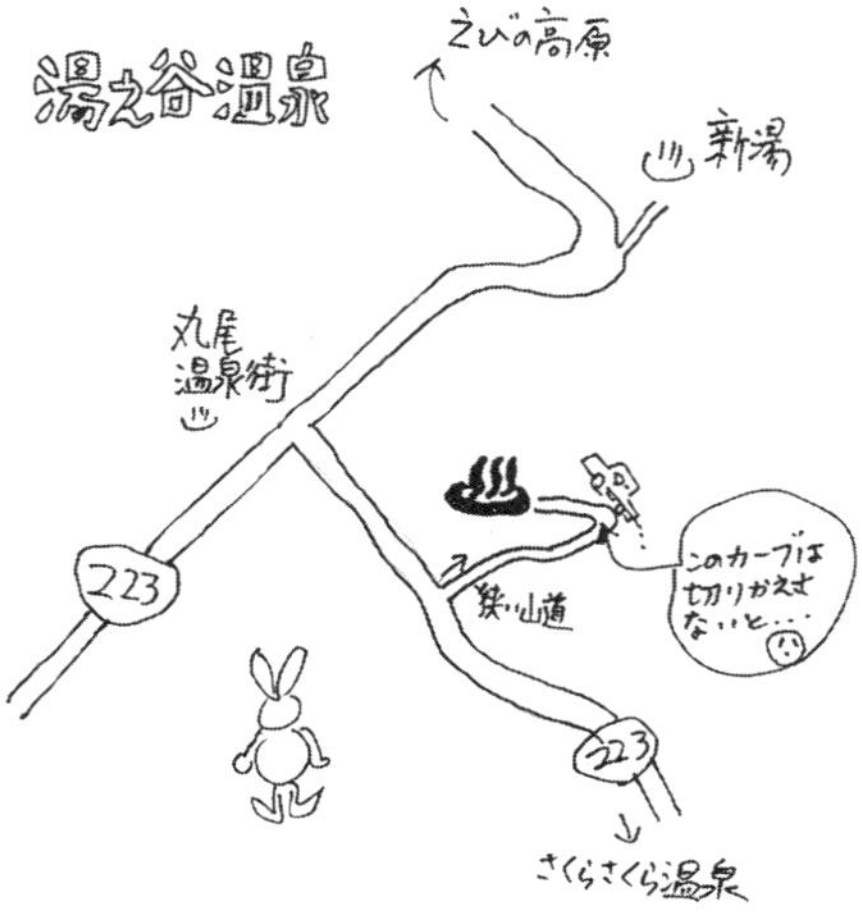

こんなすごい温泉初めてです。湯質温度の異なるお湯に交互に入るとよいそうです。

当日は、連休でけっこう込み合っていましたが、三つとも入ることができました。あいさつをしながら、下の湯の方からすっと入らせてもらうのが、エチケットというかコツです。地元鹿児島の常連さんが多いようでした。会話が半分も理解できません。年金とか、病気とか、孫がどうとか……わかったのは単語だけでした。広くない浴室の木の洗い場で寝そべる人、体操する人などさまざまな楽しみ方をされています。

混雑していましたが、旅館によれば、湧出量に見合った浴槽の大きさしか作らないそうです。フムフム、納得です。

その後再訪してみましたが、やはりここは贅沢の極みです。この時は平日の宿泊で、内湯も露天もほとんど貸切&一番風呂ということで、湯之谷温泉の魅力を十分に堪能することができました。

天狗の湯。左下に湯の花が付着しているのが見える

宿泊客のみが利用できる貸切露天風呂が「天狗の湯」です。こちらのお湯はコバルトブルーがかった乳白色の小さい岩風呂ですが、恐るべし。底や縁に白い湯の花が付着沈殿しています。

そっと指で字を書くとそこだけ湯の花が抜けて湯に舞います。その日に初めて入る人だけの特権です。こんなの初めてです。

こんこんと湧き出る良泉と究極のお湯にこだわったこの宿の真摯な姿勢、温泉ファンには見逃せない温泉です。これぞ贅沢の極みというべきか。極上の温泉です。

《温泉データ・評価》
【温泉名】湯之谷温泉霧島湯之谷山荘
【住　所】鹿児島県霧島市牧園町高千穂4970
【ＴＥＬ】0995－78－2852
【泉　質】単純硫化水素泉　45.0度　pH5.6
【営　業】10：00－15：00
【定休日】毎月１日(平日)
【風　呂】内湯　宿泊用露天
【入浴料】500円　【駐車場】有
【評　価】
施設設備度：4
アクセス度：3
源泉かけ流し度：5　清潔度：4
サービス・気配り度：4
風情・雰囲気度：5
肌にやさしい度：5
湯っくりホックリ度：5
見どころ食べどころ：霧島神宮
【満足度】★★★★★（5.0）

81 霧島温泉旅行人山荘

テレビＣＭで有名な赤松の湯は雑木林のなかの露天風呂です

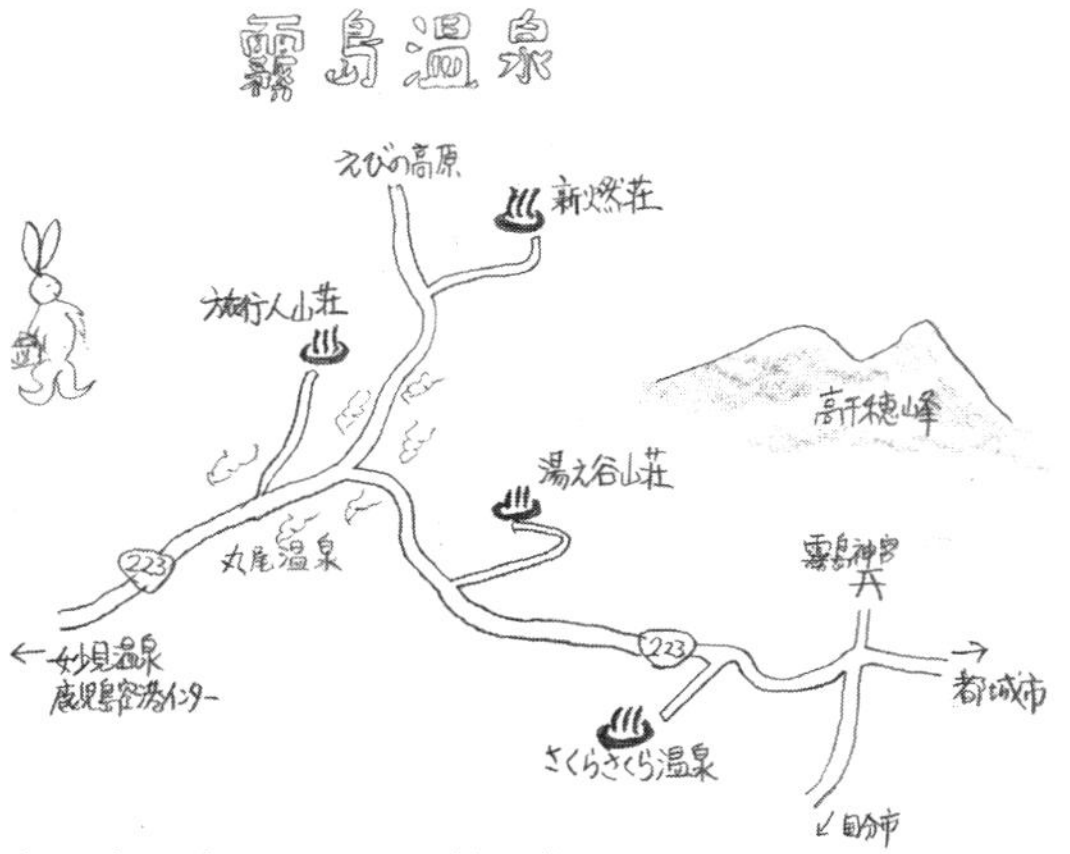

原田知世のテレビＣＭで有名になった霧島温泉の「旅行人山荘」に行きました。もちろんＣＭの舞台に使われた森の中の露天風呂「赤松の湯」に入るためです。ミーハーな動機です。

今回は宿泊の予約時にお風呂の予約もしました。

赤松の湯は、ホテルのそばの芝生を通ったところにある木の扉から入ります。ここから先は貸切です。原生林のなかをしばらく下っていくと、林のなかに東屋《あずまや》と露天風呂が出てきます。まわりは静寂な赤松林です。お湯に身をゆだねていると、時間のたつのを忘れてしまいます。「ざわっ」。おやっ、赤松の林の奥から鹿が覗いていたような気がしました。林を抜ける風のささやきだったのでしょうか。ホテル内の大露天風呂も、桜島の展望がすばらしいよいお風呂です。

霧島神宮から国分方向に少し下ったところにある「黒豚の館」は生産者直営のお店で、開店直後の十一時半にはもう満席で、順番待ちができる盛況の人気店です。

ここは黒豚のロース、六白肉を存分に味わうことができます。まず黒豚しゃぶしゃぶとしゃぶカツをいただきました。しゃぶしゃぶはきれいなピンクと白い脂身が美しく、まるで芸術品のようです。お肉はあっさりした食感でいくらでも入りそうです。お肉のほかは野菜、椎茸、豆腐、最後にうどんを入れます。うどんはコシがあって歯ごたえのいいものでした。

二つ目は、しゃぶカツです。普通のとんカツと違って、しゃぶしゃぶに使う薄い黒豚のお肉を何枚もロールに巻きカツにしたものです。これもジューシーなのにあっさりで、とてもとても美味しい！　ベリーベリーロール⁉でしたよ。これだけ食べれば、満腹、満腹。ふーっ。

でも、ちらっと横のテーブルのお姉さんたちに目をやると、美味しそうな黒豚のハンバーグと、こんがり狐色したとんカツをいかにも美味しそうにたべています。それにビールも。うっ、ごくっ。でも、もう何もはいりません。お腹はバースト寸前です。それよりも私は、先ほどバーストした車のタイヤのおかわり（修理）をしにオートバックスに行かねばなりません。

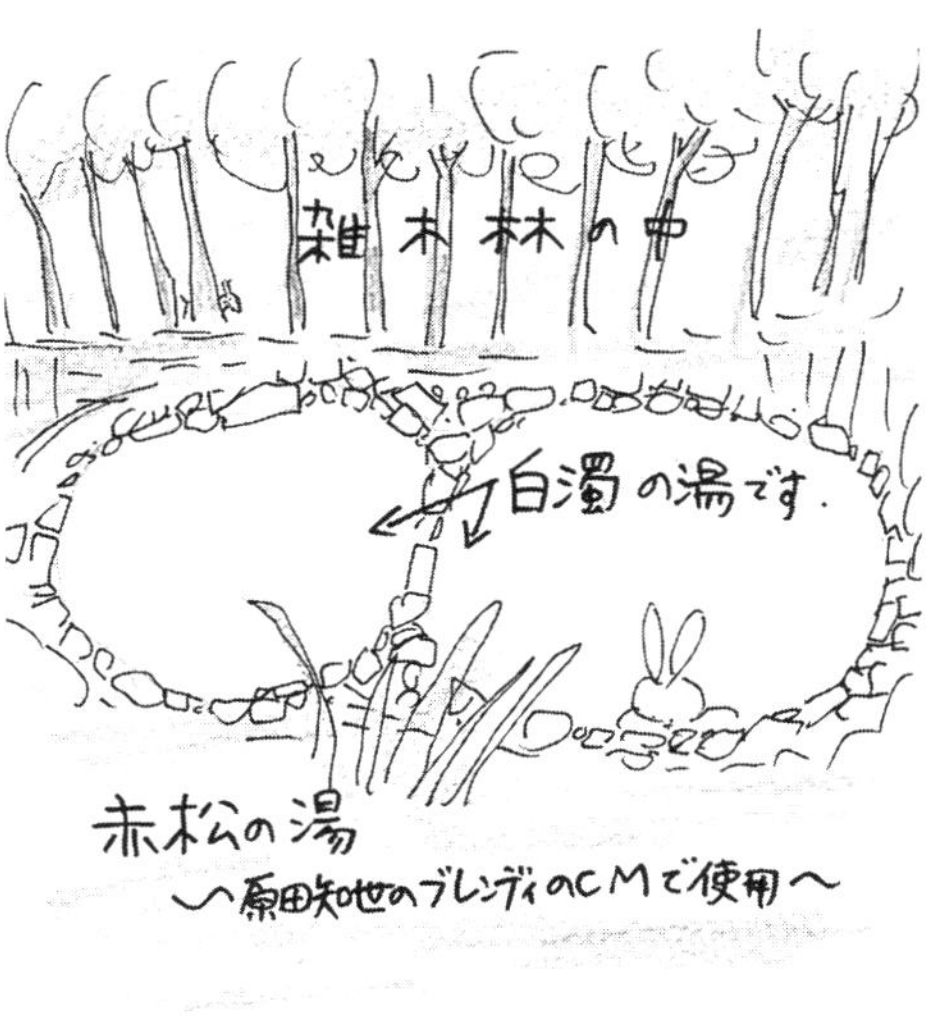

雑木林の中
白濁の湯です
赤松の湯
～原田知世のブレンディのCMで使用～

《温泉データ・評価》
【温泉名】霧島温泉旅行人山荘
【住　所】鹿児島県霧島市牧園町高千穂字龍石3865
【ＴＥＬ】0995－78－2831
【泉　質】単純温泉　60.0度　69.5度　pH6.9
【営　業】11：00－15：00
【定休日】不定休
【風　呂】内湯　露天　宿泊用貸切露天 3
【入浴料】500円
【駐車場】有
【評　価】
　施設設備度：4　アクセス度：4
　源泉かけ流し度：4　清潔度：4
　サービス・気配り度：4
　風情・雰囲気度：5
　肌にやさしい度：4
　湯っくりホックリ度：4
　見どころ食べどころ：黒豚の館
【満足度】★★★★（4.0）

82 さくらさくら温泉

ヌルツルの湯でスベスベの美肌、体はぽかぽかです

最近、女性に人気急上昇中の「さくらさくら温泉」です。こちらの売りは泥湯です。泥湯といえば、別府の明《みょう》礬《ばん》温泉の健康ランドや阿蘇地獄温泉清風荘のすずめの湯（いずれも混浴もあり！）が知られていますが、こちらは、どちらかといえば美容という雰囲気の温泉です。残念ながら、混浴ではありません。

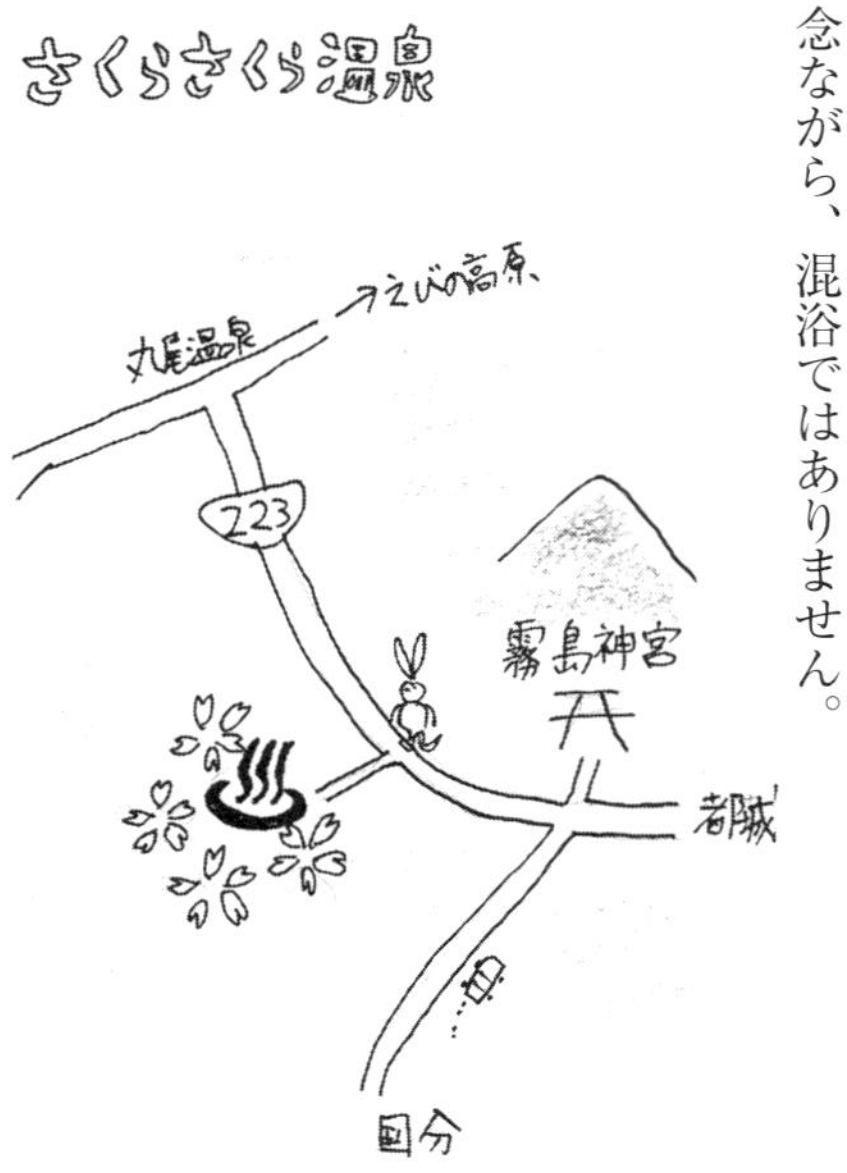

内湯、露天ともに湯船のお湯はたいそうヌルツルの美肌の湯です。ここにつかっているだけでも美肌効果はありそうです。男女の湯舟は日替わりだそうで、当日の男湯は小さい方の湯船だとか。鹿児島の田舎の共同湯に行くと、よく男風呂が女風呂より大きかったり、男風呂のみに自家湧出の源泉があったりして、「男尊女卑」のお国柄かと思ったりすることがありますが、ここは新しい「男女共同参画」時代の鹿児島の温泉のようです（笑）。

露天風呂には泥の入った石造りの箱があり、その泥を顔や体に塗り、一〇分ほど乾かす泥湯パック法です。シャワーで泥を落として露天風呂に入るというシステムで、ほかの泥湯ように泥湯につかるというものではありません。

私も全身に泥を塗りました。おかげで肌はツルツル、お顔はツヤツヤ、体もポカポカです。

霧島神宮近くにある蕎麦屋が「がまこう庵」です。たまたま通りがかり、美味しそうだなとピンときて立ち寄った店です。〝人はその生活圏内でとれた物を食べることが心身を健康にする〟という、「身土不二」をモットーに自然を生かし、風土にこだわった料理を提供しているそうです。

いただいたのは、ざるそばと山菜の煮しめ、それにそば葛餅。だいたい能書きが過ぎた店は嫌いですが、「がまこう庵」のそばは歯ごたえがよいなかなか美味しいそばでした。山菜の煮しめは薄味で素材の旨さが出ていました。この店、アタリです。お店ではお米、そば粉、そば枕、芋こんにゃくなども売っていましたが、おいしい天然酵母パンを買って帰りました。

さくらさくら温泉の外観

《温泉データ・評価》
【温泉名】さくらさくら温泉
【住　所】鹿児島県霧島市霧島町田口2324－７
【ＴＥＬ】0995－57－1227
【泉　質】単純泉　57.5度
【営　業】10：00－20：00
【定休日】無休
【風　呂】内湯１　露天風呂２
【入浴料】700円
【駐車場】有
【評　価】
施設設備度：４　アクセス度：４
源泉かけ流し度：４　清潔度：４
サービス・気配り度：５　風情・雰囲気度：４
肌にやさしい度：４
湯っくりホックリ度：４
見どころ食べどころ：蕎麦屋がまこう庵、明るい農村・霧島醸造所、すぐ隣のお豆腐屋も美味
【満足度】★★★★（4.0）

川辺川源流の天然やまめを食らう

「山女庵」は川辺川で庵主が釣った天然物のやまめ、岩魚などを囲炉裏で出してくれる、一日一客のこだわりのお店です。場所は人吉の町はずれ、相良村の十島菅原神社の森に隠れたような、静かな一角です。川辺川ダムの予定地である五木村から古い農家を移築したそうです。

食事は雨戸を閉めた暗い囲炉裏のある居間でとります。なますと野菜の炊き合わせは程よい薄味ですが、揚げ、大根、こんにゃく、椎茸などどれもよく味がしみています。やまめの甘露煮は、身がほろりとほぐれて美味しいです。大きな岩魚の燻製は、囲炉裏端で焼けてなんとも美しい色になっていますが、躊躇《ちゅうちょ》せずに手でむしりながらほおばります。これも身がほぐれて大変美味です。この背骨はさらに焼いて食べます。頭の部分もなかなか美味しいです。

庵主が、囲炉裏で焼けたおにぎりにお醤油タレを塗って、香ばしい色、香りが漂ってきました。これは美味いです。汁椀は、やまめと山芋のつみれです。もう、これは絶品です。たまりません。こんな美味いものをお昼から食べたらいけません。最後に、やまめの空揚げです。これが一番食べやすい味です。美味しさに思わず写真を取る手がぶれしてしまいました。

喉が渇いて、川辺川の源流水を凍らせた氷水をゴクゴク飲みました。ここまできて、このうますぎる昼食は間違いであったと気づきました。出てくるお料理の全部がお酒の肴なのです。足りないのはお酒でした。馬鹿者！誰が昼食を予約したんだ！

この庵の雰囲気、料理、時間の過ぎ方は、いかにも夜話にこそふさわしいものです。

やまめのシーズンには、ぜひ、夜にゆっくり源流水で作った氷のロックで、球磨焼酎をカランコロンといわせたりしながらチビリグビリ。もう幻の魚になりつつある九州山地の源流のやまめ漁のお話など、庵主からゆっくり夜が更けるまでお聞きしたいものです。酔ったら奥の間で寝て帰ってもいいそうです（笑）。

薩摩街道の温泉

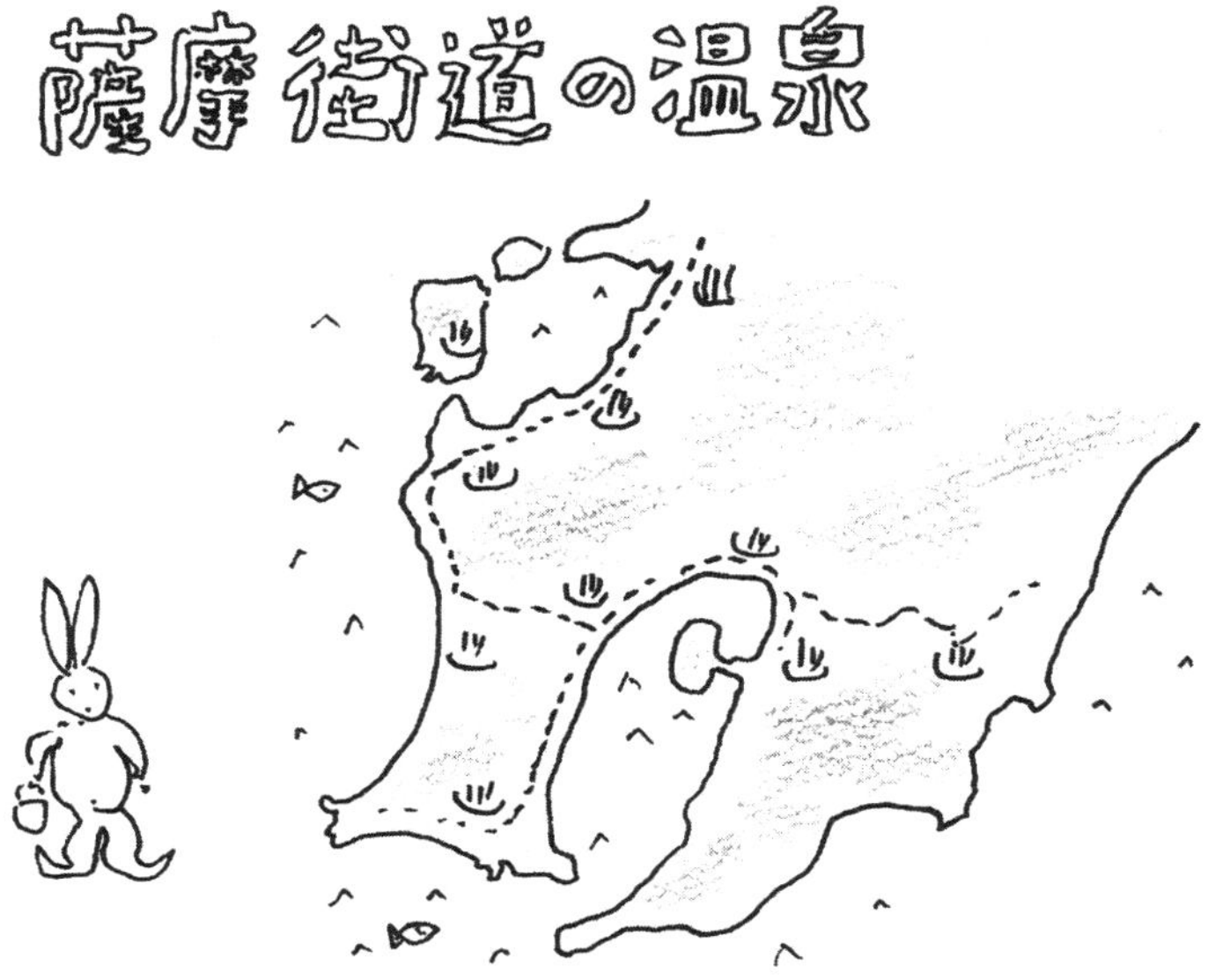

　薩摩街道は、小倉から熊本を通って鹿児島に行く九州を縦貫する代表的な脇街道です。現在のJR鹿児島本線や九州道に概ね沿う長い街道です。
　久留米では、これを薩摩街道、あるいは坊津街道と呼びますが、熊本では、熊本を中心として小倉までの路は豊前街道と呼び、熊本から鹿児島までを薩摩街道と呼びます。
　この章では、薩摩街道の熊本より南の鹿児島方面を、薩摩街道の温泉として紹介します。熊本の芦北、天草の温泉、鹿児島の北薩摩や指宿《いぶすき》なども扱いますが、霧島の温泉は別章の人吉街道（肥薩の道）に掲載しています。
　また、薩摩街道沿線には、通潤橋《つうじゅんきょう》、霊台橋《れいたいきょう》、西田橋など、肥後の石工の手にかかる眼鏡橋（アーチ式石橋）が多く見られます。

83 元湯佐俣の湯

石段と石橋の里の温泉です
お湯はヌルツルスベスベ感たっぷり

日本一の三千段の階段で知られる釈迦院のすぐ下にある熊本県美里町の「元湯佐俣の湯」です。場所は218号沿い佐俣の湯バス停からすぐです。同じ駐車場敷地内に、コンビニ、産直野菜店、ワンちゃんの温泉もあります。

この温泉施設は新しくありませんが、地元の人のたまり場的なセンターとして、よく利用されているようです。売店、宴会場もあり、地域のイベントや文化サークル案内情報なども豊富です。

男女の浴室が隣りあっていて、壁で分かれているだけ、という温泉も多いのですが、ここは施設の両端に設置されています。珍しい造りですね。受付後は、男↑↓女という感じです。

浴室は、入るといきなり歩行浴があります。その左手が洗い場、その奥が湯船です。一方右手のドアからは谷川沿いの露天風呂に出ることができます。大きな川に面していて、開放感があります。ヌルツル感のある良いお湯です。源泉かけ流しと書いてあります。

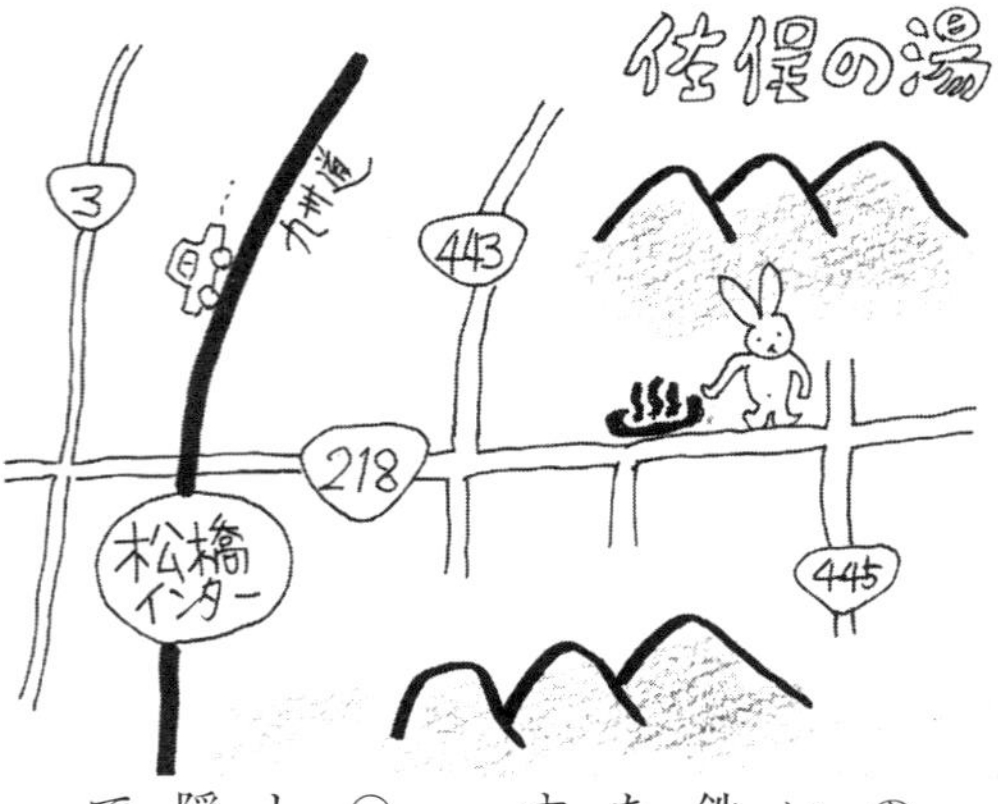

しかし、せっかくの露天風呂からの良い眺めも、目隠しの鉄骨と腰板がはってあるので、台なしです。

川の対岸まで一〇〇メートルはあるでしょう。ここまで目隠しの必要があるのでしょうか。

それに、浴室の床

は全面に、小さい丸石を埋め込んだコンクリートです。歩くと足裏を刺激して少し痛いぐらいです。滑り防止＆健康増進用かもしれませんが、歩きにくくていかがなものかと。

お湯はヌルツルの良いお湯なのですが、施設のつくりはちょっと武骨無粋な感じがしました。

後日、対岸にある「石段の郷・佐俣の湯」という公共の立派な温泉施設に入って、目隠しの理由がわかりました。どうやら対岸に新しくできた「佐俣の湯」を意識してのことです。新しいお湯の側にも、対岸が見えないように高い樹木が植えられています。両者は経営が違うそうです。帰りに古いほうを見ると「元祖」「元湯」という文字が見えました。

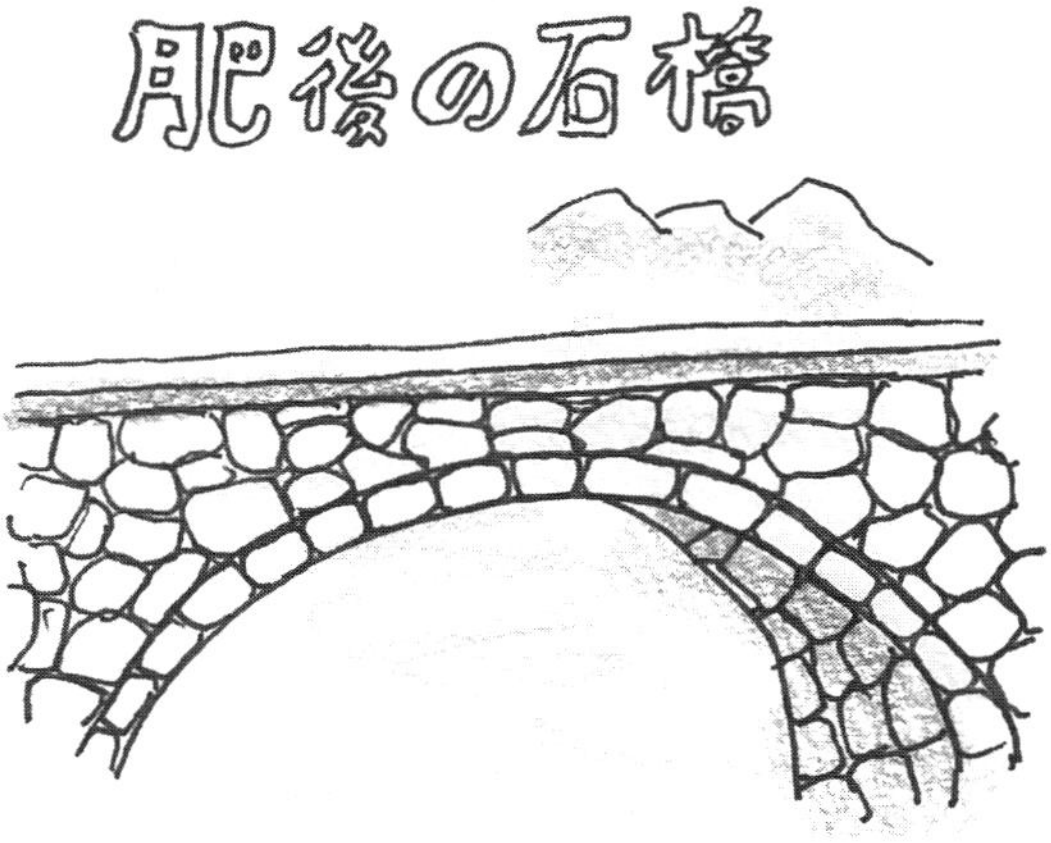

熊本県には、アーチ式石橋だけでも340基以上が残っています。八代市東陽町は、日本一の石工集団（種山石工）発祥の地であり、「石匠館」（石工の博物館）があります

【温泉名】元湯佐俣の湯
【住　所】熊本県下益城郡美里町佐俣463－１
【ＴＥＬ】0964－46－4777
【泉　質】アルカリ性単純温泉　36.4度　pH9.42
【営　業】９：00－21：30
【定休日】第２木曜日
【風　呂】内湯３　露天１（他に家族湯）
【入浴料】300円
【駐車場】有
【評　価】
施設設備度：３　アクセス度：４
源泉かけ流し度：４　清潔度：４
サービス・気配り度：３
風情・雰囲気度：３
肌にやさしい度：４
湯っくりホックリ度：４
見どころ食べどころ：東陽町の石匠館（肥後の石工）、古い石橋群
【私の満足度】★★★★（4.0）

84 日奈久温泉センター

開湯六百年の歴史ある温泉に薩摩街道沿いに木造三階建ての古い旅館があります

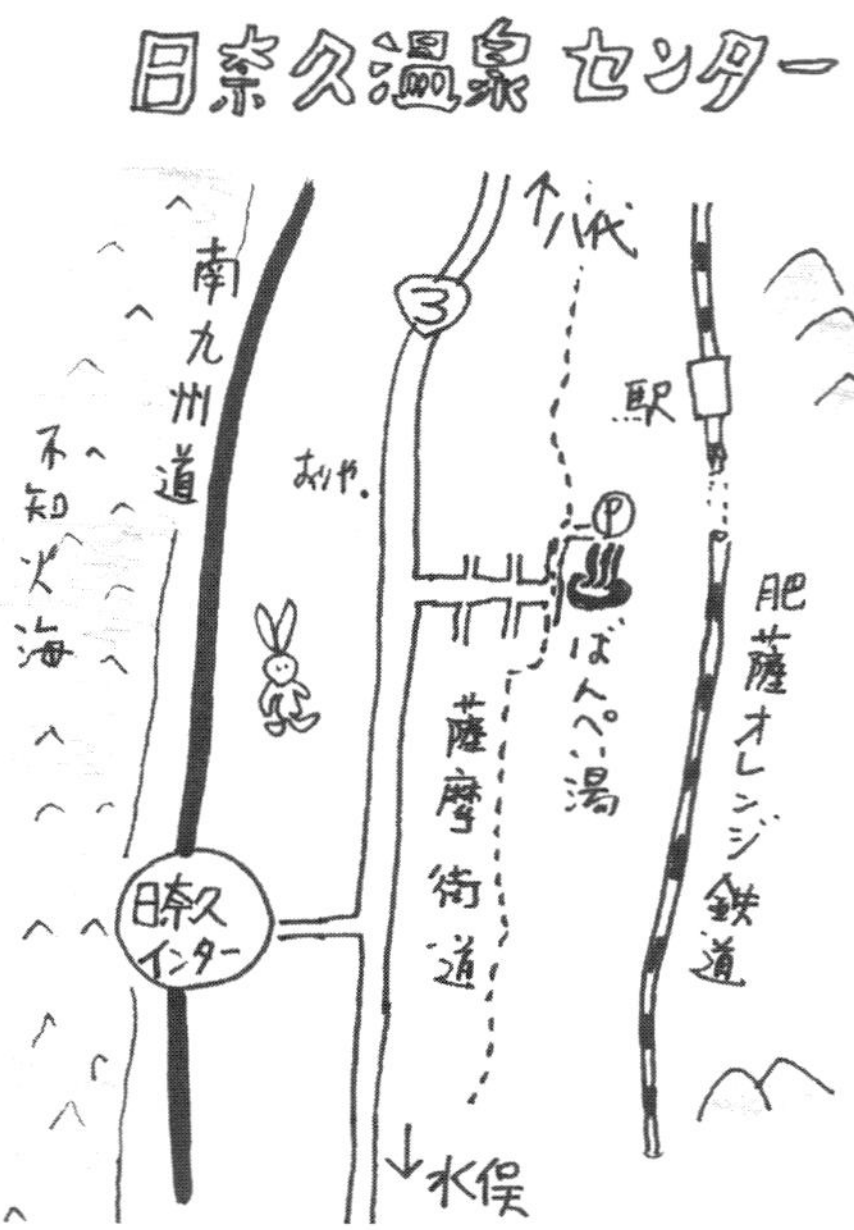

熊本県八代市から薩摩街道を少し南下すると、日奈久《ひなぐ》温泉に着きます。日奈久温泉は平成二十一年に開湯六百年を迎えたという、熊本県でも最も歴史のある温泉です。その日奈久温泉で、かつての肥後細川藩の藩営温泉の本湯をイメージしたという、「日奈久温泉センターばんぺい湯」ができたというので訪ねてみました。

参勤交代の時には薩摩のお殿様も入られたという昔の藩営温泉は、御前湯、お次の湯、平湯の三つに分かれていたそうです。

新装なった温泉センターには、本湯（公衆浴場）とばんぺい湯があります。石鹸・シャンプーの有り無しで料金が違い、湯質は同じとのことなので本湯に入湯しました。湯質はアルカリ性単純泉、湯量は豊富です。冬場には名産の晩白柚《ばんぺいゆ》風呂もあるとか。

日奈久には旧薩摩街道が鉤型にジグザグに走っています。今でも往時そのままに細い街道が走っていて、本湯のほかに、東湯、西湯の三つの共同湯があります（二〇〇円）。ただし本湯以外は休止時間があります。

街道沿いには木造三階建ての古い旅館がいくつも残っ

木造三階建ての金波楼

ています。その一つの「金波楼」を覗かせてもらいました。ぴかぴかの床、凝った意匠の細工、中庭のつくりなど往年の宮大工の仕事を彷彿《ほうふつ》とさせるものがありました。

昭和六年九月に日奈久温泉の「おりや」という木賃宿に宿泊した種田山頭火は日記に書いています。

「温泉はよい、ほんたうによい、ここは山もよし海もよし、出来ることなら滞在したいのだが、――いや一生動きたくないのだが」（『山頭火日記』春陽堂書店）。

旅に疲れた山頭火の心情が表れていますね。豊後の湯平温泉から福岡の添田、熊本と旅してきた山頭火は、この海の温泉場で何を感じたのでしょうか。その後、湯の児温泉へ向かってます。

帰りには、もちろん日奈久温泉名物のちくわと鱧天《はもてん》も抜かりなくゲットしてお土産にしました。

温泉データ・評価》
【温泉名】日奈久温泉センターばんぺい湯
【住　所】熊本県八代市日奈久中町316
【ＴＥＬ】0965－38－0617
【泉　質】単純泉　44.5度　pH8.3
【営　業】10：00－22：00
【定休日】第３火曜日
【風　呂】内湯２（ばんぺい湯・本湯）
【入浴料】200円
【駐車場】有
【評　価】
施設設備度：４　アクセス度：３
源泉かけ流し度：４　清潔度：４
サービス・気配り度：４　風情・雰囲気度：３
肌にやさしい度：４
湯っくりホックリ度：４
見どころ食べどころ：日奈久ちくわ、鱧てんぷら、松中信彦野球ミュージアム
【満足度】★★★☆（3.5）

85 湯浦温泉岩の湯

硫黄臭と泡付きの湯。濃い成分がギュッと凝
縮超ヌルツルの温泉は熊本随一！
公衆浴場の湯口の兎がかわいいです

道の駅「肥後うらら」は、熊本から鹿児島に向かう薩摩街道の熊本県芦北町の南九州道田ノ浦インターそばにあります。特産の甘夏みかん、デコポンなどの季節の柑橘果実が豊富で美味しいです。道の駅のレストラン「たばくまん」（たばこ＋まんじゅうで休憩という意味の方言）では太刀魚丼が名物です。ここで腹ごしらえをして湯浦温泉に向かいます。

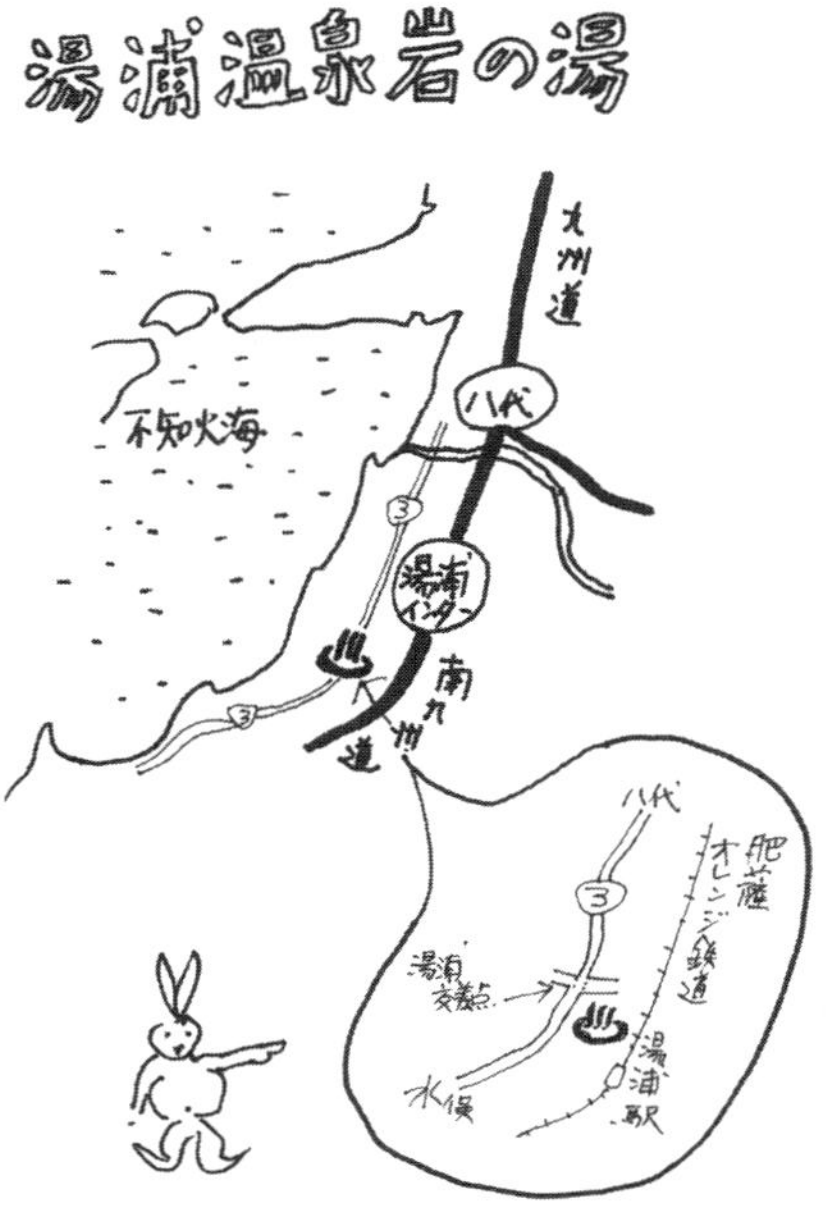

「湯浦温泉岩の湯」は「これぞ、温泉！」という感じの温泉です。建物や設備は古くてお世辞にもきれいとはいえませんが、お湯は最高にいいです。番台のおじちゃんに一七〇円を払って浴室にはいると、よさげな雰囲気が漂っています。四角い浴室に長い楕円形の小さい湯船、青いタイル、二つに仕切られた形といい、大きさといい、実に小ぶりでよくまとまっている感じです。

やや硫黄臭がして、細かい泡付きがあり、何より超ヌルヌル。もちろん何も加えず、源泉かけ

流し。温度は湯口で四二、三度くらいかな、ちょうどいい湯加減。しかも昼下がりの公衆浴場は貸切状態です。後から入ってきた近所のおじいちゃんとお話です。

「ここはよかお湯ですね」

「昔からここしか知らんけん」

いいんですよ。ご近所にこんな最高の温泉があって、毎日一七〇円で入れるなんて、ほかに何がいりますか。

月の兎が一等嬉しかったのは湯口の兎ちゃん。カワイイ石造りの兎ちゃんの口からドバドバ元気よくお湯を吐き出しています。私のお気に入りです。

ライオンの湯口はよく見かけますが、兎ははじめてです。番台のおじさんに聞きましたが前からだそうで理由はわからないそうです。長距離トラックが行きかう国道3号の湯浦交差点角にポツンとある、地元の民営公衆浴場。こういうよさげな温泉が湯浦温泉にはいくつかあるそうです。このお湯は単純泉では熊本随一のヌルツル度ではないかと思います。
熊本の温泉は実に奥が深い。岩の湯から川を渡ったところにある寿司旅館「亀井荘」のお湯も、岩の湯同様のヌルツルの良いお湯でした。

《温泉データ・評価》
【温泉名】湯浦温泉岩の湯
【住　所】熊本県芦北郡芦北町湯浦230－10
【ＴＥＬ】0966－86－0653
【泉　質】単純温泉　44.1度　硫黄臭　泡付き
【営　業】７：00－22：00
【定休日】元旦休
【風　呂】内湯２
【入浴料】170円
【駐車場】有
【評　価】
施設設備度：３　アクセス度：４
源泉かけ流し度：５　清潔度：４
サービス・気配り度：３
風情・雰囲気度：４
肌にやさしい度：５
湯っくりホックリ度：５
見どころ食べどころ：太刀魚丼、デコポンなど柑橘類
【満足度】★★★★☆（4.5）

86 湯の児温泉

徳富蘇峰、蘆花ゆかりの宿の庄助樽風呂で一杯やるのもいいですね

薩摩街道の熊本最南端の水俣市には、山の湯の鶴、海の湯の児の二つの温泉があります。最初に山の湯の鶴温泉の方へ車を走らせましたが、温泉街にはそれこそ人影がなくて寂しい限りでした。いったん水俣市街地に戻り、今度は海の湯の児温泉です。

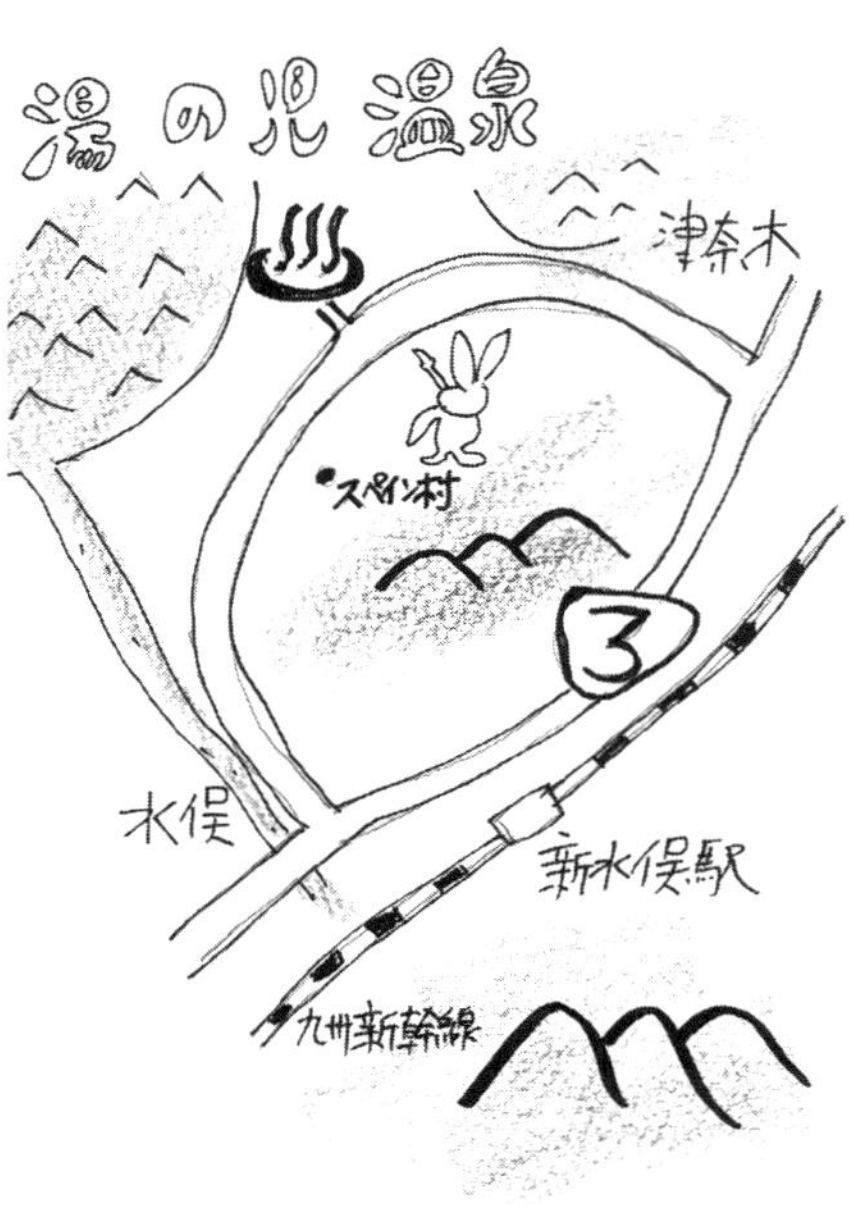

以前、湯の児には中華料理のおいしい旅館があって、その裏にある小さいけどきれいな海水浴場で遊んだ記憶があります。小さな入り江に面した美しい海のいい温泉でした。

昼間の温泉街はひと気がありません。お昼は湯の児で美味しい海鮮中華を食べるという目論見《もくろみ》はみごとにハズレました。昨年でおやめになったそうです。ならばと、近くの福田牧場にスペイン風のレストランがあると聞き、こちらの「バレンシア館」で海鮮パエリアと生ハムパスタをいただきました。眺めのいいところでのランチは爽快でした。

さて、湯の児温泉です。もう一度温泉街に戻り、「旅館平野屋」という古い木造三階建てのお宿の立ち寄り湯、「庄助風呂」に入りました。

内湯は熱めですが、露天には大きな酒樽がデンと据え

山海館の書院から海を眺める

山海館の洞窟温泉

られていて、お湯がはられています。樽の中にはテーブルが置いてあり、この上でお酒を飲める趣向になっています。庄助風呂たる由縁です。

施設は古びた感じの平野屋さんですが、美人女将の笑顔とサービスはなかなかのものです。

湯の児温泉には「山海館」という楽しい趣向の洞窟風呂があります。男女別の脱衣場から露天風呂に抜ける長い通路は洞窟風呂になっていますが、途中で男女の通路が交差するという趣向になっています。こういう楽しい仕かけを考えて実行するところが偉いですね（笑）。

高校生ぐらいの若者が、その男女の交差点付近の洞窟風呂に潜って、その付近から離れようとしないでいました。何かを期待していたのでしょうか。なんだか微笑ましかったです。

《温泉データ・評価》
【温泉名】湯の児温泉旅館平野屋
【住　所】熊本県水俣市湯の児1213
【ＴＥＬ】0966－63－2161
【泉　質】炭酸水素塩泉
【営　業】12：00－20：00
【定休日】無休
【風　呂】内湯１　桶風呂１
【入浴料】500円
【駐車場】有
【評　価】
施設設備度：３　アクセス度：３
源泉かけ流し度：３　清潔度：３
サービス・気配り度：４　風情・雰囲気度：４
肌にやさしい度：４
湯っくりホックリ度：４
見どころ食べどころ：福田牧場スペイン村、津奈木美術館
【満足度】★★★☆（3.5）

87 弓ヶ浜温泉湯楽亭

内湯、露天、洞窟風呂……いったいこの先にいくつの温泉が?

夏の湯めぐり旅には薩摩路を行きました。薩摩へのアプローチは通常は九州道を霧島から入るか、3号を出水《いずみ》、大口から入るのですが、今回はなんと天草からフェリーで長島（焼酎島美人の産地）に入るという、ウルトラへそまがり！　コースです。

出発直前にTVで天草の「タコ街道」特集を見て、〝うん、ここ（タコ）だ！〟ということで、急遽天草経由の海路で行くことに決めました。TVの影響というか、タコの吸引力はスゴイですね。

タコを食べる前に、上天草市大矢野島の「天草・弓ヶ浜温泉湯の宿湯楽亭」にお邪魔しました。ここは有明海に面した天草北岸で、温泉ファンの間では知る人ぞ知る、すばらしいお湯が楽しめるという穴場の温泉です。

源泉には白湯と赤湯とがあり、最初の浴室は二つに区切られた岩風呂で無色透明の白湯です。手前は少しぬる

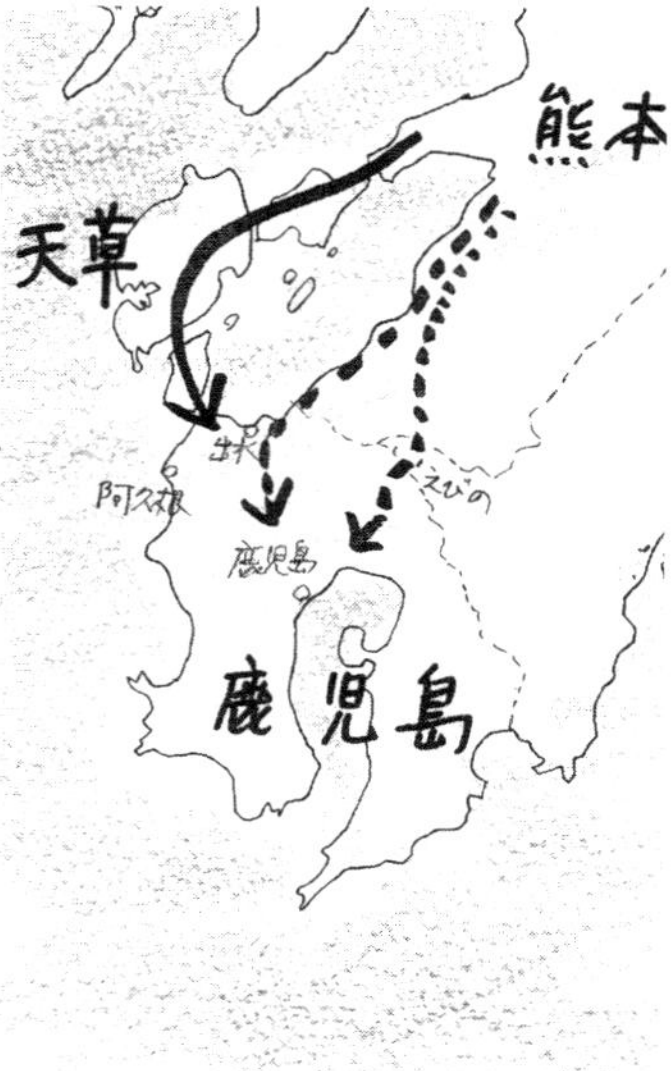

目です。奥へと進むと、その先には切妻屋根の浴舎があり、こちらはグリーンっぽい白濁のお湯です。源泉は赤湯と呼ばれるお湯ですが赤くはありません。平成八年の湧出当時は真っ赤だったそうですが、次第に色に変化が出てきて、今では季節や天候によって変わるそうです。

湯口の周りは鍾乳石のような堆積物でビッシリと覆われています。そして湯舟も床も鍾乳石でコーティングされて、クリーム色をした千枚田になっています。さらに、扉の向こうの露天風呂は赤湯で、少しぬる目のゆっくりとつかるにはちょうど良い温度でした。

そして四番目は、岩肌にぽっかり空いた洞窟風呂です。ちょっと怪しげな感じで、奥は女湯につながっているようです。「初恋の湯」といいます。天草にこんなに濃厚な温泉があるとは思いませんでした。

タコ街道は、天草上島の有明町の有明海に面した、雲仙岳を望む海岸沿いにあります。この近くでとれるタコは身が引き締まってたいへん美味しいです。

《温泉データ・評価》
【温泉名】天草・弓ヶ浜温泉湯の宿湯楽亭
【住　所】熊本県上天草市大矢野町上5190－2
【ＴＥＬ】0964－56－0536
【泉　質】白湯：ナトリウム－炭酸水素塩泉　33.5度　pH8.0　赤湯：ナトリウム－塩化物炭酸水素泉　47.0度　pH7.6
【営　業】9：00－21：00
【定休日】無休
【風　呂】内湯２　露天１　洞窟風呂
【入浴料】500円
【駐車場】有
【評　価】
施設設備度：4　アクセス度：3
源泉かけ流し度：5　清潔度：4
サービス・気配り度：3　風情・雰囲気度：4
肌にやさしい度：4　湯っくりホックリ度：4
見どころ食べどころ：天草タコ街道、天草四郎記念館
【満足度】★★★★（4.0）

88 天草・教会のお湯愛夢里

五足の靴の舞台になった天草の教会をモチーフにした公衆温泉です

天草市河浦は東シナ海から深く切り込んだ、緑濃い湾（その形から羊角湾という）の奥にある、漁業と信仰の町です。河浦の崎津港に浮かぶ崎津天主堂の美しさは、旅人の心を魅了します。その教会をモチーフにした温泉が「天然温泉愛夢里《あむり》」です。

崎津港にある天主堂

白い壁とオレンジ色の瓦のスペイン風の建物で、宿泊棟やプールなどもある公営の総合施設です。

お風呂は白いローマ風呂の浴室の中央から泉のようなお湯が沸きだしていて、高い窓にはきれいなステンドグラスがはめ込まれています。脱衣場のコインロッカーの上にもステンドグラスがありました。神様に見られているようで、ここでパンツを脱ぐのはちょっぴり照れます。ここは隠れキリシタンゆかりの天草なのです。

「こよなく晴れた青空を　悲しと思うせつなさよ……」。あっ、まちがい。これは「長崎の鐘」でした。ここは天草でした。月の兎は教会というとなぜかこの切ない歌を思い出し少し胸が痛むのです。

お湯には特別なものはありませんが、教会の荘厳な雰囲気の浴室に入れるなんてここでしか体験できません。月の兎は思わずひざまづいてお祈りをしてしまいました。「外の雷雨が早く止んでくれないか」と。外は叩きつけるような雨が降っています。

その昔、北原白秋や吉井勇など五人の文人たちが歩いて九州を旅して『五足の靴』という旅行記を出していま

す。その中で、

白秋とともに泊まりし天草の　大江の宿は伴天連の宿

と吉井勇は詠んでいます。大江は崎津のすぐ近くにこれまた美しい天主堂のある地区です。

いつか、月の兎も「五足の靴」の足跡を訪ねる湯めぐり旅をしたいと思っています。

車は雷雨の中、天草の南端の牛深港につきました。ここはもちろんハイヤ節で有名な港町です。ここから全国の港へ伝わり越後のおけさの母胎になりました。酒飲みとしては八代亜紀の舟歌よろしく、この港町の小汚い居酒屋で、あぶったイカでしんみりお酒でもやりたい風情ですが、先を急ぎます。雷雨の中、フェリーで鹿児島県最北の島、長島へ移動です。

《温泉データ・評価》
【温泉名】天然温泉愛夢里（あむり）
【住　所】熊本県天草市河浦町大字河浦4747番地１
【ＴＥＬ】09697－６－1526
【泉　質】ナトリウム炭酸水素塩泉
【風　呂】大浴場(和風・洋風)サウナ　リラックスバス　ジェットバス　舞湯　気泡浴　檜風呂　水風呂　露天風呂　家族風呂４　室温水プール25m ４コース　ジャグジーバス　交流室(研修室)40名利用可能　休憩室７室79畳
【入浴料】500円
【駐車場】有
【評　価】
施設設備度：４　アクセス度：３
源泉かけ流し度：３　清潔度：４
サービス・気配り度：４　風情・雰囲気度：４
肌にやさしい度：３　湯っくりホックリ度：３
見どころ食べどころ：崎津天主堂、大江天主堂
【満足度】★★★（3.0）

89 湯川内温泉かじか荘

ぽかり、ぽこりと静かに足下から湧く温泉は
エメラルドグリーン
薩摩温泉番付東の横綱湯

雷雨のなかの薩摩上陸となりました。まだ夕方五時台なのに、真っ暗です。長島町蔵の元の港にフェリーが着き、豪雨のなかを今夜の宿の出水市湯川内《ゆがわち》温泉へ車を急ぎます。

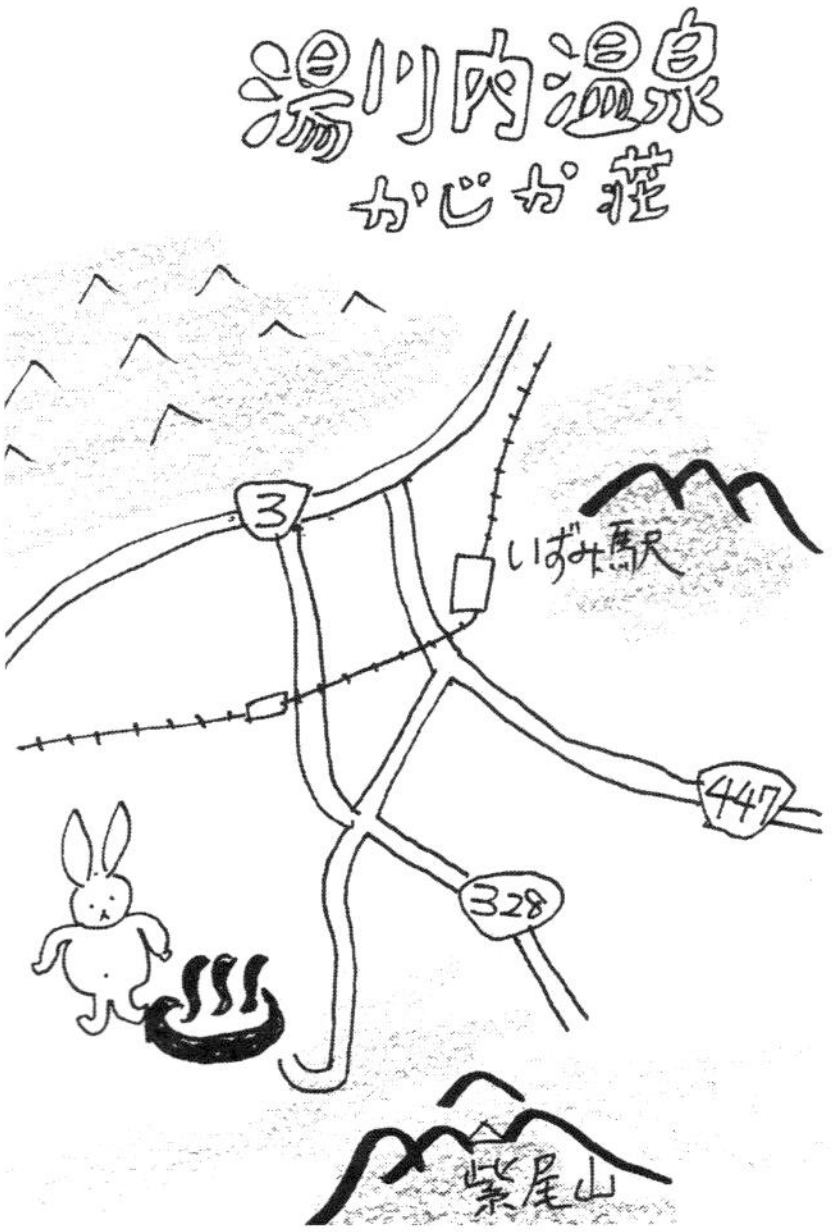

雨がひどくワイパーのスピードもあわただしくなったようです。が、待てよ。長島には「島娘」という島内限定発売の焼酎があったはずです。好きこそなんとかです。大雨の中ですが酒屋さんを見つけて車を横付けしました。ありました。「島娘」をゲットです。

出水市の「湯川内温泉かじか荘」は知る人ぞ知る薩摩温泉番付の東の正横綱、あの霧島や指宿温泉などの並み居る強豪を押さえての堂々の横綱です。この出水市郊外の紫尾《しび》山中にある一軒温泉は、観光的にはほとんど無名に近いですが、江戸時代から薩摩侯の御前湯として知られ、明治になってから一般にも開放されたもの。近場の人の立ち寄りや、病んだ人の長期滞在の湯治場として、知る人ぞ知る穴場的な温泉です。駐車場にはいつも軽トラが並んでいますが、今日はこの雨でそれもまばらです。

ここのお湯の特徴はなんと言っても、足下湧出の超透明なぬる湯にあります。色はエメラルドグリーン、床に

敷いた大きな石の底から小さな泡がプクプク、プクプクと湧き出しています。湯質はアルカリ性単純硫黄泉で、泉温三九度、やや硫黄臭があります。

股間やお尻の脇からプクプク、プクプクと泡が湧き出してくる感じは、何とも気持ちよい不思議な感触がします。ぬるいお湯に静かにじっと体をひたすと、まるでお母さんの胎内にでもいるかのような、何とも心地よい世界に入っていけます。

お客は年配の方が多く、病気のこと、家族のこと、年金のこと、庭木のことなどが湯船での主な話題です。山の静かな湯治場の雰囲気が漂っています。

ゆっくりした静かな時間と良質の温泉につかる、最高の温泉です。日長、ボーとできます。何度も来てみたい気持ちにさせるいい温泉です。

朝には雨も上がり、大雨警報も解除になったようです。さあ、薩摩の湯めぐり旅の本格スタートです。

湯川内温泉かじか荘の湯治棟

《温泉データ・評価》
【温泉名】湯川内温泉かじか荘
【住　所】鹿児島県出水市武本2060
【ＴＥＬ】0996－62－1535
【泉　質】単純硫黄泉　39度
【営　業】7：00－21：30　宿坊　自炊宿
【定休日】無休
【風　呂】内湯２
【入浴料】300円
【評　価】
施設設備度：4
アクセス度：3
源泉かけ流し度：5
清潔度：4　サービス・気配り度：4
風情・雰囲気度：4
肌にやさしい度：5
湯っくりホックリ度：5
見どころ食べどころ：出水武家屋敷、焼酎島娘
【満足度】★★★★★（5.0）

90 川内高城温泉

ここでも温泉街の入り口に
西郷さんの像があります
鹿児島の温泉はユーモラスでおおらかです

薩摩の湯めぐり旅は、かごんまの美味しいものを食べつくす旅でもあります。黒豚、焼酎といろいろ楽しみですが、今回は新鮮な魚です。

西海岸の阿久根市の港の一角、北さつま漁協直営の市場食堂「ぶえんかん」にやってきました。今ここで一番のお薦めは「華《はな》アジ」とのこと。「阿久根の華アジ」は、身が適度に引き締まり脂ののりもよく、甘みがあるとのことです。釣り上げて出荷まで、一切手をふれずに魚体の鮮度を保っているそうです。

さっそく、活け造りにしていただくことにしました。待つことしばし。この時間が長く感じます。舌が鳴っています。では、いただきます。ウム。歯ざわりはプリプリした食感です。甘い味が広がります。これは美味い！フム。満足、大いに満足です。いいアジしてますね。

ちなみに、食堂名の「ぶえん」とは「無塩」。塩がいらないほど新鮮だという意味です。

高城《たき》温泉は阿久根市のお隣のさつま川内市の海岸から少し山に入ったところにあります。鄙びた温泉街の中でも人気のある竹屋旅館別館の「川内岩風呂」に入りました。

料金は旅館の入り口にちょこんと座っているおばあ

ちゃんに払います。浴室は脱衣場から入ると、入り口近くにぬるめの木風呂があります。その奥に岩風呂といってもタイル貼りの半円形の浴槽が二つ続いてありますが、こちらはちょっと熱めです。湯質は極上の単純硫黄泉です。ヌルツル感は大層なもので、「日本の名湯一〇〇」選にも選ばれています。pH九・五はすごいです。

岩風呂の奥に行くと、仕切りの岩の上に母の手を引く子どもの像があり、その手前にはなんと、女風呂に行く小道があいています。岩の陰から小道の先を〝なんとなく〟眺めますと、おー、そこは〝昔の娘さんたちのパラダイス（女風呂）〟ではありませんか（↑私、決して覗いたわけではありません）。小さい子が「じいちゃーん」と呼びながら男女の風呂の間を行き来しています。薩摩のお風呂の造りはおおらかですね。帰りには冷たいお茶をサービスしてくれました。

いいな、鹿児島の温泉。

《温泉データ・評価》
【温泉名】川内高城（たき）温泉竹屋旅館別館川内岩風呂
【住　所】鹿児島県摩川内市湯田町6489
【ＴＥＬ】0996－28－0865
【泉　質】単純硫黄泉　53.0度　pH9.5
【営　業】６：00－21：00
【定休日】無休
【風　呂】内湯２
【入浴料】250円
【駐車場】有
【評　価】
施設設備度：３　アクセス度：３
源泉かけ流し度：４
清潔度：４　サービス・気配り度：３
風情・雰囲気度：４　肌にやさしい度：４
湯っくりホックリ度：４
見どころ食べどころ：漁師食堂ぶえんかん
【満足度】★★★★（4.0）

91 「こけけ王国」湯之元温泉

元湯と打込湯が隣の湯船に
地元に愛されている公衆浴場です

川内高城温泉から3号線を南下することしばし、ぼちぼちお腹が空いてきました。鹿児島といえばかごんまラーメンです。今日のお昼はかごんまラーメンでいきましょう。

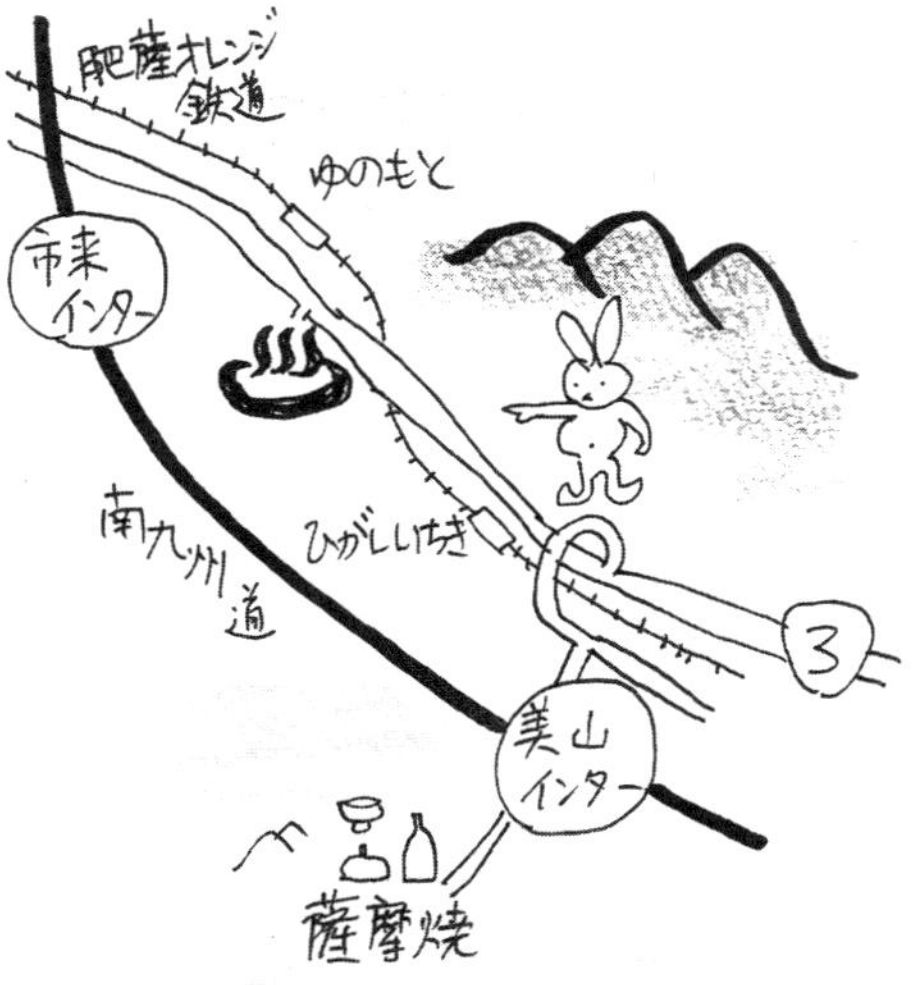

国道沿いのラーメン店「せなみ」に入りました。とんこつスープですがしつこい感じはまったくなく、細めの麺もコシがあります。なんといってもニンニクの焼いた香りがとても香ばしく、「あー南国に来たなー」という感じが嬉しいです。とても美味しいです。

日置市東市来町《ひがしいちき》の「湯～陶こけけ王国」という看板が出てきます。東市来町には沈寿官《ちんじゅかん》さんで有名な薩摩焼の里、美山があり、そして湯之元温泉があります。温泉と焼き物の組み合わせで「湯～陶」というわけです。「こけけ」とは「ここ

湯之元温泉打込湯

にこい」、つまり「ようこそいらっしゃい」「おいでませ山口」と同じ、ウェルカムという意味だとか。

さて湯之元温泉の「元湯・打込湯《うつごみゆ》」という名前に惹かれて入ってみました。なんでも二つの違うお湯が同時に楽しめるということです。

湯船は真ん中の仕切りから左右に「打込湯」「元湯」と分かれています。打込湯はツルツルした触感の漢方薬のような臭いがして、皮膚病と胃腸病に効き、ヤケド、切り傷などに効能があるそうです。

一方の元湯はやや硫黄臭があり、さっぱりしていて神経痛・リウマチ・胃腸病に効くそうです。

両方ともいいお湯なんですが、なんせどっちも熱い。元湯のほうが熱めです。もう少しぬるかったら、毎日でも通いたくなるようないいお湯なのですが。

湯船はお年寄りの方たちでたいへんな賑わいようです。お互い知り合い同士のようで、あいさつが浴室に飛び交っていました。入湯料はなんと一二〇円です。

《温泉データ・評価》
【温泉名】湯之元温泉元湯・打込湯
【住　所】鹿児島県日置市東市来町湯田2231
【ＴＥＬ】099－274－0326
【泉　質】硫黄泉　55.8度（元湯）　55.5度（打込湯）
【営　業】６：30－21：30
【定休日】４月１日　９月１日
【風　呂】内湯２
【入浴料】120円
【駐車場】有
【評　価】
　施設設備度：３　アクセス度：４
　源泉かけ流し度：５　清潔度：４
　サービス・気配り度：４
　風情・雰囲気度：４
　肌にやさしい度：４
　湯っくりホックリ度：４
　見どころ食べどころ：薩摩焼の里美山
【満足度】★★★★（4.0）

92 吹上温泉みどり荘

吹上のみどり池の畔に
黒い湯の花が舞う温泉
静かな佇まいも上品な温泉です

吹上《ふきあげ》温泉は国道から田園地帯を少し入ったところにあり、のどかな風情です。温泉街の入り口にはちゃんと、肥った西郷さんのユーモラスな像が待ち受けてくれています。

「吹上温泉みどり荘」は、吹上温泉街からやや外れたみどり池のほとりに、数千坪の庭園を持つ別荘風の佇まいの旅館です。「吹上温泉にこんな別天地があったのか」。思わずそうつぶやいて見とれてしまいました。

「名湯と詩歌の里」というキャッチコピーで、日本秘湯を守る会の旅館でもあります。歌人斎藤茂吉さんや、文豪吉田絃二郎も訪れています。

　この温泉《いでゆ》に浴みつつ　遠き神のこと
　　おもほゆるまで心しずけし　　茂吉

第二次大戦末期には、特攻隊の若者もここで最後の宴を過ごし出撃していったそうです。

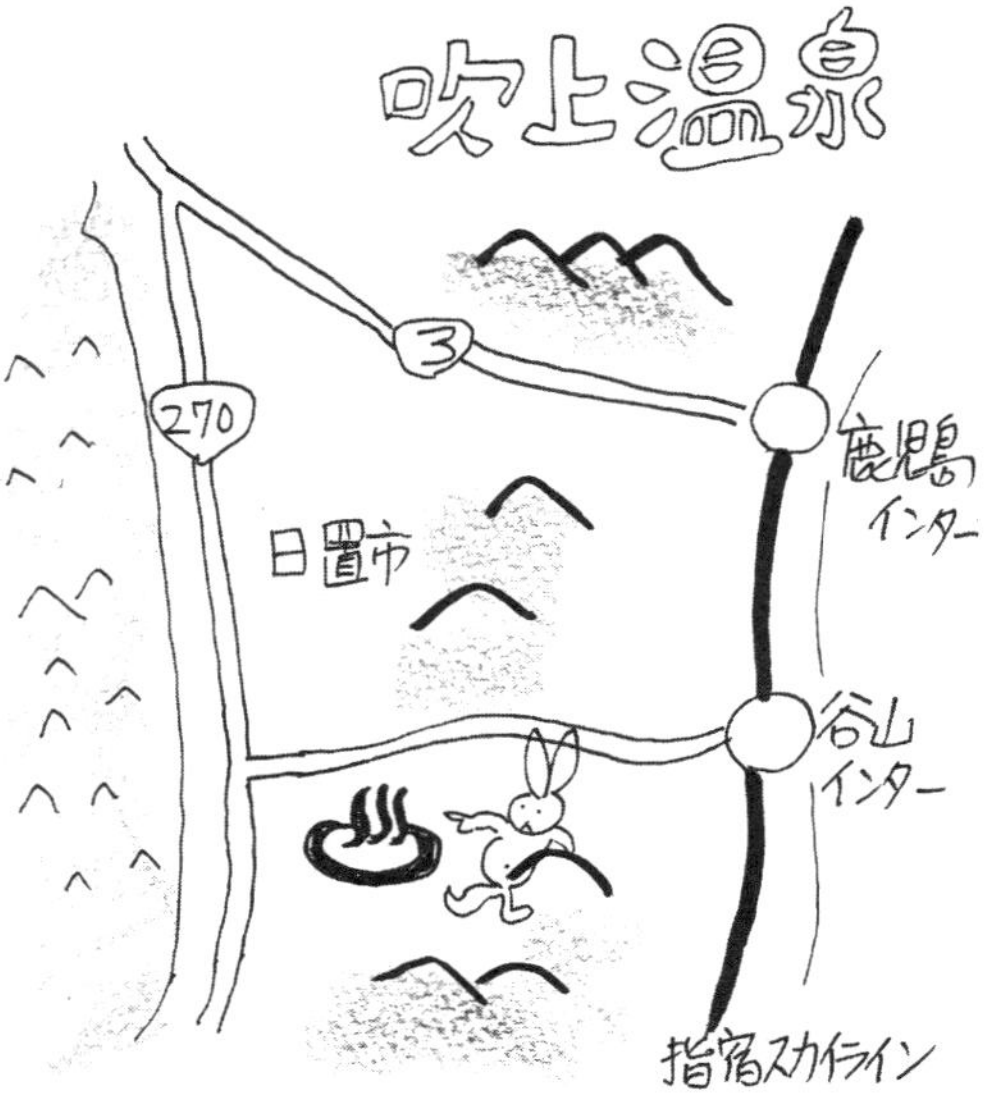

門を抜け受付の東屋《あずまや》からお風呂の建物までは、みどり池のほとりを数十メートル歩いていきます。大浴場は緑色の池を眺めるように広い窓が作られています。

みどり荘庭園

みどり荘の門

みどり荘のお湯の最大の特徴は、黒い湯の花が舞っていて、無色透明なお湯が黒く濁ったように見えることです。実際に入ってみると、黒いゴミのような湯の花のほかに白い湯の花も舞っていて沈殿しています。見た目には黒いお湯のように見えます。黒い湯の花を見たのは上越の燕温泉以来です。

湯質は単純硫黄泉で、けっこう熱めのお湯です。月の兎はぬる湯が好きなので、熱いのはちょっと苦手です。

今回は大浴場の利用（五〇〇円）でしたが、別棟の露天風呂（源泉が別）も庭園内にあります。もちろん宿泊や食事休憩もできます。

たまにはこういう閑静で上品なところで、四季折々の風景をめでながら、ゆっくり落ち着いた雰囲気で静かに過ごすのもいいかもしれませんね。

吹上のみどり荘は、静かな上品な雰囲気の旅館の温泉です。

《温泉データ・評価》
【温泉名】吹上温泉みどり荘
【住　所】鹿児島県日置市吹上町湯之浦910
【ＴＥＬ】099－296－2020
【泉　質】単純硫黄泉　54.3度　pH8.3　自噴
【営　業】10：00－20：00
【定休日】無休
【風　呂】内湯１　露天風呂１（他に家族風呂）
【入浴料】500円
【駐車場】有
【評　価】
　施設設備度：４　アクセス度：３
　源泉かけ流し度：４　清潔度：４
　サービス・気配り度：４
　風情・雰囲気度：４
　肌にやさしい度：４
　湯っくりホックリ度：４
　見どころ食べどころ：笠沙恵比寿
【満足度】★★★★☆（4.5）

93 指宿温泉白水館

砂湯、元禄湯、泡湯、露天など あらゆる温泉が楽しめます

「指宿温泉白水館」は、指宿温泉の温泉街から離れた海岸に面した、広大な庭園内に宿泊、飲食、砂むし温泉、岩盤欲、プール、ギャラリー、美術館などのいろんな施設が建つ豪華なリゾートホテルです。

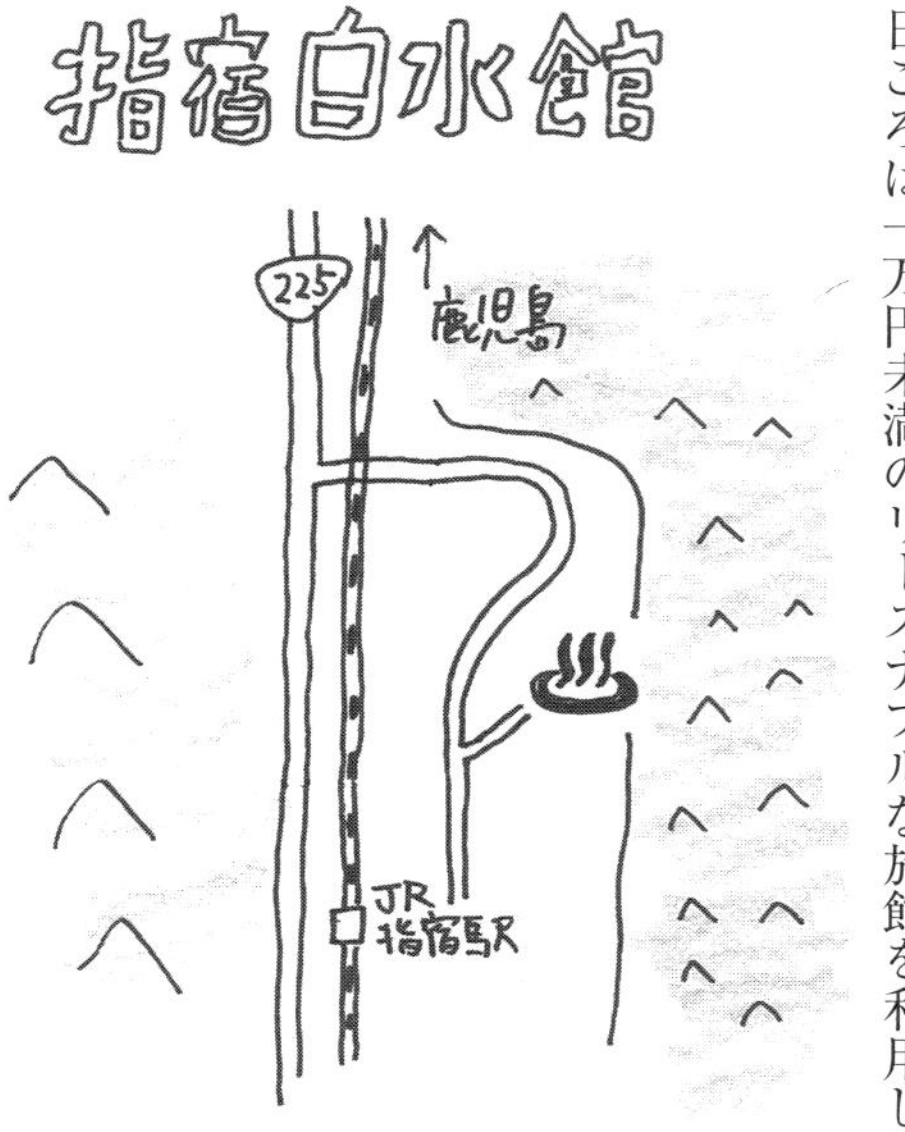

日ごろは一万円未満のリーズナブルな旅館を利用している月の兎が、今回はどういう風の吹き回しか、だいぶ上を行くハイクラスのホテルに泊まることになりました。月の兎としてはリッチなホテルに泊まるなんてめったにないチャンスですから、しっかり体験&ウォッチングしてきました。

驚くことばかりです。まず入り口から玄関まで一〇〇メートル以上あります。迷子になりそうな松林のなかを通り玄関に車を横付けすると、ホテルの人がさっとドアを開けてくれて、いいというのにバッグを持ってくださいます。ほどよくクーラーがきいた二間続きの和室からは松林越に錦江湾《きんこうわん》が見えます。縁側のイスに座ってボーといつまでも海を見ていたい気分です。

このホテルには江戸時代の浮世風呂を再現した「元禄風呂」という、巨大な体育館のような二階建ての大浴場があります。塩化物泉で無色無臭ですが食塩味がありま

す。お風呂にはいろんな凝った趣向がしてあります。

ブーラブラ裸で館内を歩いて入って楽しむのもいいですが、江戸時代の裸の女の人のきれいな白いレリーフが十数人も彫られた前では、なんだか恥ずかしくて、ゆっくり落ち着いて入浴できませんでした（笑）。

大きく広い湯船は気持ちがよく好きですが、ここまで広すぎるとなんだか落ち着かないのは、月の兎の貧乏性のせいでしょうか。

指宿といえば砂むし温泉です。砂むし温泉はすごく気持ちがいいです。砂は思ったほど熱くも重たくもなく、気持ちよく入浴できました。砂むしは医学的にも美容と健康に良いとされ、十五分で三キロ減量できるとどっかに書いてありましたが、実際には〇・五キロの減量でした。砂むし温泉の入浴料は宿泊代とは別料金で、一〇五〇円が必要です。

元禄風呂の出口には、「焼酎道場」というバーがあり、試飲もできます。月の兎はさっそく「森伊蔵」を試飲。口あたりがやわらかくて上品ですね。つぎは「伊佐美」をロックでいただきます。こちらは有料で薩摩揚げのおつまみ付きです。いやーお風呂上りの焼酎もいいですね。

《温泉データ・評価》
【温泉名】指宿温泉白水館
【住　所】指宿市東方浜通12126－12
【ＴＥＬ】0993－22－3131
【泉　質】ナトリウム塩化物泉
【営　業】無休
【風　呂】元禄風呂　樽風呂　浮世風呂（女湯）　花魁風呂（男湯）　泡泉　日本橋　大浴殿　江戸石榴風呂　露天　うたせ湯　釜風呂　大浴殿　松雲の湯
【駐車場】有
【評　価】
施設設備度：5　アクセス度：4
源泉かけ流し度：5　清潔度：5
サービス・気配り度：4　風情・雰囲気度：4
肌にやさしい度：4
湯っくりホックリ度：4
見どころ食べどころ：イタリア料理アクアパッツア、薩摩伝承館
【満足度】★★★★☆（4.5）

94 区営鰻温泉

指宿の近くにあり、西郷さんも逗留したという地区の温泉です

「区営鰻温泉」は、指宿市街地から車で十五分ほど山手に入った鰻池のほとりの鰻集落にあります。「西郷どんゆかりの湯」とあります。

温泉のまわりには湯煙が立ち上っています。別府や小国のはげの湯を彷彿とさせる光景です。地熱の蒸気を利用した造成泉のようです。地元では「源泉蒸気温泉」と呼んでいます。ちなみに鰻地区では蒸気を「スメ」といい、野菜や玉子などを蒸すそうです。北部九州ではスメはラーメンのスープですよね（笑）。

浴室は楕円形のタイル貼りできれいな形の品のある湯船です。お湯に少し色が付いているように見えるのはタイルの色のせいです。ここも貸切でした。

「温泉です。最初は熱く感じます」という浴室の貼紙のとおり熱いです。たしかに入っていると熱さはそうでもなくなってきます。ぬる湯好きにはちょっと熱いですが、体が温まる良いお湯です。

脱衣場の貼紙が興味深かったので紹介します。西郷どんは明治七（一八七四）年にここにこられたようです。佐賀の乱（佐賀では「佐賀戦争」という）で敗れた江藤

新平がここに西郷を訪ねてきて依頼要望をしたところ、西郷は江藤を叱って断ったとあります。佐賀人の月の兎としては、少し複雑な気持ちです。

窓辺に「小鳥が入るのでアミ戸は開けないで」と貼り紙してありますが、窓は大きく開けたままです。外の通りからも容易に脱衣場が見えます。薩摩のお風呂はここでもおおらかですね。江藤は小鳥ではありませんが、佐賀から西郷を頼ってきてこの鰻温泉を訪ね、西郷に叱られ四国の高知に逃れます。そこで官吏に捕縛され、その後、大久保によって処刑されます。

果たして、江藤新平はこの鰻温泉でどういう心情だったのでしょうか。月の兎には心地よい鰻温泉の湯上りでしたが。

鰻温泉は地熱の恩恵に浴したすばらしい温泉です。

大きく“西郷どんゆかりの湯”と記した区営鰻温泉

《温泉データ・評価》
【温泉名】鰻温泉区営鰻温泉
【住　所】指宿市山川町成川鰻6517
【ＴＥＬ】0993－35－0814
【泉　質】単純泉　ｐH6.4　88.8度
【営　業】７：00－21：00
【定休日】第１月曜日
【入浴料】200円
【駐車場】有
【風　呂】内湯１
【評　価】
施設設備度：３　アクセス度：３
源泉かけ流し度４　清潔度４
サービス・気配り度：３
風情・雰囲気度：４
肌にやさしい度：４
湯っくりホックリ度：４
見どころ食べどころ：鰹節、山川漬、開聞岳、長崎鼻
【満足度】★★★★（4.0）

95 指宿温泉野の香

鹿児島指宿では珍しい家族湯専門温泉
女性に優しいしっとりの湯質は人気です

　指宿の砂湯などがある温泉街とは逆の池田湖方面の、山に入った林の中に一軒ポツンとあるのが「指宿温泉家族温泉野の香」です。旅館・ホテルなどがたくさんある指宿では、というより、鹿児島でも珍しい離れ形式の家族湯専門の温泉です。こういったタイプの家族湯が多い熊本北部では、植木温泉の湯～庵、平山温泉の風月といった家族湯が有名ですが、この野の香は観光情報誌「九州じゃらん」の家族湯ランキング九州第四位にあげられていますから、人気と実力のほどがわかります。

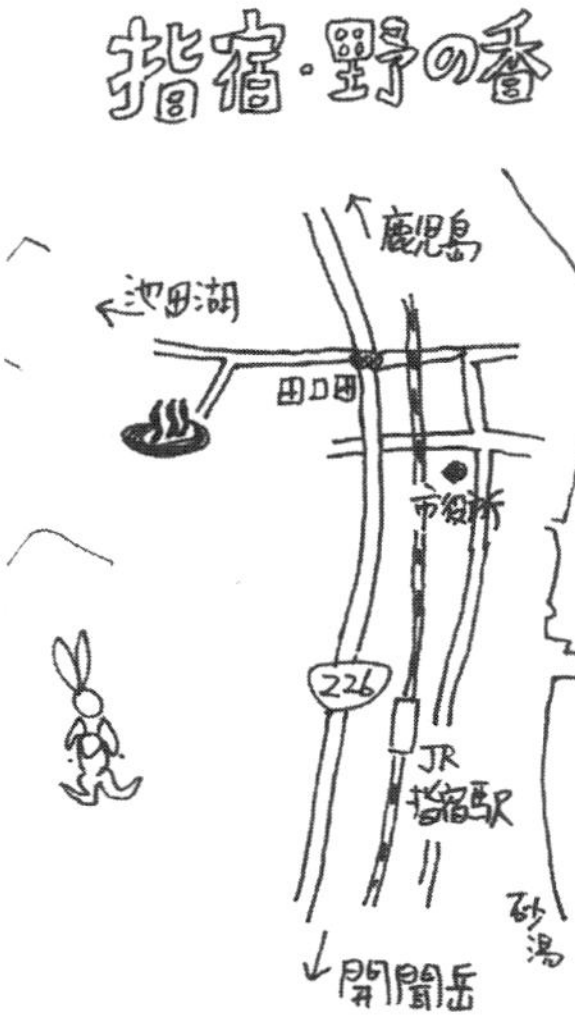

　指宿の北西の郊外にあるという漠然とした情報をもとに、いつもの〝近くまで行けばなんとかなるさ〟というアバウトな気持ちで訪ねました。カーナビなしの月の兎です。この野の香にも、さんざん迷った挙句にやっとつきました。林のなかのちょっと寂しい場所に、瓦葺きの和風長屋があり、黒川温泉風の雑木林を周りに設えてあります。このあたりは熊本の家族湯と共通の造りです。

　受付に聞くと「予約してないんですか？」とあきれ顔です。それでもたまたま運がよかったのでしょうか、二十分待ちのところ五分待ちで入れていただきました。待っている間にもじゃんじゃん問い合わせの電話が鳴っていましたが、だいたい一時間待ちと答えていました。入湯できたのは八部屋あるうちの「雅の部屋」です。この温泉では、和、里、縁などといった和風の名前を各部屋につけていて、どの部屋にも脱衣場は畳の間に丸い卓袱台が置いてあり、季節の茶花も生けてあります。

「雅の部屋」は内湯が石風呂、露天が檜風呂です。露天がちょうどいい湯加減で、木の香りがとても良かったです。泉質は女性に優しい塩化物泉です。この野の香の湯質の特徴は「等張性」で、なかなか他の温泉では見られない泉質です。温泉に入ると体から水分が蒸発しますが、等張性の温泉は蒸発した分身体に入ってくるという特徴があります。ここの温泉に入ったら、手がふやけないのがその証拠です。

家族温泉野の香の外観

指宿というと、砂湯や大型ホテルの豪華なお風呂のイメージがあったのですが、家族風呂も悪くありませんね。受付の人に「指宿で家族湯は珍しいですね」と聞いたら、「そうなんです。家庭にも温泉が配管されているところが多い町です。でも雰囲気が変わっていいのでしょうね」とのこと。駐車場で空き待ちの時間をすごす若いカップルの車を何台も見ました。受付のそばに待合室があるのに、予約をしたら後は車で待つというのも、最近の家族湯ならではの光景なのかもしれません。順番がきたらちゃんとお店の人が車まで知らせてくれます。お互い客同士の顔を見ないでもすむようにできます。

公衆浴場やホテルの大風呂とはまったく異なった温泉利用の仕方のようです。ここは予約して行ったほうが無難でしょうね。

《温泉データ・評価》
【温泉名】指宿温泉家族温泉野の香
【住　所】鹿児島県指宿市東方834－1
【ＴＥＬ】0993－22－4888
【泉　質】塩化物泉（等張性）86.0度
【風　呂】家族湯
【入浴料】1500円
【駐車場】20台以上
【評　価】
施設設備度：4　アクセス度：4
源泉かけ流し度：5
清潔度：4
サービス・気配り度：4
風情・雰囲気度：4
身体の不自由な人やお年寄りにやさしい度：4
肌にやさしい度：5
湯っくりホックリ度：4
【満足度】★★★★（4.0）

96 鹿児島市の温泉

県庁所在都市では源泉数No.1
町中にもホテルにも天然温泉かけ流しが
そして、イタリアングルメも

鹿児島県内には霧島や指宿など温泉で有名な観光地がたくさんありますが、鹿児島市も七十以上の浴湯があり、湯量・質ともに全国でもトップクラスの温泉地です。源泉も二百数十カ所以上、県庁所在地では、温泉銭湯の数が日本一です。

今回は鹿児島通、温泉通の友人に、鹿児島中央駅のすぐ近くのビジネスホテルに、すばらしい天然温泉があるときき チェックインしました。「シルクイン鹿児島」です。

泉質は塩化物泉（ナトリウム、塩化物、炭酸水素塩温泉）で、地下約七百メートルから湧き出る良質の天然温泉で美肌の効果があるとか。こじんまりとした清潔な浴室ですが、天然温泉かけ流しに入れるのはさすが鹿児島です。

一風呂浴びてさっぱりした後は、予約しておいたイタリア料理店「カイノヤ」で、美味しいトスカーナ料理とワインをいただきました。コース料理は三時間以上かけゆっくり出てきます。スローフードという言葉がはやりですが、そういう意味ではないですよね（笑）。

料理の間があんまり空くので、ついついサルジニアワ

インを飲みすぎてしまいました。ウンチクも能書きもたっぷりの、手の込んだお料理でたいへんに美味しかったです。「カイノヤ」はほんものの食材と調理法にこだわった良いお店です。ワインの品揃えと管理も行き届いています。

ワインリストを頼んだら、日本語で書いてなくて注文できなかったのは情けなかったですが、店内の造りやインテリアもなかなか凝っていて、お洒落で大人の隠れ家的な雰囲気です。小さい子どもの入店はできません。

おそらく鹿児島のイタリアンのお店の中では、美味しさもお値段もトップクラスをいくかと思います。

このお店の料理に対する志の高さは、あの桜島にも負けないくらいですが、いかんせん時間がかかりすぎます。それとも、ディナーはゆっくり時間をかけるべき、というシェフのかたい信念があるのでしょうか。

《温泉データ・評価》
【温泉名】シルクイン鹿児島
【住　所】鹿児島市上之園町19－30
【ＴＥＬ】099－258－1221
【泉　質】塩化物泉
【営　業】17：00－25：00／6：00－10：00
【定休日】無休
【風　呂】内湯
【駐車場】有
【評　価】
　施設設備度：3　アクセス度：4
　源泉かけ流し度4　清潔度4
　サービス・気配り度：4
　風情・雰囲気度：4
　肌にやさしい度：4
　湯っくりホックリ度：4
　見どころ食べどころ：白熊くん、かごんまラーメン、
　　薩摩郷土料理、仙巌園
【満足度】★★★★（4.0）

97 スパ・ルルド

〝日本で一番清潔で美肌の温泉〟を目指す
スパ・ルルド
奇跡の聖水にちなむネーミングです

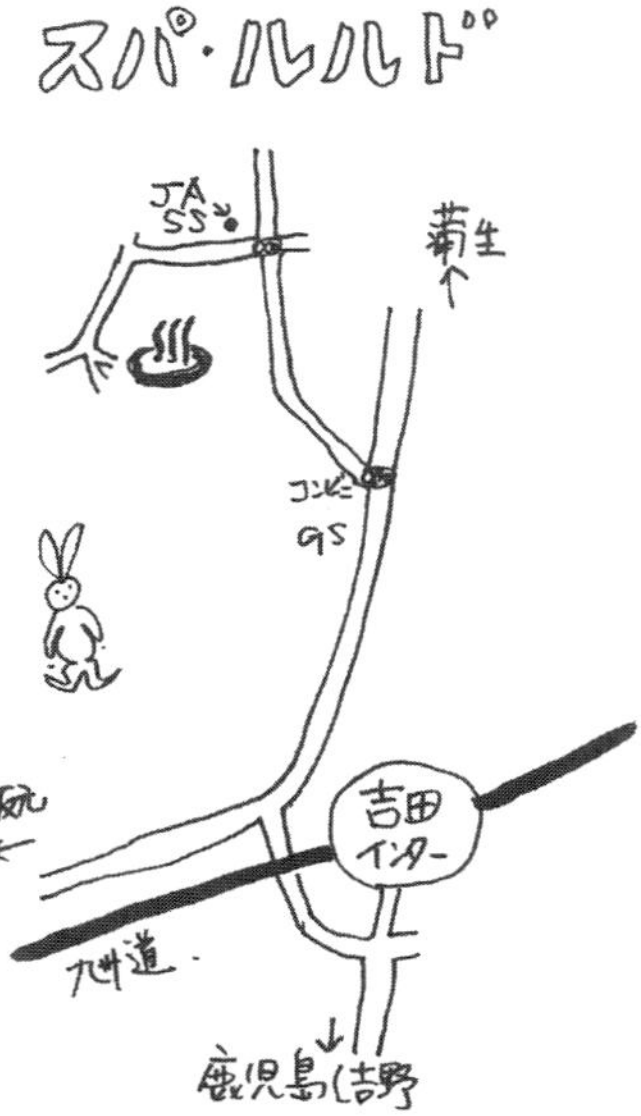

名前の印象からは、新しくてきれいな大型温泉センターを想像していましたが、探していくと鹿児島市郊外薩摩吉田インター近くの、竹林に囲まれた静かな環境にある瀟洒《しょうしゃ》でモダンな建物でした。

まるで先端科学の研究所のような建築物ですが、中に入ってびっくりしました。清潔で明るいクリニックの受付・待合室のような雰囲気です。カウンターの草食系男子っぽい受付氏が、初めてのお客にはお湯の入り方を一からていねいにやさしく説明してくれます。まず石鹸で体と髪を洗ってから……などと。

「日本で一番清潔で美肌の温泉」というのがこの温泉の売りです。吉田アイエム研究所という会社の経営です。この研究所では、お湯にたいそうこだわっており、二時間に一回全部のお湯を入れ替えするそうです。それだと二つの浴槽が限度だということです。またこの研究所では、お水や石鹸、化粧水も売っていて、「元気通信」というPR誌も発刊しています。

清潔かつ美肌の入浴効果を獲得するには、塩素消毒ではなく源泉かけ流しのお湯の入れ替えを行うこと、それに入浴前に化学剤の含まれていない天然素材の石鹸で身体をきれいに洗ってから入浴することが重要なんだとか。ここは温泉というより健康科学研究所&普及センターとでもいうところでしょうか。

能書きのうるさいこだわりの温泉であることは理解しましたが、実際入ってみると、明るく日が差し込むきれいな長方形の浴槽が二つ並んでいます。たまたま、二つの浴槽とも入れ替えの時期ではなかったということのようです。もちろん受け付けで教えられたとおりに、お風呂に入る前にていねいに石鹸を泡立てして身体を洗ってから入りました。二つの浴槽がありますが、どっちもぬるめのよさげなお湯です。確かに湯あたりの柔らかさは感じました。

スパ・ルルドの外観

この「スパ・ルルド」は、地元のある温泉情報サイトでは鹿児島の温泉のベスト1にランクアップされていました。「ルルド」は、もちろんフランスの聖地に湧き出たと伝えられる奇跡の泉ルルドからのネーミングです。温泉は炭酸水素イオン濃度が高い、いわゆる重曹泉で、「美人の湯」と呼ばれ、毛穴の汚れを洗い流し、血行を良くする働きがあり、健康と美容の両面に期待が持てるというものです。

単純な月の兎は帰りに売店で売っていた研究所特製の温泉水を買ってきました。これで、お肌ツヤツヤ、髪クログロになります！　でしょうか？（笑）

《温泉データ・評価》
【温泉名】スパ・ルルド
【住　所】鹿児島市本名町2093－３
【ＴＥＬ】0120－026839
【泉　質】炭酸水素塩水　49.9度（気温10度時）　ｐＨ8.3
【営　業】日祝10：00－22：00／月－土14：00－22：00
【定休日】木曜日（祝日の場合は営業）
【風　呂】内湯のみ
【入浴料】600円　【駐車場】40台
【評　価】
施設設備度：４　アクセス度：３
源泉かけ流し度：４　清潔度：５
サービス・気配り度：５
風情・雰囲気度：４
身体の不自由な人やお年寄りにやさしい度：４
肌にやさしい度：４
湯っくりホックリ度：４
【私の満足度】★★★★　（4.0）

98 日当山温泉しゅじゅどんの湯

昔々、しゅじゅどんという偉い地頭様がおられたとなー

隼人《はやと》の日当山《ひなたやま》温泉にやってきました。入ったのは「しゅじゅどんの湯」（「朱儒どん」と書く）です。ちなみに昔この地方に朱儒どんという地頭さまがいらしたそうで、身体は小さいけど頭の回転が速い頓知の利いた方だったとか。

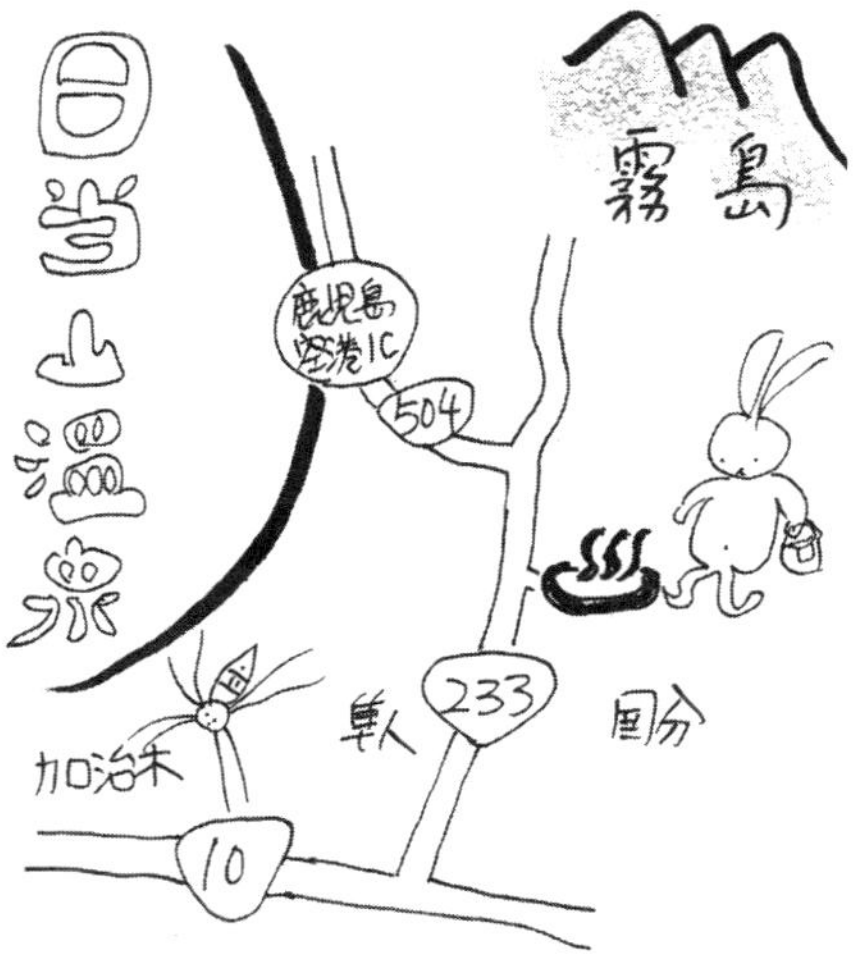

前日からずっと妙見温泉の鉄分の多い炭酸水素塩泉ばかりで、体中が明礬《みょうばん》のような刺激的な臭いに包まれていたのが、ここにきてスカッと解消しました。ここはアルカリ性単純泉のツルツルの兎好みの穏やかな湯質です。触れるとサラッと軽やかな感触で、入ると体全体をお湯がやさしく包んでくれる美肌の湯です。

湯船は湯口から上湯、下湯、寝湯の順に浅くなっていてお湯もその順に流れていきます。効能書きに「マムシ喰い」と書かれていました（笑）。場所は日当山の住宅地の中を入った路地の奥ですが、二〇〇円でこんな優しい温泉に入れるなら、このあたりの人は幸せですね。

隼人から少し鹿児島方面へ行った加治木《かじき》という小さい町にさしかかったところ、やたら「加治木まんじゅう」という看板が目につきます。それに「全国唯一くも合戦の町」というのもおもしろそうなので、「秀月」という

まんじゅう屋さんに立ち寄って、まんじゅうを買って食べました。
白いふわふわの皮に、こし餡がしっかり入っていて素朴で美味しかったですよ。ほかに粒餡などもあるようでした。

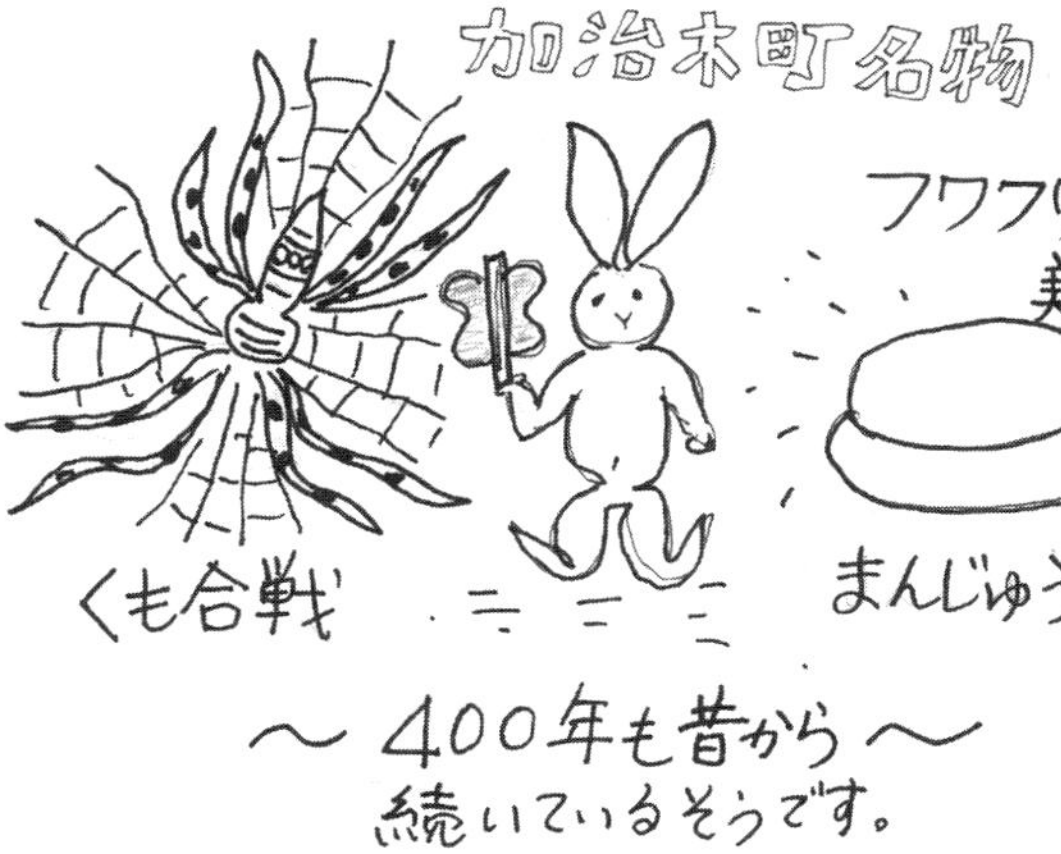

普通の酒蒸しまんじゅうでしたが、このまんじゅう屋さんの先代は「くも合戦の行司」をやっていたそうで、その写真が飾ってありました。
クモ合戦は加治木の人たちが熱中する古くから伝わる無形文化財です。加治木まんじゅうもクモ合戦も、島津義弘侯の頃から約四百年も続いているそうです。
いやー、下道をトロトロ走っていると、いろんなおもしろいものや美味しいものにもに出合いますね。
楽しいかな湯めぐりの旅。

《温泉データ・評価》
【温泉名】日当山温泉しゅじゅどんの湯
【住　所】鹿児島県霧島市隼人町東郷119
【ＴＥＬ】0995－43－6797
【営　業】５：00－22：00
【定休日】無休
【風　呂】内湯３
【入浴料】200円
【駐車場】有
【評　価】
　施設設備度：３
　アクセス度：３
　源泉かけ流し度：４
　清潔度：４
　サービス・気配り度：４
　風情・雰囲気度：４
　肌にやさしい度：４
　湯っくりホックリ度：４
【満足度】★★★★（4.0）

99 テイエム牧場温泉・猿ケ城温泉

競走馬テイエムの牧場がやってる温泉
日本一のラドン含有のラジューム泉

ここは遠いです。鹿児島の垂水《たるみ》から行っても行ってもつぎの町に着きません。やっと国道沿いにそれらしきものを見つけて入ろうとすると、「ここはテイエム牧場で温泉はあっち」と言われてしまいました。テイエム牧場温泉はテイエムという競走馬の牧場がやっている温泉です。

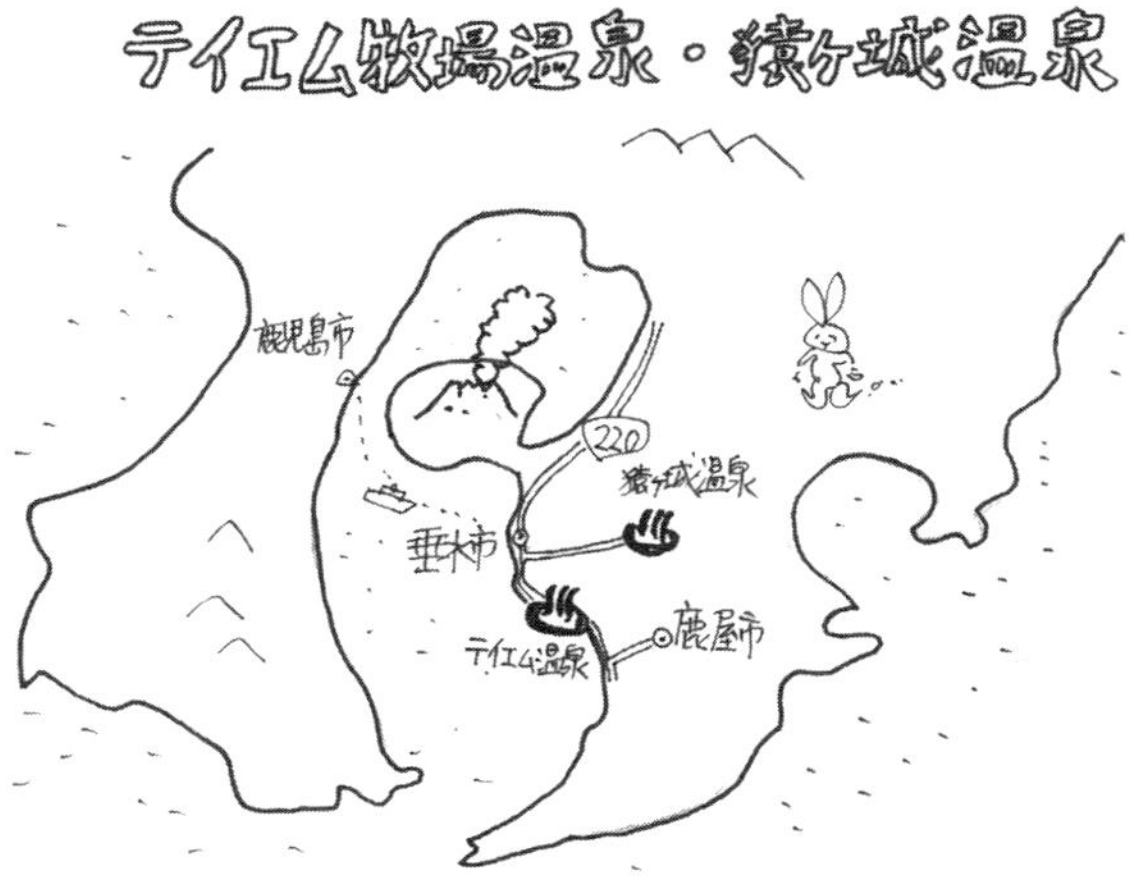

国道そばの波打ち際にあります。なんだか海の家みたいな小屋みたいな不明の建物にはいると、「アリャー、コレは何だ!?」とびっくりたまげてしまいました。お湯は茶色に濁っているし、床に析出物はついているし、まるで別世界をみているようです。

湯温はぬるめで入りやすいです。もっと驚いたのは、ドアを開けて外に出たらそこは海の波が直接押し寄せてくる波打ち際だったことです。なんとその狭い岩場にも、みごとな析出物いっぱいの露天風呂があるではありませんか。

強風と足場の悪さに足下をふらつかせながら露天風呂につかるという、超ワイルドな露天風呂を満喫した次第です。ここは牧場温泉という名前に引かれてはるばるきましたが、実に野趣溢れるというか、超ワイルドな温泉です。

牧場温泉の近くにあり、日本一のラドン含有量のラジューム泉の「猿ケ城温泉」（奇跡の水があるといわれる）へも行きました。

こちらは温泉というより、山奥のラジューム泉の採取場か、ミストシャワールームのようです。締め切った小さい小屋の浴室で、じっとラジューム泉を浴びて時間を過ごします。

こういう密室の入浴は月の兎は苦手です。まだしも開放的な露天のほうがいいです。でも痛風には効くそうですので痛風の方にはおすすめです。

それにしても、大隅半島の広さ、大きさは日本の基準外です。少なくとも北部九州とはだいぶ距離感覚が違います。行っても行っても風景が変わらないし、目的地にたどりつけません。温泉もダイナミックですね。

《温泉データ・評価》
【温泉名】テイエム牧場温泉
【住　所】鹿児島県垂水市新城赤石4453－1
【ＴＥＬ】0994－35－3520
【泉　質】炭酸水素塩泉　45.3度　pH6.7
【営　業】13：00－20：00（日祝は10：00開始）
【風　呂】内湯２、露天２
【入浴料】330円【駐車場】有
【評　価】
　施設設備度：４　アクセス度：３
　源泉かけ流し度：４　清潔度：４
　サービス・気配り度：３　風情・雰囲気度：４
　肌にやさしい度：４　湯っくりホックリ度：４
【満足度】★★★★（4.0）

【温泉名】猿ケ城温泉
【住　所】鹿児島県垂水市高城1374
【ＴＥＬ】0994－32－0818
【泉　質】アルカリ性放射能泉
【営　業】９：00－20：00　【定休日】木曜休
【風　呂】内湯２　【入浴料】500円　【駐車場】有
【満足度】★★★☆（3.5）

100 北郷温泉サンチェリー北郷

東国原知事も入ったんだろうか、日南の田んぼの中のノンビリ温泉

薩摩街道からはそれますが日南市の飫肥《おび》を目指します。目的は、飫肥城下町の名物厚焼き卵です。飫肥の美味しいものと言えば「飫肥天」という薩摩揚げが有名ですが、その昔、伊東のお殿様に差し上げたという厚焼き卵も見逃せません。

雨の中を都城《みやこのじょう》から峠を越えて飛ばしてきたせいか、お腹がすきました。北郷を走っていたら、路肩の看板に「かにまき」の文字。いったい「かにまき」ってなんやろか？「食い物やろか、蟹の巻き寿司かな？」

看板につられて入ったのが、なんと「北郷温泉サンチェリー北郷」というホテル&宴会場&温泉施設。正式には、「宮崎建設労働者研修福祉センター」というそうです。玄関の上の看板には五一度の美肌天然温泉と書いてあります。ラッキー！　想定外でしたが、ここに寄り道決定。さっそく入湯。浴室内は、ご近所のじいちゃんたちでそこそこの賑わいです。お湯はヌルツルのめっけもの。炭酸水素塩泉。ヌルリとした肌触りは、前日に宿泊した霧島にはないものです。

ここの自慢は、屋上展望露天風呂。ＦＲＰ（繊維強化プラスチック）のバスタブが三つ置いてありました。小

雨の中の屋上露天はミストシャワーみたいで、ちょっと風情がありすぎたようです。この温泉、のどかな田園の中にあり、近くの方々に愛されているノンビリしたいい温泉です。付近にもいくつか温泉施設があるようです。

あっ、温泉にはいってたら忘れていました「かにまき」のこと。近くでとれる山太郎かにをつぶして味噌汁にしたものだそうです。かにまき汁ともいうそうです。また、次回にでもいただきましょう。

北郷から南下することしばらくで、日南市飫肥の城下町につきます。目指す厚焼き卵屋は城下町の大通りに面した場所にあり、アツアツの焼きたてをお茶でしっかりいただきました。厚焼き卵といっても、これは並の卵焼きとは違って、プリンのように肌理細やかで舌触り滑らかな甘いデザートです。ギュッと玉子が凝縮されていて表面はつるつるした感触の、時間をかけて焼き上げた贅沢な食べ物です。どちらが本家かわかりませんが、二軒ほどお店があるようです。

《温泉データ・評価》
【温泉名】北郷温泉サンチェリー北郷
【住　所】宮崎県日南市北郷町大藤甲1519－３
【ＴＥＬ】0987－55－3611
【泉　質】ナトリウム－塩化物・炭酸水素塩泉　51度
【営　業】８：00－21：00
【定休日】第２火曜日
【風　呂】内湯１　露天風呂３
【入浴料】500円
【駐車場】有
【評　価】
施設設備度：３　アクセス度：３
源泉かけ流し度：４　清潔度：３
サービス・気配り度：４
風情・雰囲気度：４
肌にやさしい度：３
湯っくりホックリ度：４
見どころ食べどころ：飫肥城下町、飫肥天、厚焼き卵
【満足度】★★★☆（3.5）

温泉と焼酎

鹿児島の温泉は奥が深い。「鹿児島温泉本」という地元の出版社（斯文堂）が発行した案内本によれば、平成十六年で四五〇軒の温泉が掲載されています。九州では日本一の大分に次いで、源泉数を誇っています。月の兎が入湯したのはせいぜい三十湯というところでしょうか。全体からすれば、ほんの一角をかすめたぐらいでしょう。それでも、十分に鹿児島の温泉の魅力を感じることができました。

今回薩摩の湯めぐりで行くことができなかった湯之元温泉をはじめ、薩摩地方だけでも宮之城《みやのじょう》や祁答院《けどういん》などにもいい温泉があると聞きます。また霧島、姶良《あいら》、大隅《おおすみ》、それに鹿児島市周辺や屋久島にも素晴らしい温泉がたくさんあるそうで、これからの湯めぐりが楽しみです。

一方、鹿児島の焼酎の蔵元が奄美の黒糖焼酎を含めて一〇二もあるということを今回の旅で知りました。

森伊蔵、村尾など全国的に有名な焼酎以外にも、鹿児島県全域にさまざまの蔵元があり、美味しいこだわりの焼酎を熱心に造られていることがよくわかりました。

月の兎はもともと日本酒好きで「ほんとうに味わい深いのは日本酒」という考えがあり、焼酎は格下という印象がありました。しかし、最近の焼酎づくりの革新はすばらしく、昔の〝臭くて雑味っぽい〟焼酎とは全く別物のようです。逆に蒸留酒である焼酎は、工夫と改良を重ねて世界に通用する新しい日本酒の一つのジャンルに成長できるのではないかと思えるようになりました。

人口こそ中心都市である鹿児島市に一点集中していますが、温泉と焼酎はほぼ県全域に分散しています。鹿児島はいたるところに温泉と焼酎ありという印象です。月の兎には、鹿児島県全域に散在する温泉施設と焼酎の蔵元がダブって見えて仕方がないのです（笑）。

鹿児島は恐るべき「温泉王国」であり頼もしい「焼酎王国」です。つぎの鹿児島湯めぐり旅、いや、焼酎めぐり旅に期待しましょう。

月の兎がすすめる「行くならこの温泉」

本編掲載の一〇〇温泉以外にも、すばらしい温泉が九州にはたくさんあります。一〇〇温泉に入れようかと、最後まで迷った温泉もありました。一〇〇温泉より高い評価（★の数）を得ている温泉も少なくありません。なかには、一〇〇温泉に負けない魅力的な温泉もあります。

そこで、巻末のスペースをお借りして、温泉名と温泉の一口紹介、それに評価（★5が満点、☆は0・5）のみを掲載しました。評価はあくまでも月の兎の主観的なものですから、ご承知ください。

掲載順は本編と同じく街道別となっています。もちろん、ここに掲載している温泉も月の兎が実際に行って入湯した温泉ばかりです。いろんなエピソードやグルメ情報なども隠れていますが、今はそれらを逐一披露することができないのが残念です。このおすすめ温泉も、一〇〇温泉同様に、ぜひ一度足を運んでみてください。

長崎街道のおすすめ温泉

雲仙温泉よか湯 ……………… ★★★☆
薄緑色の源泉かけ流しの日帰り湯専門の温泉。

小浜温泉波の湯茜《あかね》 ……………… ★★★☆
夕日がきれいな防波堤の外の温泉。波が高いとさらわるかも。

佐世保温泉エコスパ大塔の湯 ……………… ★★★
西九州道インターそばの清掃工場の余熱利用施設。プールもある。

西海橋コラソンホテル ……………… ★★★
白亜のスパリゾートホテル。海を見ながらの入浴もいいもの。

嬉野温泉ハミルトン宇礼志野 ……………… ★★★☆
和風湯船の上品さに感動。イタリア料理も美味です。

嬉野温泉嬉泉館《きせんかん》 ……………… ★★★★
嬉野で数少ない源泉のお湯はヌルツル感抜群です。

嬉野温泉静雲荘 ……………… ★★★
有田焼の大きな茶碗のお風呂に入れる。

嬉野温泉万象閣敷島 ……………… ★★★
昭和レトロの貸切湯が人気ですが内湯も広くて気持ちがいい。

熊の川温泉湯招花《とうしょうか》 ……………… ★★★☆
和風高級旅館風の日帰り湯。源泉の湯はぬるめで長く入れます。

熊の川温泉玉家 ……………… ★★★
純和風旅館の格調高いサービスと雰囲気が自慢です。

熊の川温泉夢千鳥 ……★★★
豆腐料理が美味しい癒しの旅館。黒川風にリニューアル。

古湯温泉山あかり ……★★★
新装して離れ式のお宿に。各室には露天風呂も。

古湯温泉大和屋 ……★★★
最近リニューアルして風情ある樽風呂が人気。

古湯温泉吉花亭 ……★★★
古湯最大のホテル。露天からの眺めがいい。ラドン泉も。

古湯温泉杉の家 ……★★★☆
露天からの眺めがいい高台にある旅館。混浴露天も。

三瀬温泉やまびこの湯 ……★★★
三瀬高原唯一の公共湯。山里の眺めに癒されます。

鳴神温泉ななの湯 ……★★★
唐津市七山の公共温泉施設。自然のなかの開放的な施設です。

妙法寺温泉 ……★★★☆
唐津の山里にある僧坊のお湯はヌルツル感抜群です。

津の里温泉アイル ……★★★
小城市牛津町の公共温泉。屋上露天風呂からの天山の眺めがいい。

佐賀ぽかぽか温泉 ……★★★
ゆめタウン近くの温泉。塩すりサウナや岩盤浴も人気。

ほうじょう温泉ふじの里の湯 ……★★★☆
福岡県福智町の日帰り温泉。方城の特産物産館もある。

まむし温泉 ……★★★
福岡県二丈町の由緒ある温泉。広い露天風呂でのんびりできる。

豊前街道の温泉

山鹿温泉再会温泉 ……★★★
バスセンター裏の九州風のアパート風貸切湯。

山鹿温泉精養軒 ……★★★
洋食屋さんではなくアパート風家族風呂専用施設。

三加和温泉交流センター ……★★★
アルカリ性の天然温泉。なめらかな肌触りが人気です。

下鶴温泉足湯 ……★★★
山鹿郊外の田んぼの中を行ったらポツンと足湯があります。

三加和温泉湯亭上弦の月 ……★★★★
ヌルツルの家族湯十棟、pH10・07は九州二番目とか?

熊入温泉センター ……★★★★
山鹿の北。共同湯と家族湯があります。

平山温泉善屋 ……★★★
平山温泉特有のヌルツル感のあるお湯です。

平山温泉お宿湯の蔵 ……★★★★
古民家風の建物と周りの緑は、いい雰囲気で人気があります。

平山温泉温泉センターフローラ ……★★★
利用しやすい場所と料金です。

平山温泉ホタルの長屋 …… ★★★☆
家族風呂がカップルに人気です。一人で入るにはねー？

宮原温泉長命館 …… ★★★
赤湯と白湯の二つ。館の歌もある人気の温泉センターです。

菊池温泉城の井旅館 …… ★★★
菊池温泉の老舗。湯船には阿蘇山のタイル絵。

泗水《しすい》孔子《こうし》温泉 …… ★★★
孔子公園近く。高い煙突が目印です。師曰く、いい温泉とは。

不二の湯 …… ★★★
不二コンクリート株式会社の無人湯。自動改札で入湯します。

はなみずきの湯 …… ★★★☆
木立の中。和にこだわったしつらえの家族湯でゆったり。

温泉邸湯～庵 …… ★★★★
のどかな田園風景の中に、数奇屋造り風の十七の家族（貸切）風呂が人気。

船小屋温泉 …… ★★★
日本一の含鉄炭酸泉。矢部川の清流沿い楠の大木群がみごとです。

アクアス …… ★★★
大木町健康福祉センター。丸い建物にローマ風呂。

筑後ラドンセンター …… ★★★
ラドン温泉で疲れた心と体の新陳代謝。浴後はぽかぽか発汗です。

大川温泉貴肌美人緑の湯南国屋台村 …… ★★★☆
田んぼのなかに黄緑色のモール泉。ちょっと道がわかりづらいかも。

幸楽の湯 …… ★★★★
pH10のすごいヌルツル湯。甘木駅前のビジネスホテル温泉です。

秋月温泉料亭旅館清流庵 …… ★★★☆
筑前の小京都秋月の趣ある温泉旅館。庭園の露天風呂がいい風情です。

松田広安温泉 …… ★★★
瀬高ののどかな田園の民家鉱泉。茶褐色の含鉄炭酸泉。

久留米湯の坂温泉 …… ★★★
久留米市内石橋美術館裏手にある町中の名湯です。

久留米いずみの湯 …… ★★★☆
ゆめタウン久留米近くの家族湯。お湯はいいですよ。

笹の湯 …… ★★★
田主丸の福祉施設に隣接。湯船にはデカパイの河童像。

みのう山荘 …… ★★★☆
筑後平野の眺望がいい。風呂上りカフェで飲むゆずスカッシュが好き。

北野温泉ぽっかぽっか温泉 …… ★★★
筑後川の土手を下りたら、こんなところにいい温泉がありました。

豊後街道のおすすめの温泉

鉄輪温泉鬼石の湯 ……………… ★★★★
別府の鬼石坊主地獄の奥。二階の木造の展望露天風呂が素敵です。

神丘温泉 ……………… ★★★☆
雑貨屋の中に温泉が。原爆病に効能。泥湯もあります。

別府海浜砂湯 ……………… ★★★
海を見ながらの砂湯は重く温かい。竹製湯籠を売っています。

長湯温泉療養文化館御前湯 ……………… ★★★☆
長湯の顔的な六角形の公衆浴場。九州初のかけ流し宣言はここ。

長湯温泉ラムネ温泉 ……………… ★★★★☆
日本屈指の炭酸泉。露天のぬる湯。泡付きが凄い。

パルクラブ大地の湯 ……………… ★★★
授産施設の経営。焼肉レストランも。

レゾネイトクラブくじゅう ……………… ★★★☆
茶色のお湯。食事、ケーキがうまい。

め組の湯サイダー泉 ……………… ★★★
炭酸泉。水くみに人気。

奥湯の郷 ……………… ★★★☆
湯布院の奥山にある神秘的な深いコバルトブルーの温泉。

日田往還のおすすめ温泉

ひびきの郷梅の香温泉なごりの湯 ……………… ★★★
露天風呂からの渓谷の展望が絶景。

将善の里 ……………… ★★★
別荘地の中に大きな貸切岩風呂が二つ。

夜明薬湯温泉 ……………… ★★★
筑後川沿いの演歌流れるヌルツル湯。薬湯風呂は刺激的です。

日田琴ひら温泉ゆめ山水 ……………… ★★★
ビール工場近く日田の高瀬川沿いの四つの露天と十六の家族風呂。

杖立温泉ひぜん屋和風旅館大自然 ……………… ★★★
杖立温泉街の大きな内湯と露天風呂が人気です。

壁湯温泉福元屋露天風呂 ……………… ★★★★
野趣あふれる川沿い混浴露天岩風呂。

九重星《ほっしょう》 生温泉山恵の湯 ……………… ★★★★☆
広い露天からは久住山の眺め。広い露天には多彩な温泉。

筋湯温泉打たせ湯 ……………… ★★★☆
筋湯に着いたらここ。木製の湯船や洗い場は一見の価値。

筋湯温泉薬師湯 ……………… ★★★☆
無人の共同湯。熱め。湯治場の雰囲気あり。

筌の口温泉新清館 ……………… ★★★★
旅館の混浴露天風呂。茶色の硫黄泉。

筌の口温泉山里の湯 …… ★★★★
凄い炭酸泉。すがもり小屋守のおばさんが運営。

馬子草《まごそ》温泉きづな …… ★★★☆
カーキ色の柔らかいお湯からの久住山の眺めがいい。

川底温泉せせらぎの湯 …… ★★★☆
四つの泉源から給湯、三〇〇円はお安い。

北園温泉 …… ★★★★
ツルツル、塩味、油臭、泡付き、温泉マニア垂涎の路地裏の名湯。

万年山温泉美人の湯 …… ★★★☆
金木犀の美しい並木道を登っていくとツルツルの美人の湯があります。

みしま温泉 …… ★★★☆
童話の里玖珠のみしま公園そばにある、小さくよさげな温泉です。

錦谷温泉華《か》じ花《か》 …… ★★★☆
耶馬溪の山奥のキャンプ場。道狭い。お湯はいい。

鶴川温泉 …… ★★★
気づかずに通り過ぎる静かな山間の共同湯の佇まい。

かまどケ岩温泉へ屋荘園でんろくの湯 …… ★★★☆
耶馬溪山中の一軒温泉。奇岩の眺めがいい。

七福温泉宇戸の庄 …… ★★★★
細い道を辿ると奇岩に囲まれた宇戸の庄。モール泉です。

もみじのゆ …… ★★★
深耶馬渓の公営温泉センター。

大楠の湯 …… ★★★
杷木の日帰り専用湯。そばに美味しいそば屋があります。

原鶴温泉愛泉一 …… ★★★
小さい旅館ですがお湯はいいです。源泉の湯。

原鶴温泉光泉 …… ★★★
小さい旅館の内湯でいいお湯があります。

旅館とよとみ …… ★★★☆
奥原鶴の旅館別棟の日帰り専用湯。なかなかいいお湯です。

原鶴温泉ひまわりの湯 …… ★★★☆
外観はひまわり色。湯船にはド演歌。お湯は鉄分があります。

花農家 …… ★★★
眺めは抜群、湯船の底石には転倒注意!

満願寺温泉共同湯 …… ★★★☆
川の中に湧く温泉。アヒルや野菜も一緒に入ります?

扇温泉おおぎ荘 …… ★★★★
混浴の展望露天は素晴らしい眺め。でもちょっと熱めです。

下鶴温泉下鶴荘 …… ★★★★
黒川の近くだけど知られていない。露天からの山の眺めが素晴らしい。

山川温泉華柚 …… ★★★☆
小さいけどきれいないい旅館ですよ。

はげの湯天狗松裕花……★★★
山奥のコインタイマー式家族湯が人気です。

山翠……★★★☆
内湯、家族湯、足湯、混浴露天となんでも入れて五〇〇円。

人吉街道のおすすめ温泉

人吉旅館……★★★
球磨川沿いの古い日本旅館。韓国人の女将さんが評判です。

湯山温泉元湯……★★★
球磨地方の最奥の温泉。木の香りがします。

多良木町温泉センターえびす温泉……★★★
温泉の内外に恵比寿像が出迎えます。

サンヨーフラワー温泉……★★★
露天風呂からの高千穂の峰の眺めが素晴らしい温泉センターです。

京町温泉城山温泉（休止中）……★★★★☆
民家の庭先にあるスゴイ析出物は超ド級です。

薩摩街道のおすすめ温泉

不知火温泉ロマンの湯……★★★
不知火海が見える道の駅。ぽんかん発祥地。

御立岬温泉センター……★★★
高台の温泉からの不知火海と天草の眺めは抜群。

計石《はかりいし》温泉センター……★★★☆
海底湧出の温泉。観光うたせ舟漁母港のそばにあります。

吉尾温泉湧泉閣……★★★
球磨川の支流に隠れた秘湯旅館。露天は混浴です。

つなぎ温泉四季彩……★★★
モノレールで上ると展望露天風呂があります。

白木河内温泉……★★★
お湯は源泉でいいけど、場所がわかりにくいです。

妙尊楽湯……★★★☆
鶴渡来地近くの手造り温泉。いつまでもつかっていたいぬる湯です。

紫尾温泉……★★★★
神社の境内に湧くいいお湯。少し熱目です。

助代温泉（休業中）……★★★★
吹上の山間の珍しいエメラルドグリーンの濁り湯。

塩浸《しおひたし》温泉（平成二十三年春リニューアルオープン予定）……★★★☆
坂本龍馬がおりょうさんと新婚旅行に訪れたという温泉です。

城山観光ホテルさつまの湯……★★★★
露天風呂からの桜島の眺めは一幅の絵のようです。

■温泉の効能

一般適応症（単純泉）

神経痛、筋肉痛、関節痛、五十肩、関節のこわばり、うちみ、くじき、慢性消化器病、痔疾、冷え性、病後回復期、健康増進など。

泉質別適応症

泉質	浴用	飲用
塩化物泉	切り傷、火傷、慢性皮膚病、虚弱児童、慢性婦人病	慢性消化器病、慢性便秘
炭酸水素塩泉	切り傷、火傷、慢性皮膚病	慢性消化器病、糖尿病、痛風、肝臓病
硫酸塩泉	動脈硬化症、切り傷、火傷、慢性皮膚病	慢性胆のう炎、胆石症、慢性便秘、肥満症、糖尿病、痛風
二酸化炭素泉	高血圧症、動脈硬化症、切り傷、火傷	慢性消化器病、慢性便秘
含鉄泉	月経障害	貧血
硫黄泉	慢性皮膚病、慢性婦人病、切り傷、糖尿病（硫化水素型）、高血圧症、動脈硬化症	糖尿病、痛風、便秘
酸性泉	慢性皮膚病	慢性消化器病
放射能泉	痛風、動脈硬化症、高血圧症、慢性胆のう炎、胆石症、慢性皮膚病、慢性婦人病	痛風、慢性消化器病、慢性胆のう炎、胆石症、神経痛、筋肉痛、関節痛

あとがき

温泉ブームです。テレビや書店では、グルメ番組やグルメ本と並んで「温泉」と名のつく番組や雑誌をよく見かけます。温泉に行くと若いお嬢さんたちにも会いますが、五十歳から六十歳代ぐらいの「おじさん、おばさん」たちも多いです。日帰りの立ち寄り湯においては特にその傾向が強いようです。

戦後のベビーブームの時代に生まれ、熾烈な競争社会を生き抜き、日本の社会や経済を支えてきた団塊世代の方々は、子育てを終えてできた時間と身体を近場の温泉で癒して過ごすのがささやかな楽しみなのではないでしょうか。

この『月の兎と行く九州100温泉』は、そうした団塊世代のお父さんやお母さんと娘さんの温泉旅行のために書いたといっても過言ではありません。

団体で温泉旅行にいく時代が去り、個人や小グループででかける時代です。もっとも温泉に縁遠いのは働き盛りの男性です。リタイアしたご夫婦で仲良く温泉に行くのはもちろんでしょうが、温泉に行くのが最も似合うのは、やはり母と娘の（お金は当然に母が持つ）温泉旅行です。なかには奥様から見放されたご主人の一人湯というのもあるかもしれません。そういった温泉めぐりのお伴としてこの本が役に立てばと思います。

『月の兎と行く九州100温泉』は、私が仕事の合間の休日などに訪れた九州各地の温泉の印象を綴った紀行文を友人、知人に送っていたものや、その後、ミクシィ上の日記やコミュニティなどで「九州温泉紀行」シリーズとして書いた原稿をベースにして、今回、加筆修正、さらにイラストを追加して一冊の本にまとめたものです。

本作りに際しては、まず温泉本としてどういう特色を持たせるかということにぶつかりました。九州の温泉全部を紹介するデータ図鑑的なものがいいのか、人気がある温泉に絞ってその魅力を紹介することがいいのか迷いましたが、温泉関係の刊行物には数多くの観光情報誌が発行されていることから、実際に行って体験した生の温泉紀行レポートを読んでいただくことを主眼にして、それをデータやグルメや見所などの周辺情報や温泉のオススメ度などで補うという形をとることで、より楽しんでいただけるのではないかと考えたところです。

しかし、実際に入湯した四〇〇湯以上の温泉の中から、この本でとりあげる一〇〇の温泉を選ぶのが大変でした。温泉の魅力には源泉かけ流しのほんものの温泉であることはもちろんのこと、施設・設備、サービスなどの魅力に加え、温泉での地域の人とのふれあい、コミュニケーションも、実は温泉の大きな魅力の要素だと思うからです。

そういう意味からは、有名な温泉地、立派な旅館、ホテルだけでなく小さな旅館や公衆浴場、鄙びた共同湯での湯船でのじいちゃん、ばあちゃんたちとの他愛ない世間話の光景もリアルに再現しています。

温泉紀行を本にすることを最初に勧めていただき、著者紹介も書いてくださった茨城大学教育学部教授の田中健次氏、推薦文を寄せていただいた立教大学観光学部長の村上和夫氏、コラムを書いていただいたＳＡＧＡなんでも相談クリニック院長の福本純雄氏の三人の友人（飲み友達）には、ほんとうにお世話になりました。また、出版に際し貴重なアドバイスをいただいた観光情報コーディネーターの金子美代子氏にもお礼を申し上げます。

最後に、海鳥社の西俊明社長には快く出版をお引き受けいただき、編集から刊行までの煩わしい作業にお付き合いいただきました。改めて感謝を申し上げます。

二〇一〇年四月二十八日

月の兎こと　平尾　茂

写真提供
赤川温泉赤川荘／黒川温泉旅館山河
栗野岳温泉南州館／新湯温泉国民宿舎新燃荘
妙見温泉おりはし旅館／湯之谷温泉霧島湯之谷山荘

ご協力ありがとうございました。

平尾　茂（ひらお・しげる）ハンドルネーム・月の兎。
1951年，佐賀市に生まれる。西南学院大学卒業後佐賀市役所に入り，企画，文化，観光部門などを歴任，現在在職中。全国各地の温泉，美味い食べ物やお酒に興味があり，近年は九州を中心に温泉紀行をレポート。2008年から mixi 上に「月の兎」というハンドルネームで温泉，食，お酒，町歩きなど，軽妙なタッチのブログ日記を掲載。「九州温泉紀行」というコミュニティを開設して温泉情報の交換，交流の場を提供している。

月《つき》の兎《うさぎ》と行《い》く九州《きゅうしゅう》100温泉《おんせん》

■

2010年 6 月1日発行

■

著　者　平尾　茂

発行者　西　俊明

発行所　有限会社海鳥社

〒810-0072　福岡市中央区長浜3丁目1番16号

電話092(771)0132　FAX092(771)2546

http://www.kaichosha-f.co.jp

印刷・製本　九州コンピュータ印刷

［定価は表紙カバーに表示］

ISBN978-4-87415-774-9

JASRAC　出 1006138-001